Interaktiver
Fremdsprachenunterricht

Ludger Schiffler

Interaktiver Fremdsprachen- unterricht

Ernst Klett Verlag

Hinweise und Stellungnahmen, auch kritische, sind dem Autor willkommen
und zu richten an:
Prof. Dr. Ludger Schiffler
Lehrstuhl für Didaktik der französischen Sprache und Literatur an der Freien
Universität Berlin
Der Band erschien 1984 in französischer Übersetzung:
Pour un enseignement interactif des langues étrangères (Hatier, Paris).

CIP-Kurztitelaufnahme der Deutschen Bibliothek

Schiffler, Ludger:
Interaktiver Fremdsprachenunterricht / Ludger Schiffler.
2., korr. Aufl. – Stuttgart : Klett, 1985.
  ISBN 3-12-926931-2

ISBN 3-12-926931-2

2. korr. Auflage 1985
Satz und Druck: Wilhelm Röck, Weinsberg
Einbandgestaltung: Zembsch' Werkstatt, München (unter Verwendung
eines Fotos von Dieter Grathwohl, Stuttgart)

Inhalt

In eigener Sache

Die Fremdsprachendidaktik bietet dem Lehrer zwar Hilfen zur Organisation seines Unterrichts, zwischenmenschliche Faktoren, die in vielen Fällen über den Erfolg oder Mißerfolg des Fremdsprachenunterrichts entscheiden, berücksichtigt sie aber kaum. Ebensowenig scheinen die Aussagen der Erziehungswissenschaft für die spezielle Situation des Fremdsprachenunterrichts .anwendbar.

Diese Erfahrung hat mich veranlaßt, während der letzten fünf Jahre die Bedeutung erziehungswissenschaftlicher und sozialpsychologischer Erkenntnisse im Hinblick auf den Fremdsprachenunterricht zu erforschen.

Der lange Zeitraum war nötig, da es mir nicht nur um die Erarbeitung von Erkenntnissen für den Fremdsprachenunterricht ging, sondern vor allem auch um Auswertung und Erprobung dieser Erkenntnisse in der Praxis, so die Teilnahme an unterschiedlichen Trainingsseminaren und die Durchführung eigener Interaktionstrainings. Diese Erprobung hatte zur Folge, daß ich die ursprüngliche Konzeption des Buches änderte und nur das beibehielt, was mir im schulischen und im Bereich der Lehrerbildung vertretbar und realisierbar erschien.

Trotzdem wird manchem erfahrenen Lehrer einiges zu neu und undurchführbar erscheinen, weil an ihn nicht nur der Anspruch gestellt wird, neue Unterrichtsformen, sondern auch neue Verhaltensformen zu erproben.

Meine Studenten haben mir durch ihre kritischen Einwände und die Verwirklichung meiner Vorschläge in der Praxisphase ihrer Ausbildung viel geholfen, ebenso die Kolleginnen und Kollegen in der Schule, Frau Michèle Héloury-Bastubbe, Frau Kristin Kühn, Herr Burghard Schmidt (†) und meine Frau, Ingrid Schiffler.

Vor allem schulde ich Herrn Kollegen Prof. Dr. Günther Zimmermann für seine zahlreichen Anregungen besonderen Dank. Ebenso danke ich den Kollegen Herrn Prof. Dr. Werner Hüllen und Herrn Prof. Dr. Dieter Mindt für einige nützliche Hinweise.

Ludger Schiffler

1. Was ist interaktiver Fremdsprachenunterricht?

1.1. Zwei Beispiele aus dem Schulalltag

Beide Beispiele beruhen auf persönlich erlebtem Unterricht.
Der Lehrer begrüßte die Schüler und begann den Unterricht, indem er einige Fragen zu dem bisher behandelten Teil der Lektion stellte. „What did the children do after lunch?" – „Why did the kite fly away?" – „What did Mr. Parker say?" etc. Der Lehrer rief die Schüler auf, und sie beantworteten seine Fragen.
Anschließend erklärte er die Wörter „number", indem er die Zahlen anschrieb, „to promise" mit dem Satz „I promise to take the children to the cinema – that's: I give my word to take the children to the cinema" usw. Er schrieb die neuen Wörter jeweils an die Tafel und ließ sie von einem oder zwei Schülern nachsprechen.
Dann forderte er die Schüler auf, die neuen Vokabeln in ihr Vokabelheft abzuschreiben. Danach las er den Text der Lektion aus dem Buch vor und stellte einige Fragen zu dem Text. Abschließend lasen die Schüler den Text aus dem Buch nach Aufforderung durch den Lehrer. Beim Klingelzeichen gab der Lehrer die Vokabeln zum Lernen auf.

Was ist gegen diesen Unterricht, der in dieser Form 1978 in einem Gymnasium und sicherlich in methodisch wenig veränderter Form in tausend anderen Schulen zur gleichen Zeit gegeben wurde, einzuwenden? Die Interaktion ist beschränkt auf die Wiederholungsphase und auf das Nachsprechen; nicht ganz die Hälfte der Schüler ist beteiligt. In allen Fällen durften die Schüler nur auf den Lehrer reagieren.
Derselbe Unterricht hätte auch *interaktiv* gestaltet werden können, indem die vielfältigen Interaktionsmöglichkeiten innerhalb der gesamten Lerngruppe motivierend zum kommunikativen Erlernen der Fremdsprache genutzt worden wären. So hätte es auch zu einer *lernergelenkten* Kommunikation oder zu einer Kommunikation *zwischen den Schülern* kommen können. Alternativen in Form eines *interaktiven Fremdsprachenunterrichts* sollen im folgenden für alle Unterrichtsphasen und -stufen aufgezeigt und begründet werden.

9

Das zweite Beispiel:

Die Lehrerin hat anhand eines Wandbildes mit mehreren Fotografien die Tätigkeiten und Berufsbezeichnungen der dargestellten Personen laut Lehrbuchtext eingeführt. Die nächste Phase soll eine Transferphase anhand eines bildgesteuerten Lückentextes im Schülerarbeitsbuch sein. „Maintenant, vous allez travailler à deux, chacun avec son voisin. Ouvrez vos cahiers d'exercices à la page 60." Thomas, der hinten allein an einem Tisch sitzt, fragt: „Mit wem soll ich zusammenarbeiten?" In der benachbarten Bank sitzt ein Mädchen ebenfalls allein. Die Lehrerin schlägt vor, daß die beiden zusammenarbeiten. Das Mädchen lehnt ab. Nun wendet sich die Lehrerin an die beiden vor Thomas sitzenden Jungen: „Michael, kannst Du bitte mit Sylvia arbeiten, dann kann Peter mit Thomas arbeiten." Michael setzt sich zu Sylvia. Peter aber sagt: „Nein, mit dem arbeite ich nicht." Die Lehrerin ist erstaunt, wendet sich dann aber an Michael und fragt ihn, ob er nicht mit Thomas arbeiten wolle. „Nein, ich will lieber bei Sylvia bleiben und mit ihr arbeiten", antwortet er. „Aber warum wollt ihr denn nicht mit Thomas arbeiten?", fragt nun die Lehrerin erregt. Mit ernster Stimme, keineswegs ironisch, antwortet Michael: „Der hat einen schlechten Charakter." Die Lehrerin ist zuerst sprachlos, dann sagt sie: „Michael, so was kannst Du doch nicht sagen. Dann arbeiten Du und Thomas eben allein."

Die Lehrerin, für die gute Zusammenarbeit unter den Schülern eine wesentliche Voraussetzung für das kommunikative Erlernen einer Fremdsprache war, wurde sich plötzlich der gestörten sozialen Beziehungen in der Klasse bewußt. Sie wollte diesen vor den Augen aller sichtbar gewordenen Konflikt nicht auf sich beruhen lassen, wußte aber nicht, was sie tun sollte.

Vor Probleme dieser Art sieht sich der Lehrer täglich gestellt. Im folgenden sollen für solche Fälle Lösungsvorschläge praxisnah dargestellt und theoretisch fundiert werden (siehe Kapitel 3, besonders 3.7).

1.2. Interaktiver Fremdsprachenunterricht – Erläuterung und Abgrenzung

Da jedes pädagogische Handeln auf einer Theorie beruht, auch wenn sich der Handelnde dieser Theorie nicht bewußt ist, muß jede Verhaltensänderung oder Hinführung zu einem richtigen und reflektierten pädagogischen Handeln bei der Erarbeitung der Theorie ansetzen.

Der interaktive Fremdsprachenunterricht baut auf der *sozialen Interaktion in der Lerngruppe* auf, d. h. auf den durch Kommunikation bestimmten wechselseitigen Beziehungen des Lehrers zu den Schülern und der Schüler untereinander.

Dem interaktiven Fremdsprachenunterricht liegt die Hypothese zugrunde, daß eine *positive soziale Interaktion eine wesentliche Voraussetzung für die Wirksamkeit des Fremdsprachenunterrichts ist.* Die Bedeutung der sozialen Interaktion ist in ihrem Ausmaß bisher von der Fremdsprachendidaktik nicht gesehen worden.

Die soziale Interaktion kann positiv beeinflußt werden:
– durch ein *interaktives Lehrerverhalten* und
– durch *interaktive Unterrichtsformen.*

Interaktives Lehrerverhalten bedeutet,
– daß der Lehrer die *soziale Interaktion in der Lerngruppe* fördert,
– daß er Konflikte in der Lerngruppe mit dem Ziel einer *Verbesserung der Interaktion* zu lösen versucht,
– daß er die Schüler *ermutigt,*
– daß er die Schüler zur *Selbständigkeit* anregt und
– daß er *interaktive Unterrichtsformen* praktiziert.

Interaktive Unterrichtsformen sind alle Unterrichtstätigkeiten,
– die zu einer *Interaktion zwischen den Schülern* führen,
– die zu einer *lernergelenkten Kommunikation* führen; damit sind alle inhaltlich vom Schüler selbst bestimmten Äußerungen gemeint,
– die zur *Selbständigkeit,* Selbstentscheidung oder Mitbestimmung der Schüler führen und
– die zur *Kooperation* der Schüler in *verantwortlicher Partner-* und *interaktiver Gruppenarbeit* führen.

Inhalte, die die Schüler zu einer Kommunikation untereinander anregen, sind die beste Voraussetzung für die genannten interaktiven Unterrichtsformen. Interaktiver Fremdsprachenunterricht muß beim Lehrerverhalten ansetzen. Ein interaktives Lehrerverhalten kann durch Einsicht und durch Training im Rahmen eines Interaktionstrainings in der Lehrergruppe erreicht werden. Im Interaktionstraining kann der Lehrer gleichzeitig konkret lernen, wie er Konflikte in der Lerngruppe durch kurze Interaktionsübungen zu lösen versuchen kann.

Dadurch und durch sein interaktives Lehrerverhalten wird die Bereitschaft der Schüler zur Zusammenarbeit gefördert.

Wenn nun diese Bereitschaft durch interaktive Unterrichtsformen genutzt wird, dann wird nicht nur die gemeinschaftliche Leistung gefördert, sondern ebenfalls die soziale Interaktion in der Lerngruppe rückwirkend beeinflußt.

11

Interaktionsübungen
in der Lehrergruppe

Interaktives
Lehrerverhalten

Interaktionstraining
in der Lerngruppe

Positive soziale Interaktion in der Lerngruppe

Interaktive Unterrichtsformen

Die soziale Interaktion in der Lerngruppe und die interaktiven Unterrichtsformen beeinflussen sich nicht nur wechselseitig, sondern sie haben ebenso
Rückwirkungen auf das Lehrerverhalten und die Bereitschaft der Schüler,
partnerschaftlich Konflikte in Form von Interaktionsübungen zu lösen.
Sofern der Lehrer mit seinem interaktiven Lehrerverhalten und mit den
Interaktionsübungen in der Lerngruppe gute Erfahrungen gemacht hat, wird
er diese als wesentliche Argumente in das Interaktionstraining in der Lehrergruppe einbringen können.

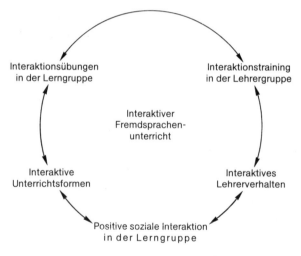

Interaktionsübungen
in der Lerngruppe

Interaktionstraining
in der Lehrergruppe

Interaktiver
Fremdsprachen-
unterricht

Interaktive
Unterrichtsformen

Interaktives
Lehrerverhalten

Positive soziale Interaktion
in der Lerngruppe

Der vorliegende Entwurf eines interaktiven Fremdsprachenunterrichts stützt
sich nicht auf linguistische, sondern auf sozialpsychologische Theorien.
Die Rechtfertigung eines jeden fremdsprachendidaktischen Konzepts durch
linguistische Theorien ist aus naheliegenden Gründen – es geht ja um die
Fremdsprache – beinahe zu einer *conditio sine qua non* geworden. Für den in-

teraktiven Fremdsprachenunterricht – bei dem es vorrangig um die Interaktion in der Lerngruppe geht – liegt es nahe, als Grundlage die Pragmalinguistik heranzuziehen, die sich die Erforschung der komplexen Interaktion zwischen Sprecher und Hörer zum Ziel gesetzt hat. Dies wurde bereits von Weber (1973 a), Piepho (1974) und Pelz (1977) getan.

Wenn hier darauf verzichtet wird, eine linguistische Begründung für den interaktiven Fremdsprachenunterricht zu geben, bedeutet dies keineswegs, daß die Bedeutung der Linguistik für den interaktiven Fremdsprachenunterricht nicht gesehen würde. Da der interaktive Fremdsprachenunterricht auf einem sozialpsychologischen Konzept aufbaut, ist er grundsätzlich gegenüber jeder linguistischen Theorie offen.

Auf der Grundlage der Pragmalinguistik wurde der „kommunikative Fremdsprachenunterricht" entwickelt, der von der Sprechakttheorie von Austin (1962) und Searle (1969) und von der „Sprechsituation" (Wunderlich, 1971) abgeleitet wird. In der Praxis erscheinen die Unterschiede zwischen diesem Unterricht und dem bewährten Konzept des „situativen Fremdsprachenunterrichts", der vom sprachlichen und außersprachlichen Kontext ausgeht (Müller, R., 1970 und 1971), keineswegs so groß wie in der Theorie (Mindt, 1978, S. 352). Beide Konzepte lassen sich mit dem interaktiven Fremdsprachenunterricht vereinbaren.

Die Pragmalinguistik hat aber insofern einen Neuansatz in der Fremdsprachendidaktik bewirkt, als die Kommunikations- und Interaktionsbedürfnisse der Schüler als Ausgangspunkt für den Fremdsprachenunterricht gesehen werden. Ein ähnlicher Ansatz ist bei Leont'ev (1971) zu sehen, der in Anlehnung an Wygotski (1971) die Sprachvermittlung als *Mittel sozialer Interaktion* sieht, die dem Sprechenden zur Selbstverwirklichung helfen kann (Schüle, 1976). Diese Ansätze decken sich mit der Forderung des interaktiven Fremdsprachenunterrichts nach einer „*lernergelenkten* Kommunikation in der Lerngruppe". Die „lernergelenkte Kommmunikation" ist aber nur ein Teil des interaktiven Unterrichts, der *nach Möglichkeit* realisiert werden soll. Die Konzeption des interaktiven Fremdsprachenunterrichts ist insofern umfassender und *bescheidener* als pragmalinguistische Ansätze, da – wie bereits definiert – jede Unterrichtstätigkeit, die zur Interaktion zwischen den Schülern führt, interaktiv zu nennen ist. Wenn z. B. Schüler *miteinander* über ein grammatisches Problem sprechen oder eine grammatische Übung zusammen bearbeiten, dann ist dies bereits eine elementare Form interaktiven Unterrichts.

Während der pragmalinguistisch fundierte „kommunikative Fremdsprachenunterricht" sich auf die Fremdsprachen-Sprechsituationen bezieht, hat der interaktive Fremdsprachenunterricht die gesamte Sprech- und Lernsituation in der Schulklasse im Auge. Er ist also nichts anderes als eine praktische und nützliche Lern- und Unterrichtsorganisationsform. Auf sie trifft zu, was Plattner (1963, S. 57 f.) zum Unterricht allgemein gesagt hat, daß der Schüler nämlich nur das beherrsche, was er in der Kommunikation in der Lerngruppe anwenden oder einem Mitschüler erklären könne.

Eine Fremdsprache, die ein Verständigungsmittel ist, nicht durch Interaktion in der Lerngruppe zu lehren und zu lernen, ist eigentlich eine Absurdität. Möglicherweise kann der interaktive Fremdsprachenunterricht in Zukunft durch Unterrichtsmaterialien, die nach pragmalinguistischen Gesichtspunkten entwickelt wurden, wesentliche Hilfen erhalten, soweit diese unter Berücksichtigung authentischer Sprechsituationen (Weber, 1973b; Ziegesar, 1976) und lernerbezogener Kriterien gestaltet worden sind. Hier sind aber noch Fragen wie die Bewußtmachung der unterschiedlichen Sprechsituationen (Wunderlich, 1971, S. 178), die Vermittlung der entsprechenden Redeintentionen und -mittel und die gleichzeitige Berücksichtigung einer linguistischen Progression zu klären (Gutschow, 1977; Heuer, 1976, S. 90; Mindt, 1977 und 1978; Zimmermann, 1977, S. 89–92).

Der ausschließliche Aufbau eines fremdsprachendidaktischen Konzepts auf eine linguistische Theorie ist nicht zu vertreten, da in diesem Fall die für den Fremdsprachenunterricht entscheidenden *personalen* Faktoren der sozialen Interaktion in der Lerngruppe unberücksichtigt bleiben. Was hilft es etwa, wenn in einem pragmalinguistisch begründeten Fremdsprachenunterricht dem Schüler die fremdsprachigen Redemittel zur Verfügung gestellt werden, wenn nicht gleichzeitig auch die Bereitschaft gefördert wird, diese zur Kommunikation in der Lerngruppe zu verwenden?

Sozialpsychologische Konzepte sind bisher in der fremdsprachdidaktischen Theoriebildung im Gegensatz zu den linguistischen Theorien – von wenigen Ausnahmen abgesehen (Zimmermann, 1973; Heuer, 1976, S. 92; Black u. a., 1977) – fast unberücksichtigt geblieben. Dies setzt um so mehr in Erstaunen, als sozialpsychologische Erkenntnisse in vielen Fällen eine Übertragung auf den Fremdsprachenunterricht eher zulassen als linguistische Theorien.

Entsprechend der eingangs dargestellten Hypothese, die dem interaktiven Fremdsprachenunterricht zugrundeliegt, wird im folgenden

die *Bedeutung der sozialen Interaktion für den Fremdsprachenunterricht* untersucht (Kapitel 2),

anschließend werden das *interaktive Lehrerverhalten* (Kapitel 3),

die *interaktiven* Formen des Fremdsprachenunterrichts (Kapitel 4) und

die *interaktive Gruppenarbeit* (Kapitel 5)

als Möglichkeiten, die soziale Interaktion positiv zum Zweck eines wirksameren Fremdsprachenunterrichts zu beeinflussen, dargestellt.

Zum Schluß werden drei gefilmte Unterrichtsbeispiele unter dem Aspekt untersucht, inwiefern in ihnen interaktiver Fremdsprachenunterricht realisiert wird bzw. das dort gezeigte Vorgehen durch interaktive Alternativen ersetzt werden kann.

Jedes wissenschaftliche Buch, das sich an Lehrer wendet, hat die Pflicht, neben aller notwendigen Theorie dem Lehrer konkret zu sagen, was er morgen in seiner Klasse anders machen kann. Wer diese in medias res gehende Information wünscht, lese eine der Darstellungen interaktiver Unterrichtsformen aus dem Kapitel 4 oder die Praxis der Gruppenarbeit (Kapitel 5) oder eines der Unterrichtsbeispiele am Schluß, die verständlicherweise im Film weitaus „anschaulicher" als in der Lektüre wirken. Wenn dem Leser die praxisnahen Erörterungen einleuchten, vielleicht sogar seine eigene Praxis durch die Lektüre sich verändert, wird er sicherlich auch auf die Theorie zurückkommen, die dieser Praxis zugrunde liegt.

2. Die Bedeutung der sozialen Interaktion für den Fremdsprachenunterricht

2.1. Sozialpsychologische Forschungen und Fremdsprachenunterricht

Soziale Interaktion spielt in jedem Unterricht eine bedeutsame Rolle. Die im folgenden dargestellten sozialpsychologischen Untersuchungen zeigen, wie entscheidend die soziale Interaktion gerade für den Erfolg im Fremdsprachenunterricht ist. Sie machen ferner deutlich, daß der Lehrer die soziale Interaktion zugunsten des Fremdsprachenunterrichs positiv beeinflussen kann. Im Verlauf dieser Ausführungen werden mehrere Experimente im Bereich des Fremdsprachenunterrichts geschildert, bei denen das interaktionsfördernde Lehrerverhalten im Mittelpunkt steht.

Der Einfluß sozialpsychologischer Faktoren auf das Erlernen einer Fremdsprache wurde zuerst in den USA und in Kanada Gegenstand von Überlegungen und Untersuchungen.

Die besondere Lage der Vereinigten Staaten, die über Generationen hin Einwanderer aus nicht-englischsprachigen Gebieten aufnahmen, hatte zur Folge, daß sich kulturelle Enklaven bildeten, deren wichtigstes Bindeglied die Sprache ihres Herkunftslandes war. Diese Menschen standen unter einem starken Anpassungsdruck von seiten der einheimischen Majorität; in ihrem neuen Heimatland konnten sie keine soziale Anerkennung finden, solange sie die englische Sprache nicht beherrschten. Meistens wurden erst die Kinder dieser Einwanderer zu „bilingualen" Menschen, die zwei Sprachen gleich gut beherrschten oder eine zweite Sprache beinahe so gut wie ihre Muttersprache. In Kanada waren die Probleme ähnlich. Wenn auch Französisch dort offiziell Landessprache war, war es doch die Sprache einer Minorität und dazu noch die einer sozial niedrigeren Schicht; beide Merkmale treffen auch für die Situation von Einwanderern zu. Diese sozialen Voraussetzungen erwiesen sich bei Forschungen zum Bilingualismus als entscheidende sprachbeeinflussende Faktoren (Lambert u. a., 1976).

Gardener u. a. (1959 u. 1972) und Gardener (1966) stellten fest, daß der Erfolg im Fremdsprachenunterricht besonders groß war, wenn ein starkes Bedürfnis vorlag, sich in die betreffende Sprachgemeinschaft zu integrieren, oder wenn diese vom Lernenden geschätzt wurde bzw. – vermittelt durch die Einstellung im Elternhaus – sozial angesehen war. Es besteht dann eine integrative (intrinsische) Motivation im Gegensatz zur instrumentalen (extrinsischen), wie sie dann vorliegt, wenn sich der Lernende z. B. durch die Beherrschung der Fremdsprache einen Vorteil für seine berufliche Zukunft erhofft.

Sie stellten ferner fest, daß es neben der Begabungs-Intelligenz-Dimension eine Einstellungs-Motivations-Dimension gibt, die beide von einander unabhängig für den Fremdsprachenerfolg verantwortlich sein können.

Der Wunsch, sich in eine sozial angesehene Sprachgemeinschaft zu integrieren, sich aber gleichzeitig nicht von der Sprachgemeinschaft seines Elternhauses lösen zu wollen, kann bei Bilingualen zu der sogenannten „Anomie" führen, dem Gefühl des Nicht-Integriertseins in eine bestimmte Gemeinschaft. Um sich in die sozial höhere Sprachgemeinschaft zu integrieren, haben (ursprünglich) Bilinguale mit so großer Anstrengung diese Anomie überwunden, daß sie später unfähig waren, eine Fremdsprache zu erlernen. Unbewußt durchlebten sie beim Erlernen der neuen Sprache die gleichen Schwierigkeiten, die ihnen früher, in ihrer Kindheit, die Bilingualität bereitet hatte; entsprechend stark war ihre Abwehrreaktion (Nida, 1957 und 1971). Durch die genannten Untersuchungen wird klar, daß das Erlernen einer Fremdsprache – zumindest während der frühen Sozialisation eines Menschen – eng mit dem Wunsch zusammenhängt, sich mit geschätzten Menschen der anderen Sprachgemeinschaft zu identifizieren, ein Vorgang, der für den Erwerb der Muttersprache unbestritten ist. Daß in dieser Hinsicht für den Erwerb der Fremdsprache ähnliche sozialpsychologische Faktoren gelten, geht aus weiteren amerikanischen Untersuchungen hervor. Buxbaum (1949) und Greenson (1950) schildern Fälle, in denen sich bei Emigranten Erfolge in der Zweitsprache erst dann einstellten, als durch psychoanalytische Behandlung die zwanghafte Identifikation mit den Eltern beendet worden war.

Wenn nun das Erlernen der Fremdsprache mit der Bereitschaft zusammenhängt, sich mit anderssprachigen Menschen zu identifizieren, also eine neue soziale Rolle zu übernehmen, so ist es wahrscheinlich, daß diese Bereitschaft bei kontaktfreudigen Menschen eher zu finden ist als bei verschlossenen. Hierüber können die Untersuchungen von Pritchard (1952) und Morrison (1961) möglicherweise Aufschluß geben. Ersterer wies bei dem relativ kleinen Sample von 32 Gymnasiasten eine Korrelation von 0.72 nach zwischen Kontaktbereitschaft (gemessen anhand von Beobachtungskriterien beim Verhalten während des Spielens in der Freizeit) und der Fähigkeit, fließend französisch zu sprechen. Letzterer ließ die Persönlichkeitsstruktur von 80 Schülern durch ihre Lehrer anhand einer 15-Punkte-Tabelle beurteilen und fand heraus, daß diejenigen, die im Fremdsprachenunterricht Schwierigkeiten hatten, auch diejenigen waren, die laut Lehrerurteil unbeholfen, ernst und weniger kontaktfreudig waren. Zweifellos wäre dieses Ergebnis weniger kritisch zu sehen, wenn die Beurteilung nicht durch die Lehrer selbst erfolgt wäre. Dann hätte nämlich ausgeschlossen werden können, daß das jeweilige Verhältnis, das sich zwischen dem betreffenden Lehrer und Schüler entwikkelt hatte und das wahrscheinlich auch das Lehrerurteil beeinflußte, als mögliche Ursache für die Minderleistung angesehen werden könnte.

Wie gesagt, ist der Wunsch, sich mit Personen der fremden Sprachgemeinschaft zu identifizieren oder sich in die fremde Sprachgemeinschaft zu integrieren, für das Erlernen der Fremdsprache von entscheidender Bedeutung. Was können wir aber mit dieser Erkenntnis an unseren Schulen anfangen? Nur wenige deutsche Schüler haben die Möglichkeit, eine fremde Sprachgemeinschaft so kennenzulernen, wie es bei den oben geschilderten Fällen in den Vereinigten Staaten und Kanada der Fall gewesen ist. Ähnliche Integrationsmotive können zwar durch Schüleraustausch geschaffen werden, doch sind diese Möglichkeiten beschränkt und werden meistens erst auf einer späteren Stufe des Spracherwerbs verwirklicht, so wertvoll sie auch für den Fremdsprachenunterricht sind.

Für den Anfangsunterricht besteht die Möglichkeit, mit audio-visuellen Medien – vor allem falls diese anregende Szenen aus dem Land der Zielsprache darstellen – eine teilweise ähnlich motivierende Situation zu erreichen (vgl. die Untersuchungsergebnisse bzgl. der Motivation bei Scherer, 1964, S. 240). Trotz allem gibt es aber keinen Zweifel, daß auch in einem solchen Unterricht personale Faktoren eine weit größere Rolle spielen, als es Medien jemals vermögen. Je jünger die Schüler sind, desto stärker mag dieser Einfluß sein (vgl. die Untersuchungsergebnisse bzgl. der Motivation bei Lambert u. a., 1976, S. 93.). So gibt es zumindest im Fremdsprachenunterricht für den Schüler *keinen einflußreicheren Repräsentanten der Zielsprache als den Fremdsprachenlehrer* selbst. Hinzu kommt noch, daß der Einfluß des Lehrers deshalb eine so wichtige Rolle spielt, weil *in keinem anderen Schulfach eine solche partielle Identifikation mit dem Lehrer gefordert wird wie im Fremdsprachenunterricht.* Sie ist insofern partiell, als sie sich auf die phonetische Identifikation beschränkt, doch stellt die Sprache, wie die oben angeführten psychologischen Untersuchungen gezeigt haben und wie die Soziolinguistik nachweist, einen eminent wichtigen Teil der Persönlichkeit des Individuums dar. (Vgl. die Überlegungen zur Empathie bei Wienold, 1973, S. 53f.)

Das lautlich möglichst korrekte Erlernen der fremden Sprache erfordert vom Schüler, daß er durch das Nachsprechen der völlig fremden Laute und der anderen Intonation den Lehrer imitiert. Diese Abhängigkeit des Schülers vom Lehrer ist so stark, daß er auch einen eventuellen Akzent des Lehrers mitlernt, wenn nicht, wie im audio-visuellen Unterricht, andere korrekte Sprachmodelle zur Verfügung stehen. (Guiora u. a., 1968, hat nachgewiesen, daß die Nachahmungsfähigkeit von der Empathiefähigkeit des Lerners abhängt. – Vgl. auch Guberina, 1970.) Die sprachliche Übernahme einer fremden Rolle verursacht Probleme, die in der Sprachdidaktik nur am Rande Erwähnung finden, so die Tatsache, daß Schüler – Erwachsene eher als Kinder – beim Gebrauch der Fremdsprache gehemmt sind, weil sie fürchten, lächerlich zu wirken oder Fehler zu machen. Bouton (1969, S. 89) sieht darin das Zeichen dafür, daß die Persönlichkeit des Lernenden – ihm unbewußt – in Frage gestellt wird: „. . . c'est mettre en cause du moins pour un certain temps, son MOI profond qui s'est édifié à partir de la langue maternelle." Stevick (1976) spricht vom Fremdsprachenunterricht als „teaching an *alien* language" aufgrund der Interaktionsprobleme, die in ihm bewältigt werden müssen. Eines der Probleme der „alienation" ist das Erlernen der Aussprache, die das „self-image" des Schülers betrifft (S. 227).

Der Psychologe Curran (1961, S. 79), auf dessen Experimente zum Fremdsprachenunterricht noch eingegangen wird, beobachtet ähnliches: „The threat of being called on to speak a foreign tongue is not only psychological, the whole psychosomatic system is directly involved."

Die Beziehung zum Lehrer kann somit in einer Mehrzahl der Fälle entscheidend für Mißerfolg und Erfolg im Anfangsunterricht und auch im weiteren Fremdsprachenunterricht sein. Der Mißerfolg im Fremdsprachenunterricht ist aber bei einem Großteil der Schüler auch für das Scheitern in den weiterführenden Schulen verantwortlich.

Die meisten Leute vergessen nach ihrer Schulzeit die erworbenen Fremdsprachenkenntnisse rasch. Nicht vergessen haben sie aber die Beziehung zu ihrem Lehrer oder ihre Erfolgs- bzw. Mißerfolgserlebnisse im Fremdsprachenunterricht. Wenn Erwachsene begründen, warum sie trotz mehrjährigem Unterricht nicht in der betreffenden Fremdsprache kommunizieren können, dann begründen sie dies oft mit einer Antipathie gegenüber dem Lehrer oder gegenüber seinem vorrangig an Grammatik- und Orthographiekenntnissen orientierten Unterricht. In vielen Fällen sehen sie einen Zusammenhang zwischen der Ablehnung eines Lehrers oder seiner Methode und dem eigenen Mißerfolg in dem Fach.

Wenn es nun um das Wiederauffrischen von Fremdsprachenkenntnissen oder um das Erlernen einer ganz neuen Sprache nach der Schulzeit geht, werden möglicherweise bewußt oder unbewußt starke Lernhemmungen bei denen auftreten, die ihren Fremdsprachenlehrer abgelehnt haben oder durch ihre Mißerfolgserlebnisse glauben, sie seien völlig sprachunbegabt.

Wäre das Verhältnis zum Fremdsprachenlehrer anders gewesen und hätte dieser ihnen durch einen motivierenden Unterricht auch nur bescheidene Erfolgserlebnisse vermittelt, wären möglicherweise nach der Schulzeit die Fremdsprachenkenntnisse genauso vergessen worden wie in den Klassen mit angeblich hohem Leistungsniveau (das im subjektiven Lehrerurteil stark von der Zahl der besseren Schüler bestimmt wird), geblieben wäre aber sicherlich

die positive Einstellung gegenüber dieser Sprache, der Wunsch, sie wieder-
zuerlernen und die Möglichkeit zur hemmungsfreien Verwirklichung dieses
Wunsches. Der Lehrer, dem das zu vermitteln gelingt, hat für die meisten
Schüler mehr erreicht als derjenige, bei dem durch eine ständige Selektion
nach dem Motto „25 % der Arbeiten sind immer ‚unter dem Strich‘" zwangsläufig ein hohes Klassenleistungsniveau entsteht.

Das in Erinnerung von Erwachsenen skizzierte Bild eines stark von Mißerfolgserlebnissen und Zensurendruck geprägten Fremdsprachenunterrichts,
für den in den Augen des Schülers vorrangig der Lehrer verantwortlich ist,
gehört leider nicht der Vergangenheit an, sondern ist mehr denn je aktuell.
Leistungs- und Zensurendruck wirken sich unter dem Einfluß des Numerus
clausus stärker als jemals zuvor aus. Bei einer Befragung von Schülern zu diesem Problem durch die Zeitschrift „Die Zeit" (11. 6. 1975, S. 46) fand sich
nur eine Stimme, die nicht über das Ansteigen des Leistungsdrucks in den
Schulen klagte. Aus der Vielzahl der gegenteiligen Meinungen sei nur ein
Satz zitiert: „Doch geben diejenigen, die studieren wollen, ein Beispiel dafür,
unter welchen Bedingungen man dieses Ziel erreicht. Sie leiden unter Schlaf-
störungen und sind anfällig für Krankheiten." Die reformierte Oberstufe ver-
schärft diese Symptome noch. Ein anderer Schüler: „Besucht man eine
Schule mit reformierter Oberstufe, vermehrt sich der unmittelbare Lei-
stungsdruck von vielleicht einem Jahr auf mindestens drei Jahre."

Die Stimme eines Lehrers hierzu: „In jedem Halbjahr beginnen für die Schüler in etwa acht Kursen aufs neue Rivalitätskämpfe, denn der Lehrer muß bereits in den ersten Stunden mit Leistungskontrollen anfangen, wenn er am
Ende des Halbjahres die für den N. c. so wichtige Note fundiert geben will.
Freie Wildbahn dem Tüchtigen, die Stärksten boxen sich im neuen Kursver-
band gleich wieder zur Spitze durch." („Die Zeit", 22. 8. 1975, S. 26) Angesichts einer solchen Situation könnte man den Mut verlieren, die Forderung
nach einer Lehrer-Schüler-Interaktion zu stellen, die ermutigend, anerken-
nend und identifikationsfördernd ist. Aber gerade in Anbetracht einer solchen Situation ist diese Forderung mehr als je zuvor für alle Fächer und insbesondere für den Fremdsprachenunterricht zu stellen, wenn in der Schule nicht
das Lernen systematisch verlernt bzw. gelernt werden soll, entfremdet zu lernen, unter lernhemmenden Umständen, was selbstverständlich nur entsprechend wenigen gelingt.

Diese Situation ist aber nicht nur für den Schüler von Nachteil, dessen Le-
bensaufgabe nicht die Schule ist, sondern erst recht für den Lehrer. Wenn die
Forderungen nach einem interaktiven Unterricht erfüllt würden, wäre der
Lehrer zweifellos viel zufriedener in seinem Beruf. Wie soll ein Lehrer, der
den Schüler in eine neue Sprache und damit in eine neue Welt einführen will,
nicht frustriert sein, wenn er tagtäglich spürt, daß es dem Schüler nur um Zen-

suren geht. Die Diskussionen, die vor den Zeugnissen üblich sind, zeigen dies in erschreckender Weise. Sie belasten oft das Verhältnis zwischen Lehrer und Schüler so sehr, daß an eine Erfüllung der genannten Foderungen nicht zu denken ist.

Zu ähnlichen Forderungen kommen diejenigen, die sich ebenfalls mit den bisherigen sozialpsychologischen Untersuchungen zum Fremdsprachenunterricht befaßt haben. In Europa war dies zuerst Titone (1964, S. 36), der zu dem Schluß kam: „The FL instructor, who feels he is to be also an educator, must prevent the young pupil from undergoing negative experiences . . . As already the old philology professor, Wilhelm Viëtor, had cried out, we must repeat again today: ‚Der Sprachunterricht muß umkehren!'" 1882 war damit eine unbedingt notwendige fachspezifisch-methodische Umkehr gemeint, in der heutigen Situation ist eine ebenso notwendige pädagogisch-sozialpsychologische Wende erforderlich.

In der Bundesrepublik hat Zimmermann (1973) auf einige der eingangs erwähnten Untersuchungen hingewiesen. Neben anderen Schlußfolgerungen sagt er unter Hinweis auf Tausch u. a. (1973, S. 359 und 364): „Namhafte Psychologen weisen darauf hin, daß die Auffassung, ein angemessenes Verstehen von Erlebnisinhalten sowie eine individuell-adäquate erzieherische Interaktion setze die Kenntnis einer psychologisch-diagnostischen Begutachtung auf der Basis von Tests und Exploration voraus, nur bedingt Gültigkeit beanspruchen kann und daß vielmehr *dem Bemühen der Erwachsenen um Verständnis und Hineindenken in die Gefühle und die persönliche Welt der jugendlichen Partner die größere Bedeutung zukommt*" (S. 11, Hervorhebung L. S.).

Ferner hat Dietrich (1974, S. 190 ff.), von erziehungswissenschaftlichen Überlegungen ausgehend, eine „verstärkte Sensibilisierung der Fremdsprachenlehrer für die Beziehungsdimensionen unterrichtlicher Kommunikation" und eine Lehrerrolle gefordert, „die auch affektiven und kommunikationstherapeutischen Gesichtspunkten eher gerecht wird". Weiter führt sie aus: „In diesem Zusammenhang bekommen die von Rogers entwickelten Variablen eines kommunikationstherapeutischen Lehrerverhaltens einen neuen Stellenwert. Sie müßten zum unverzichtbaren Verhaltensrepertoire des Fremdsprachenlehrers gehören, damit eine Atmosphäre des offenen, freundlichen Akzeptierens aller Schüleräußerungen geschaffen wird, ohne die sich der Schüler auf die ‚Wagnisse der Zielsprache' nur schwerlich unbefangen einläßt. Die unverkrampfte Lernhaltung des Schülers ist für den Unterrichtserfolg unerläßlich; sie stellt sich jedoch nicht selbstverständlich ein. Nach Fittkau (1972) zeigen Schüler besonders Angst bei ‚distanziert abweisenden' Lehrern und am wenigsten Angst bei Lehrern mit ‚positiver emotionaler Zuwendung'. Die Angst der Schüler konnte definiert werden als Erwartung, ,vom Lehrer blamiert zu werden'. Fittkau zieht daraus den Schluß, daß Schüler bei zu positiver Zuwendung neigenden Lehrern eher bereit sind, neue, originelle Dinge zu sagen. Genau dies wird im Fremdsprachenunterricht von ihnen verlangt, wenn sie sich von dem vertrauten Kommunikationssystem der Muttersprache lösen und auf das noch unbekannte Kommunikationsmedium ,Fremdsprache' einlassen sollen."

Die erwähnten Verhaltensvariablen konnten von Rogers (1973, S. 197 ff.) als wirksame Faktoren in dem klienten-zentrierten Gespräch und in jedem Erziehungsprozeß nachgewiesen werden. Sie definieren genau das Verhalten, das die im Fremdsprachenunterricht nötige und lernfördernde partielle Identifikation des Schülers mit dem Repräsentanten der Fremdprache, dem Lehrer, ermöglicht. Diese Variablen sind die „Verbalisierungen emotionaler Erlebnisinhalte des Gesprächspartners" (die Probleme mit den Augen des Partners sehen und sie so auszudrücken versuchen), „positive Wertschätzung und emotionale Wärme" (Interesse am anderen und Achtung vor seiner Person) und „Echtheit und Selbstkongruenz" (Aufrichtigkeit, keine Rolle spielen wollen und seine Gefühle nicht verbergen). (Vgl. Tausch u. a., 1973, S. 78 ff.)

Um dieses Verhalten zu erlernen, gibt es keinen wirksameren Weg als den des sozialen Lernens in der Gruppe bzw. ein entsprechendes Lehrerverhaltenstraining in der Gruppe. Rogers (1970, S. 9) selbst hält die ,Gruppe' im Sinne der ,encounter-group' bzw. ,Begegnungsgruppe' für „eine der großen *sozialen* Erfindungen dieses Jahrhunderts und vermutlich die mächtigste überhaupt". Das „klienten-zentrierte" Verhalten des Psychotherapeuten nach Rogers zielt auf die Förderung der Selbständigkeit des Klienten. Dasselbe Verhalten ist beim Erzieher schüler- bzw. partnerzentriert zu nennen. Die Förderung der Selbständigkeit bedeutet für den Fremdsprachenlerner, daß er *lernt, die Fremdsprache zu lernen* bzw. in steigendem Maß sich selbst zu unterrichten. Die Kooperation in Form der verantwortlichen Partnerschaft und der interaktiven Gruppenarbeit ist ein geeigneter Weg, der aus diesem Grund später eingehend erörtert wird.

Für die Ausbildung eines Lehrerverhaltens, das diesem Ziel förderlich ist, wird ferner ein Interaktionstraining als konkreter Weg genau beschrieben.

2.2. Psychotherapie und Fremdsprachenunterricht

Die Auswirkungen eines schülerzentrierten Lehrerverhaltens im Fremdsprachenunterricht hat der Psychologe und Psychotherapeut Curran (1961) in einem mehrjährigen Experiment überprüft. Mehrere Lerngruppen wurden aus

College-Studenten gebildet. Jeder Lerngruppe standen im Anfangssemester für vier verschiedene Sprachen jeweils vier muttersprachliche Fremdsprachenberater („language counselors") zu Verfügung, obwohl die Gruppen nur bis zu 12 Teilnehmer umfaßten. Das Experiment war so angelegt, wie es wohl nur ein Nichtfachmann auf dem Gebiet der Fremdsprachendidaktik anzulegen wagt. In jeder Lerngruppe sollte je nach Belieben der einzelnen Teilnehmer deutsch, französisch, italienisch oder spanisch gelernt und gesprochen werden können.

Curran führte dieses Experiment mit Studenten aus drei Colleges durch. Ausgangspunkt seiner Überlegungen war die Erkenntnis, daß die Lage des Fremdsprachenlerners Ähnlichkeit mit der angstvollen Situation eines psychotherapeutischen Patienten hat. „The observation made by many people that in learning to speak a foreign language, they became anxious and became threatened. The reactions they described often seemed similar to, if not identical with, those of people in beginning counseling interviews, as they try to describe complex personal problems. The threat of being called on to speak a foreign tongue is not only psychological, the whole psychosomatic system is directly involved. This is particulary true if one must speak that language in presence of others who know it well. Distortion of sounds, being unable to hear and distinguish words, or to pronounce new sounds accurately could, therefore, be considered as resulting not only from newness of the sounds, but also from the person's state of stress. One may hold on to a false sound because it is similar to a familiar sound in his native language. Perhaps he gets security from this sound, whereas the completely new sound is too strange and unfamiliar" (S. 79 f.).

Um dieses Problem zu überwinden, schlägt Curran vor, daß der Lehrer dem Schüler gegenüber ein Verhalten zeigt, ähnlich dem des Psychotherapeuten, „that decreased the learner's sense of threat, insecurity and anxiety and furthered his sense of trust, belonging and *identification with and security in the relationship with the language expert*" (Hervorhebung von L. S.).

Curran realisiert diese Forderung folgendermaßen: Die für das Experiment ausgesuchten Fremdsprachenlehrer, alle „native speakers", wurden psychotherapeutisch dahin ausgebildet, daß sie es verstanden, die Angst und Unsicherheit der Schüler durch Kommunikation zu überwinden und ihnen das Gefühl zu geben, vollkommen verstanden zu werden. Zusätzlich wurden sie experimentell in bedrohliche Situationen gebracht, in denen sie keinen Ausweg mehr wußten, damit sie sich später besser in die Lage ihrer Schüler versetzen konnten. Da alle Lehrer in einer für sie fremdsprachigen Umgebung lebten, hatten sie viel Verständnis für die Angst- und Unsicherheitsgefühle ihrer Schüler. Andererseits waren sie dann in ihrem Unterricht und in ihrem Drang zu helfen, oft zu beschützend oder zu abrupt und schnell, wodurch sie entweder feindliche Gefühle oder solche von zu großer Abhängigkeit hervorriefen. Eine Methode, diese Gefühle dem Lehrenden bewußt zu machen, nennt Curran (1976, S. 48) „incarnation". Der Lehrende, der sich aufgrund seiner Fremdsprachenkenntnis gegenüber dem Lernenden als „Erwachsener" fühlt, lernt in derselben Lerngruppe, in der ja vier Sprachen gelernt werden, zeitweise eine für ihn neue Sprache und erlebt so die „infantile Abhängigkeit" des Lerners. (Vgl. einen ähnlichen Rollenwechsel bei Möhle, 1974.)

Der Unterricht wurde in 3 Gruppen erteilt. Die Teilnehmer saßen im Kreis und bestimmten das Thema der Unterhaltung selbst. Dadurch kam es zur Erörterung von sehr persönlichen Problemen aus dem Leben der Studenten. Ein so anspruchsvoller Fremdsprachenunterricht wurde möglich, weil der Fremdsprachenlehrer sich hinter denjenigen setzte, der sich äußern wollte. Dieser teilte dem Lehrer leise auf englisch mit, was er sagen wollte, aber so, daß alle es hören konnten. Der Lehrer sagte dem Betreffenden dann seine Mitteilung in der Fremdsprache vor, so daß dieser sicher war, korrekt zu sprechen. Wesentlich war das Wie des Vorsagens: „The counselor then reflected these ideas in a warm, accepting, and sensitive tone in the foreign language" (1961, S. 82). Er wurde zum „linguistic parent substitute" (1976, S. 27).

Dieses Vorgehen wurde auf Niveau 1 praktiziert und sollte dem Studenten die *größtmögliche Sicherheit* geben. Wenn der Student dann das Vorgesagte allen mitteilte, half der Lehrer sofort, sobald der Student zögerte oder ihm Aussprachefehler unterliefen.

Auf dem Niveau 2 begann der Student schon, sich direkt in der Fremdsprache an die Gruppe zu wenden. Dies wurde als erstes Anzeichen von Selbstvertrauen in der Fremdsprache gewertet. Auch hier wieder half der Lehrer sofort bei jedem Zögern.

Auf Stufe 3 wurde das Sprechen ohne vorherige Vorübersetzung durch den Lehrer die Regel. Die Gruppe sollte jetzt die einfachen fremdsprachigen Sätze sofort verstehen, durfte aber jederzeit eine nachträgliche Übersetzung verlangen.

Auf Stufe 4 äußerten die Studenten mehr und mehr komplexe Sätze. Sie wurden nun für gefestigt genug gehalten, um auch grammatische Korrekturen von seiten des Lehrers zu verkraften.

Auf Stufe 5 intervenierte der Lehrer sogar, um elegantere Konstruktionen oder idiomatische Wendungen vorzuschlagen. Studenten dieser Stufe wurden auch als assistierende Lehrer neben dem muttersprachlichen Lehrer auf Stufe 1–3 eingesetzt.

Es bestanden keine klaren Trennungen zwischen den einzelnen Stufen. Die Teilnehmer konnten jederzeit von einem Niveau zum anderen wechseln, nach oben wie nach unten. Alle Sitzungen wurden auf Tonband aufgenommen. Entweder wurden sie anschließend den Teilnehmern vorgespielt, wobei die Einzelbeiträge korrigiert wurden, oder sie wurden von den Lehrern abgehört, die dann die einzelnen schriftlich über ihre Fehler informierten. Manchmal wurde auch das gesamte Tonbandprotokoll niedergeschrieben und mit Hilfe eines Overhead-Projektors projiziert, so daß die Teilnehmer während des gemeinsamen Abhörens das Gesagte auch schriftlich vor Augen hatten.

Auf Stufe 1 und 2 wurden am meisten Fremdsprachenlehrer gebraucht, teilweise ein Lehrer auf drei Studenten. In den Kursen der höheren Niveaustufen befanden sich die Fremdsprachenlehrer außerhalb des Klassenraums, hörten die Unterhaltungen mit und schalteten sich nur über Lautsprecher ein. Später erhielten die Studenten Kopfhörer, so daß nur sie den Fremdsprachenlehrer hörten, ohne daß die übrige Gruppe dies bemerkte.

Auf einer Zehnerskala trugen alle Teilnehmer ein, welchen sprachlichen Gewinn sie bis Kursende erreichen wollten. Am Semesterende konnten sie auf derselben Skala eintragen, was sie glaubten, erreicht zu haben, und diskutierten hierüber. Nach ihrer subjektiven Einschätzung hatten sie weit mehr gelernt, als sie jemals angenommen hatten. Als sie zu Anfang darüber informiert wurden, daß sie vier Sprachen auf einmal lernen sollten, waren sie skeptisch und sehr verunsichert gewesen. Curran sagte zu der Diskussion über die Ergebnisse: ,,In the recorded protocols, students expressed amazement that this could be done, and that they had been able so freely to participate in a discussion in four foreign languages. They not only expressed an intense sense of sharing with the others, but also a profound identity with the four languages. They, in fact, gained an increasing sense of the unity of these languages and *their own identification with this common civilization*" (1961, S. 89, Hervorhebung von L. S.). Diese Beobachtungen stimmen genau mit den eingangs dargelegten Forderungen überein. Ebenso das, was Curran über die traumatischen und emotionalen Hemmungen gegenüber bestimmten Fremdsprachen bei einigen Teilnehmern feststellen konnte. Diese Hemmungen waren auf weit zurückliegende Mißerfolgserlebnisse mit der betreffenden Fremdsprache zurückzuführen.

Zum Gruppenklima sagt Curran: ,,In the language-counseling groups, each student had a deep sense of being accepted and of belonging" (S. 90). Er spricht auch davon, daß die Studenten sich genau daran erinnern konnten, wann der Zeitpunkt des ,,turning point" oder des ,,language threshold" auftrat, von dem ab sie sich in der Fremdsprache heimisch fühlten. Zu diesem Zeitpunkt sagt Curran: ,,It was closely related to a deep sense of psychological belonging and sharing with the language counselor" (S. 91) und an anderer Stelle: ,,This process was definitely furthered by the language counselor's ability to establish a warm, understanding and accepting relationship. When this happened, the counselor ceased to be another foreign person and became an ‚other language self‘ for the client" (S. 92). Laut Aussage der Studenten wurden in einigen Fällen auch persönliche Scheu und Redehemmungen überwunden. Es kam zu einer tatsächlichen Kommunikation in der Fremdsprache. „Another result was an increasing awareness that language is really ‚persons‘. That is, the focus shifted from grammar and sentence formation, to a deepening sense of personal communication" (S. 92).

Standardisierte schriftliche und Hör-Verständnis-Tests mit vier verschiedenen Schwierigkeitsgraden in allen gelernten Sprachen außer Italienisch, für das kein Test erhältlich war, wurden den Experimental- wie den Kontrollgruppen gegeben. Letztere bestanden aus 169 Universitätsstudenten, die die üblichen Sprachkurse in Deutsch, Französisch und Spanisch während derselben Zeit belegt hatten.

Die Ergebnisse der Hör- und Schreib-Tests zeigten einen deutlichen Gewinn. Manche Studenten hatten in allen Sprachen bessere Ergebnisse als Studenten der anderen Kurse in nur einer Sprache. Die Experimentalgruppen hatten weniger Unterrichtszeit zur Verfügung gehabt als die Kontrollgruppen. Genaue Testergebnisse gibt Curran nicht. Er folgert, daß die nicht gemessene Fähigkeit im Sprechen mindestens ebenso groß gewesen sein müßte. Angesichts seiner hauptsächlich auf Kommunikation in der Gruppe abgestimmten Methode ist hieran nicht zu zweifeln. Ein Mädchen erhielt bei einer Aufnahmeprüfung an einer anderen Universität die beste Note in Französisch, das sie ausschließlich im Experimentalunterricht gelernt hatte. Sie selbst hatte den Eindruck, in Spanisch noch mehr und ebenso viel in Italienisch gelernt zu haben.

Bedauerlich ist, daß Curran keine Ausgangstests gemacht hat und nicht genau darüber informiert, inwiefern gewährleistet wurde, daß eventuelle Vorkenntnisse in der einen oder anderen Sprache das Testergebnis nicht beeinflußt haben und ob sich eventuell aufgrund der Ankündigung eines psychologischen Experimentes zum Fremdsprachenunterricht besonders sprachbegabte Studenten in seine Kurse eingeschrieben haben.

Aber angesichts der Tatsache, daß Curran die Aufgabe der Experimentalgruppen in enormer, fast absurd zu nennender Weise erschwert hat, indem vier Fremdsprachen gleichzeitig zu erlernen waren, sollte diese Kritik nicht zu sehr ins Gewicht fallen.

Seine Untersuchungen werden durch zahlreiche andere Untersuchungen aus Bulgarien und der Sowjetunion, die völlig unabhängig von Curran ein ähnliches Forschungsanliegen verfolgen, gestützt.

2.3. Suggestopädischer Fremdsprachenunterricht

Die umfassendsten Untersuchungen zur Interaktion zwischen Lehrer und Fremdsprachenschülern wurden von dem bulgarischen Psychiater und Arzt Lozanov (1971) durchgeführt oder von ihm angeregt. Zwanzig Jahre lang hatte er sich mit Hypnose, Suggestion und Hypermnesie (abnorme Gedächtnissteigerung unter Hypnose) befaßt, bevor er sich dem Fremdsprachenunterricht zuwandte, da dieser wegen des Vokabellernens sich besonders gut für empirische Nachweise eignete.

1964–1965 wurden mehrere Untersuchungen von einer Gruppe von Psychiatern und Pädagogen durchgeführt und in einem Bericht vom 3. 2. 1966 dem bulgarischen Erziehungsminister vorgelegt. In einem der dort beschriebenen Experimente (S. 39 ff.) wurde das Behalten von über 1000 französischen Vokabeln in einer Experimentiersitzung nach der suggestopädischen Methode nachgewiesen. Aufgrund dieses Berichtes wurde das „Forschungsinstitut für Suggestologie" in Sofia gegründet (Racle, 1977). Eine Übersicht über die Arbeiten dieses Instituts enthält der Kongreßbericht „Problems of Suggestology" (Ministry of Education, 1973).

Unter Suggestologie wird die Wissenschaft verstanden, die die Interaktion im menschlichen Leben erforscht, bei der suggestive Faktoren eine vorrangige Rolle spielen (Racle, 1977, S. 2). Mit Suggestopädie ist die Anwendung dieser suggestiven Faktoren in der Erziehung gemeint. Auf die Wirksamkeit dieser suggestiven Faktoren kam Lozanov durch Versuche bei 102 Jugendlichen, denen – vor dem Schlaf und während des Schlafs – insgesamt 12mal 31 russische Vokabeln mit Übersetzungen und ein russisches Gedicht vorgespielt wurden. Das Behalten am anderen Tage lag bei 85 %. Dieses Experiment wurde mit anderen Informationen wiederholt. Die Probanden erhielten in einem weiteren Experiment die Informationen nur im Wachzustand kurz vor dem Schlaf. Die suggestopädische Art der Information bestand darin, daß die Probanden über den Fortfall der Informationswiederholungen während des Schlafs nicht informiert wurden und deshalb mit einer ebenso großen Gedächtnisleistung rechneten wie beim vorausgegangenen Experiment. Tatsächlich waren dann ihre Gedächtnisleistungen ebenso groß. Suggestopädie beruht nach Lozanov (1977) hauptsächlich auf drei Faktoren:

1. Auf der suggestiven Interaktion zwischen Lehrer und Schülern. Hierunter versteht Lozanov einen Unterricht, der der fördernden Interaktion, wie sie oben für psychotherapeutische Gruppen geschildert wurde, entspricht.
2. Auf Freude und Fehlen von Spannungszuständen im Lernprozeß. Sobald Müdigkeit oder Angst auftritt, ist kein suggestopädisches Lernen mehr möglich.

27

3. Auf der gleichgewichtigen Berücksichtigung der bewußten und *unbewuß-ten* Aufnahme- und Reaktionsweisen des Lerners.

Das Verhalten des Lehrers im suggestopädischen Unterricht kann man wahr-scheinlich in Kurzform am besten dadurch beschreiben, daß der Lehrer den Pygmalion- oder Rosenthaleffekt (Rosenthal u. a., 1968) gezielt nach Mög-lichkeit auf alle Schüler anwendet, d. h., er gibt ihnen bewußt und vor allem unbewußt, meist paralinguistisch, auf der non-verbalen Kommunikationse-bene zu verstehen, daß er von ihrem Erfolg überzeugt ist. Die paralinguisti-sche Komponente macht auch eine Beschreibung des suggestopädischen Lehrerverhaltens so schwer. Dieses wurde am ausführlichsten von Racle (1975, S. 255 ff.) dargestellt. So muß der Lehrer selbst von der Methode überzeugt sein und ebenso eine überzeugende Sachautorität für den Schüler darstellen, ein Klima des Vertrauens und der Entspannung schaffen und alle negative Kritik, und sei sie auch indirekt, wie z. B.: „Diesmal war es gut", vermeiden. Er korrigiert eher die Leistungsstarken, die eine Korrektur wün-schen, wovon die Schwächeren profitieren. Er fördert die helfende Zusam-menarbeit der Schüler. Das Prestige der Methode und die Lehrfähigkeit des Lehrers müssen einen überzeugenden Einfluß auf den Schüler ausüben. Der Lehrer vermittelt so den Schülern die Überzeugung, daß sie besondere Lei-stungen erbringen können.

Sicherlich kann ein solches suggestopädisches Lehrerverhalten am besten verstanden und erlernt werden, wenn man es selbst als Lerner einer neuen Sprache erfährt. So wurde eine kanadische Forschungsgruppe zu diesem Zweck in Bulgarien unterrichtet (Commission de la Fonction publique du Canada, 1975, S. 3). Ebenso lernen Lehrer am staatlichen Pädagogischen In-stitut Lenin und am Forschungsinstitut für Suggestologie zuerst eine ihnen unbekannte Sprache nach der suggestopädischen Methode (Smirnova, 1975).

Das suggestopädische Lehrverhalten wird möglicherweise auch durch ein ar-gumentum ex contrario veranschaulicht. Im Unterricht werden oft anti-sug-gestive Faktoren vom Lehrer eingesetzt, die das Lernen unnötig erschweren. Der Lehrer macht den Schülern klar, wie mühselig, wie schwierig die Materie ist, welch ein Fleiß nötig ist, beweist dies an schwierigen Aufgaben, an denen viele Schüler scheitern, verlangt unnötig häufiges Wiederholen und ist vom Lernunwillen der Mehrzahl der Schüler überzeugt.

Möglicherweise ist es auch durch das schwer zu beschreibende suggestopädi-sche Lehrverhalten zu erklären, daß in manchen internationalen Darstellun-gen die Suggestopädie fälschlich mit Hypnose, Hypnopädie, autogenem Training oder Muskelentspannung in Verbindung gebracht wird oder daß andere suggestive Faktoren der Methode, die als musisch-künstlerische Ausdrucksweisen im täglichen Leben vorkommen, nämlich Musik, Rhythmik, Intonation und szenische Darstellung, zu Unrecht isoliert als *das* wesentliche Element der Suggestopädie angesehen werden (vgl. die Rezensionen von Racle, 1977, S. 5 f. und Lozanov, 1973). Zur Erläuterung dieser Faktoren werden im folgenden die weitgehend festgelegten Phasen des suggestopädischen Unterrichts kurz dargelegt. (Novakov u. a., 1973, Racle, 1975 und Saféry, 1978, S. 28–64). In einem Kurs von 4–5 Wochen von ca. 60–70 Stunden (3–4 Stunden täglich *neben* der sonst üblichen Arbeit) werden ca. 1900 Vokabeln (10 Lektionen, jede Lektion umfaßt ca. 800 Wörter auf 7–8 Seiten) erlernt. Alle Lektionstexte sind zweisprachig. Für jede Lektion stehen zwei Tage zur Verfügung.

In der 1. Lektion, die der gegenseitigen Vorstellung dient, erhalten die Teilnehmer eine fiktive Identität mit hohem Prestigewert (Beruf, Hobby, Familienstand etc.) einer Lehrbuchperson, die sie während des ganzen Kurses beibehalten. In der Phase der *Darbietung und Memorisierung* wird der suggestopädische Dialog, dessen Inhalt einen direkten Bezug zum Lerner hat und die sofortige Anwendung in der Kommunikation ermöglichen soll, inhaltlich mit Hilfe der Muttersprache vorgestellt, lexikalische und grammatische Hilfen werden ohne theoretische Erörterung gegeben unter Verwendung der Muttersprache und unter aktiver sprachlicher Beteiligung des Lerners. Die Aufmerksamkeit soll hierbei auf den Ablauf der Handlung und nicht auf sprachliche Schwierigkeiten gelenkt sein.

Nun folgt die Vorstellung des Dialogs. Der Lehrer liest eine Äußerung mit normaler, die nächste mit einschmeichelnd gedämpfter, die folgende mit sicherer, meisternder Intonation vor, die weiteren ebenso jeweils im Wechsel. Anschließend folgt die „Konzertphase". Die Teilnehmer hören speziell für diese Phase ausgewählte klassische Konzertmusik. Währenddessen trägt der Lehrer in angenehmem und leisem Ton den Text nochmals vor.

Erst zu einem späteren Zeitpunkt erhalten die Lerner den Text zum Mitlesen. Schreiben wird intensiv im Anschlußkurs geübt.

In der folgenden „analysierenden" Aktualisierungs- und Aktivierungsphase wird zuerst in Form von lustigen Spielen, Wettbewerben, Fragen und Antworten, Rätseln, Partnerarbeit und Mikrokonversationen der Inhalt lexikalisch und strukturell so erarbeitet, daß die motivierende Interaktion in der Lerngruppe im Vordergrund steht, während die Sprachprobleme sekundär bleiben.

Abschließend finden die Lerner selbst Rollenspiele und spielen diese untereinander in einer „synthetisierenden" Endphase.

Besonderer Wert wird auf die suggestive Ausstattung des Unterrichtsraumes gelegt. Nichts soll an einen „Klassenraum" erinnern. Bilder, Möbel, vor allem die im Kreis angeordneten angenehmen Sitzgelegenheiten erwecken eher den Eindruck eines gemütlichen Wohnraumes als den eines Lehrraumes.

Die für Außenstehende am ehesten vom üblichen Sprachunterricht abweichende Methode ist die „Konzertphase". In einem anderen Experiment wurde nachgewiesen, daß – ohne begleitenden Unterricht – allein die suggestiven Elemente der Intonation und der Konzertphase eine Steigerung des Behaltens bis zu 51,3% (bei Adjektiven) der (muttersprachlichen) Bedeutung von 20 unbekannten Vokabeln bewirkten (Ganovski, 1975). Diese Ergebnisse wurden durch weitere Versuche an 1400 Schülern bestätigt (Balevski u. a., 1975).

Zu einem früheren Zeitpunkt hatte Lozanov (1971, S. 314–315) festgestellt, daß die Behaltensfähigkeit im Langzeitgedächtnis von 100 Wortbedeutungen durch einen einmonatigen suggestopädischen Unterricht im Durchschnitt um 16,3% im Vergleich zum Zeitpunkt des Unterrichtsbeginns gesteigert werden konnte. Medizinische Untersuchungen hinsichtlich des Blutdrucks und Herzschlags haben gezeigt, daß trotz der zu bewältigenden Stofffülle keine geistige oder emotionale Überlastung nachzuweisen war, sondern sogar Entspannung während des Unterrichts, am deutlichsten während der Konzertphase, auftrat (Balevski, 1973).

Außerhalb Bulgariens wurden die Untersuchungen wiederholt und ähnliche Ergebnisse nachgewiesen, vor allem in der UdSSR (Smirnova, 1975). Die 12 Experimental- und Kontrollgruppen hatten in einem zweimonatigen (39 Unterrichtstage) Unterricht bis dreimal soviel Vokabeln (2530) in ihren Dialogen zu lernen wie die Kontrollgruppen (827 Vokabeln). Die Experimentalgruppen waren hinsichtlich des Behaltens nicht nur überlegen, sondern sie hatten auch weit über 90% des erlernten Wortschatzes behalten, nach dem zweiten Monat lag das Behalten trotz des verdoppelten Pensums noch bei 91%.

Auch in Langzeituntersuchungen von Lozanov (1973, S. 270 ff.) über einen Zeitraum von einem Schuljahr, während dessen eine 10. Klasse in allen Fächern suggestopädisch unterrichtet wurde, konnten die vorgesehenen Lehrpläne 2 Monate früher erfüllt werden, obwohl weniger Stunden und weniger Hausaufgaben gegeben wurden. Statt dessen wurden Sport und Kunstunterricht erteilt. Es herrschte ein besseres soziales Klima, und Schüler wie Eltern äußerten sich ausnahmslos positiv über die neue Methode.

Die wahrscheinlich gründlichste Untersuchung, zumindest die am ausführlichsten geschilderte, ist in Kanada durchgeführt worden (Commission de la Fonction publique du Canada, 1975). Hierzu wurden zwei Versuche, der letztere auf breiterer Basis (4 Experimental- und 4 Kontrollgruppen) gemacht. Allen wurde mitgeteilt, daß sie an einem Versuch teilnahmen, doch die Experimentalgruppen wurden im Gegensatz zu den Kontrollgruppen bezüglich ihrer Fremdspracheneignung heterogen zusammengesetzt; die Zuordnung geschah nach Wunsch. Letzteres ist eine nicht verständliche, die Ergebnisse möglicherweise zugunsten der Experimentalgruppe beeinflussende Aufteilung. Der Unterricht wurde halbtags, während 22 Tagen jeweils drei Stunden mit einer halbstündigen Pause, in Französisch und Englisch erteilt.

Da der suggestopädische Unterricht in ganz besonderer Weise auf das Lernziel Kommunikationsfähigkeit hin ausgerichtet war, wurde ein spezieller Test entwickelt. Zusätzlich wurde der nicht auf Kommunikationsfähigkeit ausgerichtete Test MLA (Modern Language Association) herangezogen. Nach ihm waren keine Unterschiede zwischen den Gruppen nachzuweisen, nach dem Kommunikationstest (jeweils 20 mündliche Haupt- und Zusatzfragen) hingegen waren die suggestopädisch unterrichteten Lerner hinsichtlich des Hörverstehens und Sprechens hochsignifikant überlegen.

In einem von Regierungsseite angeforderten Bericht kritisiert Bibeau (o. J.) dieses Experiment. Laut Aussage der Autoren seien Faktoren wie Intelligenz, Persönlichkeit, Lehrer und Lernrhythmus unberücksichtigt geblieben (S. 20). Er spricht sich gegen eine Wiederholung der Untersuchung aus, solange diese Faktoren nicht kontrolliert werden könnten, und vor allem, weil er die suggestopädische Methode überhaupt in Frage stellt. Ohne die Untersuchungen von Lozanov zu kennen, zieht er alle Prinzipien der Methode grundsätzlich in Zweifel. Den Anspruch der suggestopädischen Methode, höhere Gedächtnisleistung und somit bessere Leistung im Fremdsprachenunterricht zu erzielen, widerspricht er mit der Behauptung, daß diese sich mit einer oberflächlichen Kenntnis der Fremdsprache begnüge. Möglicherweise ist diese Vermutung Bibeaus trotz seiner Unkenntnis der Untersuchungen von Lozanov richtig, da sich dessen Untersuchungsergebnisse meist mit der Zahl der erlernten Vokabeln begnügen.

1977–1978 sind von Todesco (1978) sehr sorgfältige Forschungen bei 112 erwachsenen Lernern mit dem Ziel durchgeführt worden, Erfolgs- und Eignungskriterien für den suggestopädischen Unterricht zu finden. Aus diesem Grund sind gerade die Faktoren Persönlichkeit, Einstellung und Lerncharakteristika u. a. besonders berücksichtigt worden. Die Untersuchung ergab, daß die Fähigkeit, unter natürlichen, nicht schultypischen Bedingungen eine Sprache zu lernen, und der Wunsch nach mündlicher Kommunikationsfähigkeit u. a. Prädikatoren für den Erfolg mit der suggestopädischen Methode sind (S. 63 ff.).

Die Test-Endergebnisse zeigten ferner, daß zwischen der suggestopädisch und der audio-visuell, nach grammatischer Progression unterrichteten Gruppen im *MLA-MA Co-operative Foreign Language Test of French* und in dem speziell entwickelten *Test de communication* keine signifikanten Unterschiede zu ermitteln waren, daß aber in dem Subtest für Sprechen des

Language-Knowledge-Examination Test, in dem auf sprachliche Korrektheit gesteigerter Wert gelegt wird, die audio-visuell unterrichtete Gruppe signifikant überlegen war (S. 64; vgl. bzgl. der Wirksamkeit des audio-visuellen Unterrichts Schiffler, 1976a, S. 114 ff.). Trotzdem zeigten die suggestopädisch unterrichteten Lerner sehr große Zufriedenheit mit der Methode. Todesco (S. 67) sagt hierzu: „. . . it may nevertheless have an effect that extends beyond the classroom, in a more positive attitude to communicate on the job and in a willingness to continue acquisition of their second language."

Da die suggestopädische Methode hinsichtlich des Lehrerverhaltens psychotherapeutische Elemente verwendet, ist es verständlich, daß in mehreren Untersuchungen der positive Effekt dieses Unterrichts auf psychisch belastete oder kranke Lerner erwähnt und nachgewiesen wurde (Kolarova, 1973). Aus diesem Grunde wurden weitere Versuche ausschließlich mit psychisch Kranken unternommen. Durch sie wurde nachgewiesen, daß der suggestopädische Fremdsprachenunterricht anderen therapeutischen Maßnahmen überlegen war und u. a. die intellektuellen Fähigkeiten der Probanden wiedergewonnen werden konnten (Kolarova u. a., 1975).

In zahlreichen Untersuchungen wurden die positiven Auswirkungen der Methode auf die Beziehungen der Lerner untereinander erwähnt. In einer Untersuchung, die 156 Studenten in 13 Gruppen umfaßte, wurde die Intensität der Interaktion neben der Steigerung der Gedächtnisfähigkeit geprüft. Beide Variablen erreichten erstaunlich hohe Werte (Punchev, 1973).

In den erwähnten Veröffentlichungen werden kaum kritische Stimmen laut. Nur in einem Fall wird erwähnt, daß die Menge der erlernten kommunikativen Lexis noch einer grammatischen Nachbereitung bedurft hätte (Bassin u. a., 1973, S. 115). Der Autor relativiert diese Aussage aber, da sie nicht auf einer einwandfreien Messung beruhe.

Die Schwäche der Mehrzahl der aufgeführten Untersuchungen ist, daß sie keine Langzeituntersuchungen darstellen. Um so beeindruckender sind die positiven Ergebnisse, die nach einem Jahr in schulischen Großversuchen gewonnen wurden, obwohl eine noch detailliertere Information hierüber wünschenswert wäre. Die Suggestopädie intensiviert zweifellos die Faktoren im Fremdsprachenunterricht, die für seinen Erfolg entscheidend sind. Einen Teil dieser Faktoren setzen aber auch erfolgreiche Fremdsprachenlehrer in den ersten Jahren des Unterrichts tagtäglich ein. Sie verstehen es dadurch, die große Motivation, die bei vielen Schülern zu Beginn des Fremdsprachenunterrichts zweifellos vorhanden ist, aufrecht zu erhalten und voll zu nutzen. Doch auch sie bemerken, daß meist ab dem dritten Lernjahr Probleme auftauchen, die das Lehren und Lernen erschweren. Schriftliche Fertigkeiten und grammatische Phänomene treten häufiger in den Vordergrund und tragen oft zur Entmutigung vieler Schüler bei. Der außerordentliche Einsatz, der von „Suggestopäden" verlangt wird, ist sicherlich in Monatskursen leichter zu leisten als über Jahre hinweg.

Die suggestopädischen Forschungen sind für den schulischen Unterricht in mehrfacher Hinsicht wichtig. Sie zeigen vor allem ein Lehrerverhalten, das psychologisch den Schüler fördert, ohne daß hierbei der Gesichtspunkt der Leistung aus den Augen verloren geht. Beide Faktoren scheinen in unserer Schulpraxis oft nicht miteinander vereinbar zu sein.

Ferner spräche nichts dagegen, daß Einprägungs- und Wiederholungsphasen mit Musikbegleitung praktiziert würden, sofern der Lehrer von der Wirksamkeit dieses Verfahrens überzeugt ist. Wenn in dem Lehrerhandbuch zu *All's well* (Dickinson, 1975, S. 19) Hör-Konzentrations- und Atem-Entspannungsübungen (S. 41 ff.) vorgeschlagen werden, dann haben diese möglicherweise denselben Effekt, sind aber auf die Dauer nicht ebenso problemlos durchzuführen.

Schließlich könnten die Vertreter zweisprachiger Verfahren wie der „aufgeklärten Einsprachigkeit" (Butzkamm, 1973) in der Semantisierungsform des suggestopädischen Fremdsprachenunterrichts eine Bestätigung ihrer Praxis finden.

2.4. Psychodrama und Fremdsprachenunterricht

So wie der Psychotherapeut Curran und der Arzt und Psychiater Lozanov als Nicht-Didaktiker und Nicht-Linguisten die besondere Gestaltung der Interaktion zwischen Lehrer und Lerner als neuen Weg für den Fremdsprachenunterricht gefunden haben, hat in Paris der Dramaturg Urbain (1975) Formen des Psychodramas nach Moreno, vor allem das Spiegeln, das Doppeln und das Dreieck zu einer eigenen Methode des Sprachanfangsunterrichts entwickelt, die er „expression spontanée dramaturgique et linguistique" nennt (vgl. Moreau, 1975).

Die Lerner, höchstens 12, sitzen im Kreis und werden von einem Lehrer und einer Lehrerin („agonistes") betreut. Zu Beginn des Kurses widmet sich ein Lehrer bzw. eine Lehrerin, je nach Geschlecht des Lerners, jeweils einem Lerner, der in dieser Phase „protagoniste" genannt wird. Er trägt eine Vollmaske, so daß er blind und stumm ist. Der Lehrer setzt sich nun hinter den Lerner und wird sozusagen zu dessen zweitem Ich. Er versucht, die Gefühle des Lerners in der Fremdsprache auszudrücken. Dieser, unterstützt durch seine Blindheit, konzentriert sich nun ganz auf das Hören der Sprachmelodie.

Auf der zweiten Stufe erhält er eine Halbmaske, so daß er nun zwar noch blind ist, aber beginnen kann, nach seinem Gutdünken Wörter, Satzteile oder ganze Sätze nachzusprechen. Übersetzungen und Verbesserungen sind ausgeschlossen. Auf der dritten Stufe erhält der Lerner eine Maske, die ihm auch das Sehen gestattet. Er erblickt nun seinen Dialogpartner, den zweiten Lehrer. Unterstützt durch sein Double, den Lehrer links hinter ihm, beginnt er nun einen Dialog mit diesem zweiten Lehrer. Die Maske, die später abgelegt wird, dient dem Lerner als Schutz und Hilfe zur Annahme der zweiten Identität, die durch die Übernahme der Fremdsprache geschaffen wird. Der Agonist hinter ihm und der vor ihm erfühlen, was der Lerner äußern möchte und kann, wobei der erstere, der hinter ihm sitzt, die unterstützende, der zweite vor ihm mehr die stimulierende, später auch opponierende Rolle übernimmt. In einer weiteren Phase, in der des Dreiecks, werden beide Lehrer für den Lerner zu Dialogpartnern, wobei das Double nun, links vor ihm sitzend, weiterhin die mehr unterstützende Funktion hat, ebenso wie der rechts vor ihm sitzende Lehrer seine stimulierende Dialogrolle beibehält.

Die übrigen Teilnehmer erleben mit, wie die Fremdsprache „geboren wird" und lernen, bevor sie als „protagoniste" an der Reihe sind, durch dieses intensive Miterleben erstaunlich viel.

1974 wurde diese Methode im Vergleich mit dem audio-visuellen Kurs ‚De Vive Voix' (Credif, 1972) von Credif (1976) selbst in Paris überprüft. In den beiden Versuchsklassen waren nicht nur völlige Anfänger, so daß nur der Lernfortschritt des einzelnen im Hörverstehen und im mündlichen Ausdruck gemessen werden konnte. In beiden Klassen waren die Lernfortschritte beträchtlich. Im mündlichen Ausdruck waren aber die Leistungen der Klasse, die nach der Methode ‚Expression spontanée' unterrichtet worden war, besonders hoch. Die Autoren legten großen Wert auf die Auswertung des umfangreichen Interviews, das auf französisch mit jedem Teilnehmer geführt worden war. So wurde das positive soziale Klima und das Fehlen der Angst, sich in der fremden Sprache auszudrücken, von den Schülern der ‚Expression spontanée'-Klasse hervorgehoben. Die Methode wurde als besonders geeignet für den Anfangsunterricht bezeichnet. Doch äußerten die Teilnehmer Zweifel daran, ob sie auch ebensogut für die Vermittlung genauerer grammatischer Kenntnisse geeignet sei. In der Kontrollgruppe wurde die Credif-Methode ebenso gelobt, vor allem aber wurde der Lehrer als ideal empfunden. Die Versuchsleiter fanden, daß in der ‚Expression spontanée'-Gruppe die tatsächliche Identität der Schüler besonders gewahrt wurde, so daß diese sich öfters weigerten, „Rollen" zu spielen.

Dadurch, daß in der Credif-Gruppe laut Teilnehmern ein „idealer" Lehrer unterrichtete, konnte dieser Versuch als Vergleich kaum ein Ergebnis bringen außer dem, daß die Interaktion zwischen Lehrer und Schüler – auch im audio-visuellen Fremdsprachenunterricht – von ausschlaggebender Bedeutung ist.

In der Universität Mainz wurde 1976 eine Gruppe von Studenten, die keinerlei Französisch-Vorkenntnisse aufwiesen, 12 Tage lang jeweils fünf Stunden täglich mit der Methode ‚Expression spontanée' unterrichtet. Die gesamte Unterrichtszeit wurde auf Videoband aufgenommen. Nach dieser Zeit konnten die Studenten sich erstaunlich fließend über ihre Erfahrungen mit dieser Methode äußern, wobei sie ebenfalls gefilmt wurden.

Diese kurze Darstellung läßt ein solches Verfahren sicherlich auf den ersten Blick undurchführbar erscheinen. Ferner ist es schwierig, dem Leser die non-verbalen Faktoren wie Stimme und Haltung der Lehrer und das gefühlsmäßige und inhaltliche Eingehen auf den Lerner zu beschreiben, die für den Erfolg dieser Art von Unterricht entscheidend waren. Doch sind diese Faktoren auf Videoband deutlich zu beobachten, so daß diese Informationsmöglichkeit Interessenten zur kritischen Überprüfung zur Verfügung steht. Trotz dieser Erfolge muß darauf hingewiesen werden, daß diese Methode bisher nur in Form von Kurzzeit-Intensivkursen unter Verzicht auf den Erwerb schriftlicher Fertigkeiten mit zweifellos motivierten und lernerfahrenen Personen erprobt wurde. Unter solchen Bedingungen – vor allem, wenn es sich um die *Anfangsphase* des Spracherwerbs handelte – sind auch schon mit anderen Methoden beträchtliche Erfolge erzielt und empirisch exakt nachgewiesen worden.

Für den Schulunterricht sind aus diesen Erkenntnissen zwei Folgerungen zu ziehen. Der Unterricht in einer Fremdsprache sollte ein bis zwei Jahre intensiver als bisher in kleineren Lerngruppen gestaltet werden. Anschließend genügt für ein oder zwei Jahre ein „Erhaltungskurs" von nur zwei Stunden wöchentlich. Möglicherweise kann der Unterricht auch ganz ausfallen. In diesem Zeitraum wird eine andere Fremdsprache ebenso intensiv wie die erste unterrichtet. Die Intensität ist eine wesentliche Voraussetzung dafür, daß Schüler wie Lehrer Erfolgserlebnisse durch einen anhaltenden und sichtbaren Lernfortschritt erfahren. Weiterhin müßte dieser ein- oder zweijährige Unterricht auf ein konkretes Kommunikationsziel hin ausgerichtet sein. Am Ende eines solchen „Epochalunterrichts" sollte ein gemeinsamer Besuch im Zielland, der sprachlich wie kulturell/politisch im Unterricht vorbereitet wird, stehen.

Eine leichter zu realisierende Verbesserung wäre, daß zumindest einmal jährlich eine 14tägige Intensivphase eingerichtet würde, in der die gesamte Unterrichtszeit dem Unterricht in einer Fremdsprache zur Verfügung stünde. In Deutschland wurde dies bereits mit Erfolg im Schulunterricht erprobt (Preißendörfer, 1974).

Die zweite Folgerung für einen motivierenden Langzeitunterricht ist die volle Nutzung der Interaktion in Form eines interaktiven Unterrichts. Es genügt auf die Dauer nicht, daß der Lehrer durch seinen Einsatz allein, ähnlich wie im suggestopädischen Unterricht, die Schüler motiviert. Er muß das große Interaktionspotential der Lerngruppe nutzen. Durch seinen Erziehungsstil kann er die Voraussetzungen für die Zusammenarbeit der Schüler schaffen. Wenn dann Lernschwierigkeiten auftreten, wie sie im fortgeschrittenen Unterricht unvermeidbar sind, können in einer von Anfang an geübten Partner- und Gruppenarbeit diese Schwierigkeiten viel leichter überwunden und die Motivation aufrecht erhalten werden.

Die soziale Interaktion in der Lerngruppe wird durch die gegenseitige Hilfe und die gemeinsame Arbeit ständig gefördert. Dieses kooperative Verhalten in der Lerngruppe ist nicht von der stützenden Interaktion zwischen Lehrer und Schülern zu trennen.

Das hier aufgezeigte Lehrerverhalten ist keine schwer erfüllbare Forderung, wie die Schilderung dieser Untersuchungsergebnisse es möglicherweise vermuten lassen. Als Vorgriff auf die praxisnäheren Ausführungen, die noch folgen werden, sei hier der Fall einer Grundschullehrerin geschildert, die ohne Kenntnis der oben dargestellten Wege eine Form interaktiven Lehrerverhaltens praktizierte. So hatte sie von der ersten Klasse an eingeführt, daß die Schüler täglich den Unterricht mit ,,Erzählen" beginnen durften. Jeweils ein Kind sprach ca. 10–15 Minuten lang über irgend etwas, was ihm am Herzen lag. Wer dran kam, wurde nach dem Gesichtspunkt der Dringlichkeit seines Problems und nach dem der gleichmäßigen Berücksichtigung aller Schüler partnerschaftlich geregelt. Die Zusammenarbeit der Schüler und das Fehlen von Disziplinschwierigkeiten in dieser Klasse wurde von den Fachlehrern, die später in die Klasse kamen, als ein schwer erklärbares Phänomen angesehen, beruhte aber nach Ansicht der Lehrerin auf der gegenseitigen Anteilnahme, die durch dieses ,,Erzählen" geweckt wurde.

3. Interaktives Lehrerverhalten im Fremdsprachenunterricht

3.1. Vorbemerkungen zur Realisierung eines interaktiven Lehrerverhaltens

Interaktives Lehrerverhalten bedeutet, wie eingangs dargestellt,

- daß der Lehrer die soziale Interaktion in der Lerngruppe fördert,
- daß er Konflikte in der Lerngruppe mit dem Ziel einer Verbesserung der Interaktion zu lösen versucht,
- daß er die Schüler ermutigt,
- daß er die Schüler zur Selbständigkeit anregt und
- daß er interaktive Unterrichtsformen praktiziert.

Dieses Lehrerverhalten deckt sich zweifellos in vieler Hinsicht mit einem Erziehungsstil, der als „sozialintegrativ" oder „schülerzentriert" in der Erziehungswissenschaft bekannt ist.

Aus folgenden Gründen wird hier der Terminus „interaktiv" verwandt:

1. Hierdurch wird auf die „interaktiven Unterrichtsverfahren" als methodisch-organisatorische Möglichkeit zur Realisierung dieses Lehrerverhaltens hingewiesen.
2. Ferner wird dadurch zum Ausdruck gebracht, daß zur methodischen Realisierung als tragendes Element das Verhalten des Lehrers hinzukommt, der sich um die Verbesserung der Interaktion zwischen sich und den Schülern bemüht.
3. Dieser neue Terminus stößt nicht auf die Voreingenommenheit mancher Lehrer gegenüber den o. a. Erziehungsstilen, die sie ohne Erfolg in der Schule zu realisieren versucht haben.

Damit interaktives Lehrerverhalten nicht zu Mißerfolgserlebnissen führt, soll im folgenden ausgeführt werden, warum Lehrer mit sozialintegrativen Unterrichtsstilen häufig scheitern.

Beginnen wir mit der ersten Stunde eines Lehrers in einer Klasse. Der begrüßenswerte Idealismus mancher Lehrer führt dazu, daß sie, wenn sie zum erstenmal unterrichten oder eine Klasse neu bekommen, sofort einen bestimmten Erziehungsstil realisieren wollen, ohne die Vorerfahrungen der Schüler mit anderen Lehrstilen zu berücksichtigen. Der Lehrer müßte wissen, welcher Erziehungsstil vorher von den Lehrern der Klasse praktiziert wurde und welche Erziehungsstile von anderen Lehrern neben seinem eigenen Unterricht praktiziert werden. Wenn die Schüler an überwiegend autokratisches Lehrerverhalten gewöhnt sind, dann legen sie nicht-autokratisches Verhalten in vielen Fällen als Unfähigkeit und Schwäche aus. Dies zeigen schon die ersten Forschungen zum Erziehungsstil von Lewin u. a. 1939 (vgl. Walz, 1968, S. 37 ff.). Die Schüler reagierten auf ,laisser-faire'-Stil erstaunlicherweise aggressiv, vor allem aber dann, wenn dieser nach einem Lehrerwechsel auf einen ,autoritären' Stil folgte. Genau dies kann eintreten, wenn ein engagierter Lehrer von vornherein seinen nicht-autoritären Stil einführen will.

Um den Erziehungsstil, an den die Schüler gewöhnt sind, zu erfahren, gibt es einen sehr einfachen Weg: das Gespräch mit den Schülern. Bei der ersten Begegnung mit einem neuen Lehrer interessieren sich die Schüler für ihn als Person. Aus diesem Grund eignet sich die erste Stunde besonders für ein Gespräch, in dem die Schüler dem Lehrer ihre Erfahrungen und Meinungen über Lehrerverhalten mitteilen und der Lehrer die Schüler über sich und seine pädagogische Konzeption informiert. Die dabei gewonnenen Informationen und die geäußerten Schülermeinungen ermöglichen dem Lehrer, *vorerst* einen Erziehungsstil zu praktizieren, der nicht im krassen Gegensatz zu dem der anderen Lehrer und zu den bisherigen Erfahrungen der Schüler steht.

Der Übergang von diesem Stil zu einem interaktiven sollte schrittweise aufgrund von Vereinbarungen zwischen Lehrer und Schüler vor sich gehen. Untersuchungsergebnisse von Flanders (1951) zeigen den Vorteil von solchen Vereinbarungen zwischen Lehrer und Schülern. Flanders stellte fest, daß viele Lernschwierigkeiten u. a. auf Interaktionsprobleme mit dem Lehrer zurückzuführen waren. Diese nahmen aber beträchtlich ab, sobald der Lehrer seine Anweisungen auf Gruppenentscheidungen stützte. Die Mehrheit der Schüler erwartet zu Recht vom Lehrer, daß er ihnen ein störungsfreies Lernen ermöglicht. Als partnerschaftliche Basis für solche Vereinbarungen kann der Grundsatz dienen, daß nur *einer auf einmal* sprechen darf. Der Lehrer hat – in Zusammenarbeit mit den Schülern – die Aufgabe, für die Einhaltung dieser Vereinbarung zu sorgen. Dies verpflichtet ihn aber auch, so oft wie möglich sein Rederecht an die Schüler weiterzugeben (vgl. Kapitel 4.1). Eine zu geringe Beteiligung der Schüler an der Kommunikation, wie sie z. B. Tausch (1960) festgestellt hat, beeinträchtigt die soziale Interaktion in der Klasse. Er stellte fest, daß in 50 Unterrichtsstunden im Durchschnitt 57,1 Fragen vom Lehrer und nur 2,2 von den Schülern gestellt wurden.

Ein weiterer Grund für den Mißerfolg eines der genannten Stile kann die ungenaue Vorstellung von dem ,,schülerzentrierten'' bzw. ,,sozialintegrativen, demokratischen, indirekten oder partnerschaftlichen'' Erziehungsstil sein.

All diese Stile sind ebenso wie der „interaktive" Lehrerstil *nicht das Gegenteil des autoritär-autokratischen Lehrerstils.* Sie sind vielmehr der vernünftige Mittelweg zwischen größtmöglicher Kontrolle und Führung und dem Verzicht auf Kontrolle und Führung, wie in der weiter unten dargelegten Definition der Erziehungsstile näher ausgeführt wird.

Der Lehrer hat beim interaktiven Lehrerverhalten – ebenso wie beim schülerzentrierten – das Recht, „sich selbst zu behaupten" und „sich selbst einzubringen" (Wagner, 1976, S. 28). Dies bedeutet konkret, daß der Lehrer z. B. in einer verständnisvollen Form erklärt, warum ihn bestimmte Verhaltensformen der Schüler in seiner Lehraufgabe beeinträchtigen; ferner daß er auch Maßnahmen trifft, wenn er welche angekündigt hat und vorausgegangene Erklärungen und Bitten ohne Erfolg geblieben sind. Wesentlich ist bei jeder Bitte, Verwarnung und Maßnahme, daß der Lehrer ein Wort des Bedauerns, der Erklärung und des Vertrauens auf die Verhaltensänderung gegenüber dem Schüler äußert. Die Bedeutung dieser emotionalen Komponente wird durch die Untersuchung von Ojemann u. a. (1951) deutlich. Allein die emotionale Zuwendung von seiten des Lehrers bewirkte, daß Außenseiter sozial in die Klasse integriert wurden und sich ihre Arbeitshaltung und ihre Leistungsergebnisse in den Tests verbesserten (Tausch, 1977; Aspy u. a., 1974). Für Lehrer, die, durch die Leistungsunwilligkeit mancher Schüler enttäuscht, einen autoritären Stil beibehalten wollen, ist das Ergebnis wichtig, daß die „autoritär" geführte und unterwürfig reagierende Gruppe die größte Arbeitsintensität zeigte. Im Gegensatz aber zur „demokratisch" geführten Gruppe zerstörten sie die Produkte ihrer eigenen Arbeit, und ihre Arbeitsintensität sank um mehr als die Hälfte, wenn sich der Lehrer entfernte. In den „demokratisch" geführten Gruppen hingegen fiel die Arbeitsintensität bei dieser Gelegenheit nur unwesentlich ab. In ihnen herrschte das beste Gruppenklima (Lewin u. a., 1939).

Diese Ergebnisse wurden u. a. durch spätere Untersuchungen (Anderson u. a., 1945–1946) bestätigt.

Einen ähnlichen, auf Vereinbarungen zwischen Schülern und Lehrer beruhenden Lehrerstil, der weder autoritär noch das Gegenteil davon ist, strebt Gordon (1977) an. Diese einschränkenden Bemerkungen sprechen keineswegs gegen den interaktiven Lehrerstil, sondern sollen dazu führen, daß der Lehrer diesen nach und nach durch Gespräche mit den Schülern und aufgrund von gegenseitigen Vereinbarungen zu realisieren versucht.

3.2. Untersuchungen zum Erziehungsstil und zur Sozialform im Fremdsprachenunterricht

Wenn hier ein *interaktiver* Lehrerstil definiert und empfohlen wird, dann erhebt sich die Frage, welcher Erziehungsstil im Fremdsprachenunterricht eigentlich praktiziert wird und ob es überhaupt gerechtfertigt ist, eine Änderung des Erziehungsstils im Sinne des interaktiven Stils für den Fremdsprachenunterricht zu fordern. Um diese Frage zu beantworten, hat der Verfasser (Schiffler, 1974 d) eine entsprechende Untersuchung durchgeführt, die im folgenden genauer dargestellt wird. Trotz umfangreicher Forschungen zum Erziehungsstil (Gage, 1965, und Pause, 1973) sind die Erziehungsstile oder Sozialformen im Fremdsprachenunterricht kaum untersucht worden. Entsprechende Forschungen sind aber deshalb angebracht, weil man allgemein von der „Eigengesetzlichkeit" des Fremdsprachenunterrichts und seiner Didaktik spricht, wie sie sonst nur noch für die naturwissenschaftlichen Fächer postuliert wird. Aus dieser sogenannten „Eigengesetzlichkeit" des Fremdsprachenunterrichts ergibt sich möglicherweise, daß er überwiegend mit speziellen Erziehungsstilen und Sozialformen des Unterrichts gekoppelt ist. Diese Hypothese bedurfte einer Überprüfung.

Seit über fünfzehn Jahren sind die Untersuchungen zum Erziehungsstil von R. und A. Tausch (1963) bekannt. Da diese Untersuchungen sogleich in der pädagogischen Lehrerausbildung weite Verbreitung fanden, sollte man vermuten, daß sie zumindest bei den jüngeren Fremdsprachenlehrern nicht ohne Einfluß geblieben sind. Hierbei ist natürlich die Diskrepanz zwischen dem vom Lehrer selbst angestrebten Erziehungsstil und dem realisierten zu berücksichtigen (Tausch, 1973, S. 194 und S. 445 f.). Aufschlußreich ist, daß zahlreiche Lehrer, die sich für die vorliegende Untersuchung zur Verfügung stellten, zu erkennen gaben, daß sie die bisherigen Untersuchungen zu dieser Frage kannten. Sie verwiesen nämlich auf diese Untersuchungen, um die Notwendigkeit einer solchen Untersuchung zum Fremdsprachenunterricht in Frage zu stellen.

Ziel der Untersuchung war,
1. den Erziehungsstil der beobachteten Lehrer zu definieren und
2. die Sozialform des jeweiligen Unterrichtsgeschehens zu bestimmen.

Bei der *Planung der Untersuchung* ergaben sich drei Probleme:
1. die Definition der Erziehungsstile bzw. der Sozialform des Unterrichts,
2. die Gültigkeit der Beobachtung,
3. das Erfassen der tatsächlichen Unterrichtspraxis.

Diese drei Probleme sollen im folgenden einzeln behandelt werden.

Die Definition der Erziehungsstile

Die Definierung von Erziehungsstilen ist äußerst diffizil und komplex, da im Regelfall *ein* Erziehungsstil per definitionem bei keinem Lehrer anzutreffen ist. Trotzdem lassen sich Annäherungswerte ermitteln, sobald für einen Erziehungsstil charakteristische Merkmale gehäuft auftreten (Klafki, 1970, S. 88).

Wenn man die Typologien untersucht, die für die verschiedenen Erziehungsstile erstellt wurden, fällt auf, daß sie zwar von verschiedenen Theorien und Definitionen ausgehen (Gordon, 1970, S. 17), daß sich aber eine ähnlich konzipierte Antinomie bei allen nachweisen läßt.

Die meisten Typologien beziehen sich auf die bereits besprochenen Forschungen von Lewin, Lippitt und White aus dem Jahr 1939. Sie unterschieden drei Kategorien von Erziehungsstilen: autoritär, demokratisch und laisser-faire und erforschten den Einfluß dieser Erziehungsstile auf das Sozialverhalten in der Gruppe. Auf den Forschungen von Lewin aufbauend, entwickelten Anderson und seine Mitarbeiter Brewer und Reed (Anderson u. a., 1946) die Stilmerkmale für „dominantes" und „integratives" Erziehungsverhalten. Ebenso bei Lewin wie auch bei Anderson finden sich grundsätzlich die beiden Hauptkategorien für Lehrerverhalten:

1. Emotionalität im Lehrer-Schüler-Verhältnis und
2. Kontrolle der Schüler durch den Lehrer.

Die ausschließliche Beurteilung des Lehrerstils nach der praktizierten Intensität des Verhaltens in diesen beiden Dimensionen scheint sich immer mehr durchzusetzen, da so eine differenziertere Beurteilung des Erziehungsstils möglich ist als bei einer Einteilung in zwei oder drei Kategorien. Dies gelingt, indem beide Dimensionen in Form eines Koordinatensystems dargestellt werden.

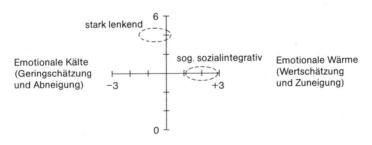

<table>
<tr><td></td><td>Maximale Kontrolle</td><td></td></tr>
</table>

Maximale Kontrolle

stark lenkend — 6

Emotionale Kälte
(Geringschätzung
und Abneigung) −3

sog. sozialintegrativ

+3

Emotionale Wärme
(Wertschätzung
und Zuneigung)

0

Minimale Kontrolle

R. und A. Tausch (1973, S. 298) sehen in diesem Koordinatensystem den Bereich für „stark lenkendes" (autokratisches) Lehrerverhalten nicht nur stark ausgeprägt hinsichtlich der Kontrolle, sondern auch hinsichtlich der Emotionalität mehr neutral bis geringschätzig.

Die „sog. sozialintegrative Begrenzung" (S. 299) durch den Lehrer definieren sie als mittelstarke Kontrolle und ziemlich intensive Wertschätzung des Schülers ein.

Für die vorliegende Untersuchung, die weniger auf die genaue Typisierung des Verhaltens eines Lehrers abzielte als auf den Nachweis einer Tendenz bei der untersuchten Stichprobe, war eine Beschränkung auf ähnliche Grundkonzepte, wie sie auch von Anderson (1945 und 1946) formuliert werden, angebracht. Diese ließen sich eher einwandfrei von einem Beobachter bestimmen.

Aus diesem Grund sollten unter Berücksichtigung der o. a. Konzeptionen die Beobachtungskriterien zu den zwei gegensätzlichen Kategorien von „dominanten" und „integrativen" Erziehungsstilen (Anderson) formuliert werden. Die Kategorie des Laisser-faire-Stils, bei dem der Lehrer sich weitgehend einer Beeinflussung des Unterrichtsgeschehens enthält, konnte für diese Untersuchung auch deshalb unberücksichtigt bleiben, weil er wahrscheinlich im Fremdsprachenunterricht, wo der Lehrer die Funktion eines sprachlichen Modells hat, selten vorkommt.

Aufgrund der Kriterienkataloge der genannten Autoren wurden die Beobachtungskriterien bestimmt, die eine möglichst eindeutige Zuordnung zu einem der beiden Verhaltensstile ermöglichen sollten. Der wesentliche Unterschied zu dem Katalog von R. und A. Tausch war darin zu sehen, daß lobende Äußerungen dem integrativen Stil zugeordnet wurden, obwohl die Überlegungen von R. und A. Tausch dagegen sprechen. Sie ordnen häufiges Lob (10% der Tätigkeit) dem autokratischen Erziehungsstil zu (Tausch, 1973, S. 178), da es meist irreversibel, mit Tadel als Stilmerkmal verbunden ist und zur Abhängigkeit statt zur Eigenbewertung des Verhaltens führt (Tausch, 1963, S. 111). Da aber vom Erzieher geäußerte Bestätigungen ein Merkmal eines erstrebenswerten Erziehungsstils sind und eine Differenzierung von lobenden Äußerungen, auch numerischer Art, und ihre Zuordnung zu verschiedenen Erziehungsstilen ein strittiges Beobachtungskriterium ist, sollten lobende Äußerungen in der vorliegenden Untersuchung ausschließlich dem integrativen Stil zugeordnet werden. In der neugestalteten Ausgabe ihrer „Erziehungspsychologie" äußern sich R. und A. Tausch nicht mehr in derselben Weise kritisch zum Lob, sondern betonen vielmehr ausführlich die „Verhaltensänderung durch Bekräftigung". Sie sagen, daß „mit hoher Wahrscheinlichkeit angenommen werden (kann), daß Lehrer die Möglichkeiten positiver Bekräftigungen zur Änderung des Verhaltens von Jugendlichen in vielen Fällen nicht in nennenswertem Umfang verwirklichen" (1973, S. 102). Aufgrund der Auswertung umfangreicher empirischer Untersuchungen äußern sie die Aufforderung: „Es scheint somit angemessen, daß Lehrer, Eltern und Erzieher in ihrem Verhalten mehr Selbstbekräftigung äußern, um Kindern und Jugendlichen hinreichende Modelle für Beobachtungslernen zu sein und daß sie Schüler häufiger bekräftigen und ermutigen" (1973, S. 94).

Wenn wir vorher mit der ablehnenden Haltung der Lehrer gegenüber einer Tonbandaufnahme gerechnet hätten, hätten wir das Kategorienschema von Flanders (1960) wegen seiner einfachen und klaren Beobachtungsanalyse benutzt, die auch für die Anwendung ohne Tonaufzeichnung gedacht und geeignet ist. Die äußerst verständliche Einführung in die Flandersche Interaktionsanalyse von Hanke u. a. (1973) und vor allem die ausführliche Diskussion der Adaptation dieser Analyse für den Fremdsprachenunterricht durch Nearhoof bei Krumm (1973, S. 60 ff.) und bei Nissen (1974, S. 270 ff.) waren zum Zeitpunkt der Untersuchungen noch nicht erschienen.

Zur komplexen Erfassung der sozialen Interaktion entwirft Flanders (1960) 10 Beobachtungskriterien, von denen sich sieben auf den Lehrer beziehen, zwei auf die Schüler und eine auf die Klasse als Gesamtgruppe.

Indirekte Beeinflussung

1. Akzeptierte Gefühle,
2. Lehrer lobt oder ermutigt,
3. Lehrer geht auf Gedanken (Ideen) von Schülern ein,
4. Lehrer stellt Fragen,

Direkte Beeinflussung

5. Lehrer trägt vor (doziert),
6. Lehrer gibt Anweisung (befiehlt),
7. Lehrer kritisiert oder rechtfertigt Maßnahmen,
8. Schüler antwortet,
9. Schüler spricht freiwillig (aus eigener Initiative),
10. Schweigen oder Durcheinander in der gesamten Klasse.

Die Auswertung nach diesen Kategorien kann auf eine Interaktionsmatrize übertragen werden, so daß ein anschauliches Bild der sozialen Interaktion entworfen werden kann.

Die Gültigkeit der Beobachtung hätte in der folgenden Untersuchung möglicherweise durch die Anwendung der Flandersschen Interaktionsanalyse erhöht werden können, da die Kategorien sehr stark auf die formale Einschätzung der sprachlichen Äußerungen reduziert sind, wodurch die Fehlermöglichkeit bei der Zuweisung zu den einzelnen Kategorien herabgesetzt wird. Bei der erwähnten Adaptation dieser Analyse für den Fremdsprachenunterricht ist dies in noch viel stärkerem Maße der Fall. Aber diese Reduzierung führt dazu, daß der gerade für den Fremdsprachenunterricht besonders wichtige Faktor der Emotionalität (vgl. Kapitel 2) völlig außer acht gelassen wird. Mit einem so beschränkten Beobachtungsinstrumentarium wäre zweifellos die Überprüfung des Ziels der vorliegenden Untersuchung unmöglich gewesen.

Für die Untersuchung wurden folgende Beobachtungskriterien ausgewählt:

Dominativer (autokratischer) Erziehungsstil	*Integrativer (sozialintegrativer) Erziehungsstil*
1. Unfreundliche (verständnislose, ungeduldige und alle irreversiblen) Äußerungen	1. Freundliche (verständnisvolle, geduldige und reversible) Äußerungen
2. Persönlich gehaltene Verbote	2. Unpersönliche und generell gehaltene Verbote
3. Direkt abschlägige Antworten	3. Nützliche Hinweise
4. Aufforderung zur Aufmerksamkeit	4. Anregung zum Selbsttun
5. Willkürliche Strafen	5. Strafen als natürliche Konsequenz
6. Aufforderung, begonnene Sätze zu wiederholen	6. Hilfen beim Formulieren von Gedanken
7. Drohungen	7. Sachliche und konstruktive Kritik
8. Setzen von Bedingungen	8. Lobende Äußerungen
9. Demütigende Äußerungen	9. Alle übrigen Bestätigungen
10. Aufforderungen und Befehle	10. Verbalisierung kindlicher Vorgänge

Abschließend seien hier noch die Kriterien erläutert, die möglicherweise durch die Kürze der Formulierungen nicht ausreichend verständlich sind.

„Persönlich gehaltene Verbote"

Z. B. „Michel, please, stop it" statt „Don't talk now, please, I want to explain..." (an die ganze Klasse gerichtet). (Vgl. „Generelle und unpersönlich gehaltene Verbote", die von den Schülern eher als Aufforderung zur Verhaltensänderung akzeptiert werden; Tausch, 1973, S. 299 ff.)

44

„Direkt abschlägige Antworten"

Auf Wunsch der Schüler ohne Begründung nur mit Verneinung reagieren, z. B. „c'est faux", „Non" statt „Ce n'est pas encore tout à fait ça" oder ähnliches mit Korrekturhilfe (vgl. „nützliche Hinweise").

„Aufforderung, begonnene Sätze zu vollenden"

Z. B. der Lehrer formuliert: „Mr. Brown didn't feel . . ." und der Schüler muß den Satz in der vom Lehrer gewünschten Form vollenden. Dieser Stil fördert auf die Dauer eine Fixierung der geistigen Aktivität auf den Lehrer, statt den Schüler zu ermutigen, eigene Formulierungen und Gedanken zu finden.

„Drohungen"

Z. B.: „Peter, ich schicke Dich gleich vor die Tür!" statt „Peter, es fällt Dir heute schwer, aufmerksam zu sein. Hast Du etwas nicht verstanden? Soll ich es noch einmal erklären?" (Vgl. „Sachliche und konstruktive Kritik" und „Verbalisierung kindlicher Vorgänge").

„Befehle und Aufforderungen"

Hierbei ist selbstverständlich der Ton ausschlaggebend bzw. die Formulierung. „Go to the blackboard" gehört hierzu, nicht aber „I think you would like to try it."

„Strafen als natürliche Konsequenz"

Strafen, soweit sie unvermeidlich sind, sollten so sein, daß der Schüler sie als unmittelbare, nicht allein von der Lehrerentscheidung abhängige Folgen seines beanstandeten Verhaltens erkennen kann. Hierbei ist die Erläuterung des Lehrers ebenso wichtig wie die Art der Strafe selbst. Z. B.: „Weil ich merke, daß Du bei den Erklärungen nicht achtgegeben hast, komm nach der Stunde zu mir. Ich werde sie Dir dann noch einmal erklären." – „Weil Du Marions Heft vollgekritzelt hast, kaufst Du ihr bis morgen ein neues."

„Hilfen beim Formulieren von Gedanken"

Hierbei soll dem Schüler die Lösung nicht vorweggenommen werden, und er soll sich als Persönlichkeit akzeptiert fühlen. Z. B.: „Vielleicht könntest Du es so sagen . . ."

„Sachlich konstruktive Kritik"

Z. B. „Tu as oublié de mettre le subjonctif." – „If you don't pay attention now, you won't be able to do your home-work."

„Alle übrigen Bestätigungen"

Z. B. Oui; c'est ça; bien; o. k.

„Verbalisierung kindlicher Vorgänge"

Hiermit sind verständnisvolle Bemerkungen des Lehrers gemeint für Vorgänge, die zwar beim Schüler nach innen gerichtet sind, für die es aber auch oft äußerlich sichtbare Anzeichen gibt. Z. B.: *„Du findest die Schule langweilig,* aber würde es dir nicht mehr Spaß machen, wenn du nächstes Mal mit Ute und Sabine diesen Dialog vor der Klasse spielen würdest?" (Zahlreiche französische Beispiele für eine sozialintegrative Unterrichtssprache findet man bei Schiffler u. a., 1977 d.)

Die Definition der Sozialformen

Die Ermittlung der Sozialform des Unterrichtsgeschehens ist im Vergleich zu der der Erziehungsstile unvergleichlich leichter. Zusätzlich sollten aber auch einige Kriterien ermittelt werden, die ebenso den Erziehungsstil des Lehrers wie auch die Sozialform indizieren können. Damit sind die verbalen Kriterien wie Anzahl der Lehrer- und Schüleräußerungen gemeint. Da sie wahrscheinlich in größerem Maße von der Sozialform als von dem jeweiligen Erziehungsstil abhängen, sind sie hier eingeordnet worden.

Die Kriterien lauten:
1. Befindet sich der Lehrer frontal vor der Klasse (gegebenenfalls zeitweise)?
2. Gibt er einen Überblick über die Tätigkeit und das Unterrichtsziel?
3. Bestimmt er den Unterrichtsverlauf allein?
4. Wie groß ist der Anteil der Lehreräußerungen an der Gesamtzahl der Äußerungen während der Unterrichtsstunden?
5. Wie viele der Lehreräußerungen sind Fragen?

Ferner weitere Kriterien zur Ermittlung der Sozialform, soweit sie die Schüler betreffen:
6. Findet Gruppenarbeit oder Partnerarbeit statt?
7. Falls ja, wer bildet die Gruppen (Lehrer oder Schüler)?
8. Wer legt die Arbeitsschritte fest (Lehrer oder Schüler)?
9. Wie hoch ist die Anzahl der Schüleräußerungen an der Gesamtzahl der Äußerungen während der Unterrichtsstunde?
10. Wie viele der Schüleräußerungen sind Fragen?

46

Die Gültigkeit der Beobachtung

Die Beobachtung wird – aus Mangel an zur Verfügung stehenden Hilfskräften – von einem einzigen Beobachter durchgeführt. Selbstverständlich wäre eine größere Gültigkeit zu erzielen gewesen, wenn zwei Beobachter getrennt voneinander zu Ergebnissen gekommen wären, die dann einer Korrelationsprüfung hätten unterworfen werden können. Zusätzlich wird der Unterricht auf Tonband aufgenommen und entweder zu einem späteren Zeitpunkt von dem Beobachter selbst noch einmal zur Überprüfung der Gültigkeit seiner eigenen Beobachtung ausgewertet oder, von diesem unabhängig, von einem anderen Auswerter.

Das Erfassen der tatsächlichen Unterrichtspraxis

Mit „tatsächlicher Unterrichtspraxis" ist folgendes gemeint. Ausgebildete Lehrer mit längerer Unterrichtserfahrung werden beobachtet, weil Lehrer, die sich noch in der Ausbildung befinden, kaum ein gültiges Bild von dem täglich in unseren Schulen praktizierten Unterricht vermitteln. Diese würden aufgrund der fehlenden Erfahrung eher als die „erfahrenen" Lehrer dazu neigen, sich ähnlich wie in einer Lehrprobensituation nach dem Beobachtenden zu richten, vor allem wenn sie die Beobachtungskriterien kennen.
Beim Lehrer mit Unterrichtserfahrung ist zu erwarten, daß er seinen üblichen Unterricht und seinen Erziehungsstil wegen eines einzelnen Beobachters nicht ad hoc beträchtlich umstellen wird. Um eine mögliche Beeinflussung trotzdem zu vermeiden, sollten die Lehrer jeweils erst kurz vor der eigentlichen Beobachtung um ihre Zustimmung gefragt werden, nach Möglichkeit am Tag der Beobachtung selbst.
Eine Auswahl aus der zu beobachtenden Population wurde dadurch getroffen, daß
a) zuerst die Schulleiter die Beobachtungskriterien genannt bekommen und nach ihrer Meinung die Lehrer nennen sollen, die für eine solche Beobachtung in Frage kämen, und
b) den genannten Lehrern die Beobachtungskriterien vorgelegt werden und sie danach entscheiden sollen, ob sie sich beobachten lassen wollen.
Dieses Vorgehen sollte deshalb eingeschlagen werden, weil aufgrund der Untersuchung von R. und A. Tausch mit einem überwiegend autokratischen Erziehungsstil und entsprechenden Unterrichtsformen zu rechnen war. Um nun *gegen* diese Hypothese zu arbeiten, um also zu *sichereren* Ergebnissen zu kommen, sollte durch diese Maßnahmen eine positive Vorauswahl getroffen werden. Dadurch würden wahrscheinlich solche Lehrer gefunden, die von ih-

ren Vorgesetzten und durch ihr Eigenurteil als weniger dominant-autokratisch einzuschätzen sind.

Es sollten – nach Bedarf – bis zu siebzig Lehrer angesprochen werden, um zu ca. vierzig Lehrerbeobachtungen zu kommen.

Durchführung der Untersuchung

Es erwies sich als ziemlich schwierig, Lehrer zu finden, die mit der Beobachtung einverstanden waren, obwohl die Lehrer aufgrund der Empfehlung des jeweiligen Schulleiters angesprochen wurden. Die Schwierigkeit, eine entsprechende Anzahl von Lehrern zu finden, wäre noch größer geworden, wenn nur die Lehrer beobachtet worden wären, die auch einer Tonbandaufnahme zugestimmt hätten. Diese Kontrolle lehnten so viele Lehrer ab, daß wir uns entschlossen, entgegen dem Plan auch Beobachtungen ohne Tonband durchzuführen. Aus Gründen der Gleichbehandlung aller Lehrerbeobachtungen wurde dann nur noch auf die Ergebnisse des Beobachters zurückgegriffen. Die Gültigkeit der Messung hinsichtlich des Erziehungsstils, nicht aber hinsichtlich der Sozialform, die zweifelsfrei beobachtet werden konnte, wird hierdurch beeinträchtigt.

Im Verlauf von drei Monaten konnten trotz aller Schwierigkeiten 29 Lehrer beobachtet werden. Sie verteilten sich folgendermaßen auf die Schularten:

Grundschule: 9 Lehrer*
Hauptschule: 8 Lehrer
Realschule: 6 Lehrer
Gymnasium: 6 Lehrer

Sie verteilten sich auf Klassenstufen:
  5. Klasse: 3
  6. Klasse: 6
  7. Klasse: 10
  8. Klasse: 5
  9. Klasse: 2
10. Klasse: 2
11. Klasse: 1

---

* Es handelt sich dabei um Klassen der Stufe 5 und 6. In Berlin, wo die Untersuchungen durchgeführt wurden, gehören die Klassen bis zur Stufe 6 einschließlich zur Grundschule.

Sie verteilten sich nach Fächern:
Englisch: 21
Französisch: 8

Sie verteilten sich nach Geschlecht:
Männer: 9
Frauen: 20

Sie verteilten sich nach Alter:
20–30 Jahre: 17
30–40 Jahre: 7
40–50 Jahre: 2
50–65 Jahre: 3

Das Überwiegen jüngerer Lehrer ist auf die Auswahl durch die Schulleiter zurückzuführen. Möglicherweise setzten diese bei jüngeren Lehrern eher die Bereitschaft voraus, sich einer solchen Beobachtung zu stellen. Erfreulich ist, daß hinsichtlich der anderen Gesichtspunkte eine gleichmäßige bzw. eine der Realität entsprechende Verteilung zustande kam.

Die Auswertung

Da die Anzahl der dominativen bzw. integrativen Äußerungen eines Lehrers für sich allein wenig Aussagekraft haben, solange sie nicht in bezug zur Gesamtzahl seiner Äußerungen gesetzt werden, sollten die nach den beiden Kategorien geordneten Äußerungen in prozentualem Anteil an der Gesamtzahl der Lehreräußerungen während der einen Unterrichtsstunde angeführt werden. Anschaulicher werden die Ergebnisse durch die Berechnung des Integrations-Dominations-Quotienten (IDQ) nach Anderson:

$$\frac{\text{Summe der integrativen Äußerungen}}{\text{Summe der dominativen Äußerungen}} \cdot 100$$

Liegt der IDQ über 100, so tendiert der Lehrer zum sozialintegrativen Stil, liegt er aber unter 100, so tendiert er zum dominanten, autokratischen Stil. Gemessen an dem IDQ war festzustellen, daß nur ein Lehrer in der Beobachtungszeit einen zwischen dominativ und integrativ ausgewogenen Erziehungsstil (IDQ ca. 91) praktizierte, kein einziger aber einen Stil, der zumindest eine sozialintegrative Tendenz gezeigt hätte (über IDQ 100). Nur drei Lehrer zeigten keinen ausgeprägten autokratischen Stil (IDQ über 75), alle übrigen wiesen stark bis sehr stark autokratische Führungstendenzen auf. Daher lag der Mittelwert von 34,7 % im Hinblick auf den IDQ von 100 sehr

Lfd. Nr. des Lehrers	Anteil der dominativen Äußerungen	Anteil der integrativen Äußerungen*	IDQ
L 1	33,2%	19,0%	57,9
L 2	52,3%	15,7%	30,0
L 3	30,2%	24,5%	81,2
L 4	39,1%	5,9%	15,1
L 5	33,9%	19,9%	58,9
L 6	49,6%	9,8%	19,8
L 7	25,5%	7,9%	31,2
L 8	70,0%	9,2%	13,1
L 9	39,0%	4,0%	10,3
L 10	20,8%	5,3%	25,6
L 11	22,2%	17,5%	78,9
L 12	45,4%	6,5%	14,4
L 13	37,0%	3,7%	9,9
L 14	17,1%	15,6%	91,4
L 15	46,2%	19,9%	43,1
L 16	33,0%	1,7%	5,2
L 17	82,1%	3,8%	4,7
L 18	50,6%	17,0%	33,6
L 19	25,4%	17,3%	68,1
L 20	30,7%	7,4%	24,1
L 21	33,1%	6,5%	19,6
L 22	32,7%	4,7%	14,3
L 23	33,8%	6,7%	20,0
L 24	37,1%	4,3%	11,5
L 25	33,6%	12,3%	36,5
L 26	48,2%	25,3%	52,5
L 27	42,4%	10,5%	25,0
L 28	23,9%	3,2%	13,5
L 29	28,6%	2,6%	9,1

* Die beiden Werte zusammen ergeben nicht 100%, da die übrigen nicht klassifizierbaren Lehreräußerungen hier nicht aufgeführt sind.

niedrig, im Hinblick auf die Ergebnisse aber doch relativ hoch. Dies ergab
sich aus den wenigen hohen Ergebnissen und der Mehrzahl der Ergebnisse,
die zwischen 0 und dem Mittelwert lagen. Die Varianzbreite war auch dem-
entsprechend groß (v = 94,4).
Aufschlußreich ist möglicherweise noch eine resümierende Übersicht über
die Meßwerte hinsichtlich der einzelnen Stilmerkmale. Sie allein in ihrer ab-

soluten Häufigkeit aufzuzählen, wäre zu umfangreich und zu wenig aussagekräftig. Hier soll deshalb nur der jeweilige Minimal- und Maximalwert, den ein Lehrer der Stichprobe verbuchen konnte, aufgezeigt werden:

Die Minimalwerte aller Kategorien sind jeweils null, außer bei „Bestätigung", die bei den Lehrern mit dem geringsten Wert doch immerhin viermal vorkam.

Die Häufigkeit des Auftretens des jeweiligen integrativen Kriteriums bei den Lehrern mit dem jeweiligen Maximalwert betrug bei:

Freundlichen, verständnisvollen, geduldigen Äußerungen: 38; lobenden Äußerungen: 35; nützlichen Hinweisen: 26.

Bei den dominativen Kriterien betrugen die Maximalwerte, die jeweils ein Lehrer erzielt hatte:

Unfreundliche, verständnislose, ungeduldige Äußerungen: 51; Aufforderung, begonnene Sätze zu vollenden: 27; direkt abschlägige Antworten: 23; Aufforderung zur Aufmerksamkeit: 22; Demütigungen: 15; irreversible Lehreräußerungen: 10.

Die Maximalwerte aller übrigen Äußerungen beider Stilmerkmale lagen unter 10.

Die Antworten, die aufgrund der Beobachtungen auf die Fragen nach den Sozialformen durch Beobachtung gefunden wurden:

1. Befindet sich der Lehrer frontal vor der Klasse?
   Ja: 29   Nein: 0
2. Gibt der Lehrer Überblick über Tätigkeit und Ziel?
   Ja: 3   Nein: 26
3. Bestimmt er den Unterrichtsverlauf allein?
   Ja: 28   Nein: 1
4. Findet Gruppen- oder Partnerarbeit statt?
   Ja: 0   Nein: 29

Dadurch, daß in keinem einzigen Fall Gruppenarbeit beobachtet werden konnte, erübrigten sich die weiteren Fragen, die auf die Form der Gruppenarbeit abzielen.

Der Maximalwert an Lehreräußerungen, der bei einem Lehrer der Stichprobe nachgewiesen werden konnte, betrug 471, der Minimalwert betrug 154, d. h. 78,3% bzw. 48,3% der Gesamtanzahl der Äußerungen (Lehrer + Schüler) während der Unterrichtsstunde. Der Mittelwert betrug 67,2%, die Varianz 30,0.

Nur bei einem einzigen Lehrer sprachen die Schüler insgesamt so viel wie der Lehrer, bei den übrigen entfielen im Durchschnitt zwei Drittel aller Aussagen auf den Lehrer.

Die Lehreraussagen wurden auf Korrelation nach der Produkt-Moment-Korrelationsberechnung von Pearson (Fröhlich-Becker, 1971, S. 434) geprüft. Dabei ergaben sich folgende signifikante Korrelationen zwischen der Anzahl der Lehreräußerungen und:

den direkt abschlägigen Antworten	$r = 0.59$
Demütigungen	$r = 0.46$
Befehle und Aufforderung	$r = 0.37$
Aufforderungen, begonnene Sätze zu vollenden	$r = 0.65$
Bestätigungen	$r = 0.73$

Die Korrelationen bestätigten die bisherigen Untersuchungen, daß eine hohe Anzahl von Lehreräußerungen meist ein Zeichen für dominanten Erziehungsstil ist (Tausch, 1963, S. 70). Da Bestätigungen ziemlich neutral, also nicht immer bekräftigend gehalten sein können, sind sie, solange sie nicht differenzierter analysiert werden, sicherlich auch bei autokratischen Erziehern zu finden und nicht für sich allein ein Zeichen für sozialintegrativen Stil.

Die Untersuchung zeigte aber auch, daß deutliche Ausnahmen möglich sind. So hatte der Lehrer L 3 z. B. einen hohen IDQ von 81,2 und trotzdem einen Anteil von 76,5 % an allen Äußerungen in der Klasse. Er bemühte sich offensichtlich um ein freundlich sozialintegratives Klima, organisierte aber den Unterricht nicht so, daß auch die Schüler zum Zuge kamen. Lehrer L 29 hingegen verstand dies sehr wohl. Die Schüler sprachen zusammen mehr als er (51,7 %), obwohl er in seinen Äußerungen außerordentlich autokratisch war (IDQ von 13,5).

Für die Gültigkeit der Einzelkriterien als Merkmal für ein dominantes Erzieherverhalten spricht, daß *16 signifikante Korrelationen* zwischen den Einzelmerkmalen für autokratisches Erzieherverhalten untereinander nachgewiesen werden konnten. Von den Kriterien für integratives Lehrerverhalten korrelierten 6 signifikant untereinander.

Wie es anhand der ermittelten IDQ-Werte zu erwarten war, wurden schülerzentrierte Sozialformen nicht praktiziert, nur in Ausnahmefällen wurden die Schüler in Entscheidungen hinsichtlich der Lehrer- und Lernprozesse miteinbezogen. Von den Kriterien für integratives Lehrerverhalten korrelierten 6 signifikativ untereinander.

Bei einer anderen Sozialform als dem Frontalunterricht wäre möglicherweise zwar kein anderer Erziehungsstil des Lehrers nachzuweisen gewesen, sicherlich wäre aber die Frequenz seiner Äußerungen im Vergleich zu denen der Schüler geringer gewesen. Eine der zusätzlich gefundenen signifikanten Negativkorrelationen deutet darauf hin. Bei hoher Anzahl von Anregungen zum Selbsttun lag die Anzahl der Lehrerfragen niedrig und umgekehrt ($r = -0,44$).

Bei den Schüleräußerungen waren der Maximalwert während einer Stunde 233, der Minimalwert 60, d. h. 51,7% bzw. 21,7% (Mittelwert 32,8%, Varianz 30,0) aller Äußerungen, wie schon aus den betreffenden Prozentangaben zu den Lehrern zu erkennen war.

Außerordentlich wichtig war es hier zu wissen, welchen Anteil Fragen an den Schüleraussagen hatten. Der Minimalwert war tatsächlich null, und dies sogar in vier Fällen, der Maximalwert betrug 37,4%. Die Mehrzahl der 29 Klassen zeigten unter 10%. Entsprechend niedrig war auch der Mittelwert mit 7,6%. Bei nur drei Klassen waren über 20% der Schüleräußerungen Fragen, bei 20 Klassen lag der Anteil der Fragen unter 10%, *davon bei 9 Klassen sogar bei 1% und darunter.* Zusammenfassend kann gesagt werden, daß in insgesamt 20 Klassen teils keine, teils so wenig Fragen von den Schülern kamen, daß sie wohl entgegen der Unterrichtsplanung des Lehrers gestellt wurden. Aufgrund des Erziehungsstils oder der Unterrichtsplanung wurde die Aufgabe, die Schüler zum Stellen von Fragen zu bringen, anscheinend kaum berücksichtigt.

Das war um so bedenklicher, als alle Fragen, die innerhalb grammatischer Übungen vom Lehrer gefordert wurden, bei dieser Untersuchung als Schülerfragen eingeordnet wurden.

Dieses Ergebnis zeigte, daß bei einem autokratischen Erziehungsstil und bei einer lehrerzentrierten Sozialform – ganz abgesehen von den erzieherischen Auswirkungen – allem Anschein nach noch nicht einmal die vom Fach her gesetzten Lernziele in zufriedenstellender Weise realisiert wurden. Um das Lernziel „mündliche Kommunikationsfähigkeit" zu erreichen, ist es unerläßlich, daß zumindest die Fragetechnik öfter geübt wird. Außerdem stellt sie im Englischen und vor allem im Französischen wegen der unterschiedlichen Strukturen bei „code oral" und „code écrit" eine der Hauptlernschwierigkeiten dar.

Die Abhängigkeit der Schülerfragen vom Erziehungsstil zeigt auch ein weiteres Ergebnis der Korrelationsberechnungen:

Je geringer die Anzahl der direkt abschlägigen Antworten des Lehrers war, desto höher war die Anzahl der Schülerfragen (r = – 0,41). Wenn Lehrer die Mitarbeit ihrer Schüler höher einschätzen und ihre Äußerungen eine hohe Reversibilität zeigen, geben sie den Schülern auch mehr Gelegenheit zu sprechen, und die Bereitschaft, sich zu melden, wird größer, wie eine Untersuchung von Stephan (1971, zit. von Hoeger, 1972, S. 77) zeigte.

Wenn auch eine gewisse Relativierung der vorliegenden Untersuchungsergebnisse aufgrund der beschränkten Stichprobenzahl und der Beobachtungsmethode angebracht ist, so berechtigt sie doch zur Auffassung, daß die Tendenz zu einem autokratisch-dominanten Erziehungsstil und zu lehrerzentrierten Sozialformen im Fremdsprachenunterricht noch anhält, da sich

die Ergebnisse dieser Untersuchungen auch mit denen anderer früherer Untersuchungen, wie sie in anderen Fächern vor allem durch R. und A. Tausch (1973) durchgeführt wurden, decken.
Die Ausgangsfrage, ob die Forderung nach Änderung des Erziehungsstils im Fremdsprachenunterricht gerechtfertigt sei, ist somit zu bejahen.

Eine weitere, sehr interessante Untersuchung zum Erziehungsstil und zur Interaktion im Fremdsprachenunterricht wurde danach von Natorp u. a. (1975) vorgelegt. Die Verfasserinnen entwickelten, ebenfalls auf den Untersuchungen von Lewin u. a. (1939), Anderson u. a. (1946), Flanders (1960) und anderen aufbauend, ein Kategorienschema zur getrennten Beurteilung der deutschen und französischen Äußerungen der vier französischen Erzieherinnen und der deutschen Äußerungen der 5- bis 6jährigen Kinder in acht Gruppen aus vier Kindergärten mit einem täglichen einsprachigen Französischunterricht von 30 Minuten Dauer, der unter Verwendung von Zeichnungen und Haftelementen durchgeführt wurde. Die Äußerungen wurden in folgende Kategorien eingeteilt: „den Lernenden unterstützende Aussagen", „anerkennende-lobende Aussagen", „problemstrukturierende Aussagen" (die ein Unterrichtsproblem betreffen), „neutrale Aussagen" (administrative Bedeutung), „direktive oder ermahnende Äußerungen", „tadelnde und nicht gelingende Äußerungen".
Die deutschen Kinderäußerungen wurden nach den Kriterien „irrelevant – sachbezogen" und „affektiv (emotional) – nicht-affektiv" getrennt nach den Unterrichtsphasen „Neue Stoffe" und „Repetition" beurteilt.
Die Beobachtung wurde von nur einem Beobachter durchgeführt, und zwar für die Erzieherinnen nach einer Zeitstichprobentechnik in 2-Minuten-Intervallen, hinsichtlich der Kinder in fortlaufender Beobachtung. Insgesamt wurden 10 Unterrichtseinheiten beurteilt.
Aufschlußreich ist, daß von drei Beobachtern das soziale Klima zweier Kindergärten übereinstimmend als mehr „lenkend" und zwei als mehr „permissiv" eingeschätzt wurde und diese Einschätzung deutlich anhand der Anzahl der verbalen Äußerungen mit „Strafcharakter" bestätigt werden konnte. Die übrigen Häufigkeitsmessungen ergaben keine signifikanten Ergebnisse, sondern nur die Tendenz, daß die deutschen Äußerungen der Kinder absanken (die französischen der Kinder wurden leider nicht gemessen), je mehr die Erzieherinnen selbst französisch (und auch deutsch) nach dem Verfahren des „linguistischen Bades" sprachen. Die Verfasser plädieren für eine sorgfältige Bestimmung der fremdsprachlichen „Dosis", die nicht zu einer verbalen „Ertränkung" des Kindes führen darf.
Aufgrund einer weiteren statistischen Tendenz vermuten sie, daß „verteilte und kontrollierte muttersprachliche Lernhilfen das ständige ‚Rätseln' beim

Entdecken fremdsprachiger Bedeutungen beschleunigen und somit den semantischen Lernprozeß unterstützen" und daß die Unterdrückung der Übersetzung „die affektive und kognitive Gleichgewichtslage der Kinder so beeinträchtige, daß sie zur Wiederherstellung ihres Gleichgewichts durch Rückgriff auf die muttersprachige Äußerungen motiviert werden".

Als signifikantes Ergebnis wurde festgestellt, daß unter mehr permissiv sozialintegrativen Bedingungen „eine höhere kindzentrierte deutschsprachige sachirrelevante Kommunikation aufzuweisen" war, die die Verfasser als „Entspannungssyndrom" bezeichnen. Die sachorientierten Äußerungen wurden häufiger an die Erzieher gestellt.

Hinsichtlich der Unterrichtsphasen ergaben sich zwar signifikante, aber widersprüchliche Ergebnisse, die die Verfasser dahingehend interpretieren, daß vermutlich um so weniger muttersprachige Äußerungen bei den Kindern auftreten, je besser die Wiederholung in Form einer originellen Neueinbettung vorgenommen wird.

Diese gründliche Untersuchung, die – wie die oben dargestellte des Verfassers – ebenfalls Kritikpunkte, wenn auch andere, bietet (geringe Zahl der beobachteten Lehrer, Beobachtungen auch ohne Tonband, von nur einem Beobachter), geht über die besprochene insofern wesentlich hinaus, als sie auch Aussagen über die Auswirkung des Erzieherverhaltens auf den Fremdsprachenunterricht zuläßt. Die festgestellten lernfördernden Bedingungen hinsichtlich des sozialen Klimas und die Berücksichtigung von emotionalen Faktoren in Verbindung mit einer Unterbrechung der Einsprachigkeit sind hierbei für die Realisierung eines interaktiven Lehrerverhaltens und von interaktiven Unterrichtsformen im Fremdsprachenunterricht von besonderer Bedeutung.

Aus den bisherigen Untersuchungen zum Erziehungsstil kann geschlossen werden, daß durch ein autokratisches Lehrerverhalten zweifellos eine unmittelbare Angepaßtheit der Schüler erreicht werden kann. Die hiermit verbundenen negativen gefühlsmäßigen Erfahrungen führen aber gleichzeitig auch zu einer Verschlechterung der personalen Beziehungen zwischen Lehrer und Schüler, zu geringerer Spontaneität und Aktivität in der Arbeit wie im sozialen Bereich und zu größerer Abhängigkeit von den jeweiligen Bezugspersonen (Tausch, 1973, S. 175 ff.). Weitere langdauernde Auswirkungen sind in Anbetracht der vieljährigen Sozialerfahrungen, die die Schüler in der Schule machen, eine geringere Motivation zu selbständiger Arbeit und Neigung zu konformistischem Denken.

Durch einen sozialintegrativen Erziehungsstil sollen diese langfristigen Auswirkungen vermieden und entsprechend positive Einstellungen gefördert werden. Unmittelbar können eine gelöstere Klassenatmosphäre, mehr Aufmerksamkeit, geringere Schwierigkeiten, im Unterricht mitzukommen, und ein besseres Sozialverhalten erreicht werden (Tausch/Köhler/Fittkau, 1966).

Wie schon dargelegt, werden diese positiven Auswirkungen schwerlich erreicht, wenn nur der Lehrer im Fach Fremdsprachen einen entsprechenden Erziehungsstil anwendet. Entsprechende Erziehungsbemühungen in anderen Fächern, die weniger als Leistungsfächer gelten, was auch durch die Gewichtung bei der Versetzung institutionalisiert ist, bleiben erfolglos, wenn gerade in leistungsbezogenen Fächern wie in den Fremdsprachen nicht-autokratische Erziehungsstile auch in Zukunft keinen Eingang finden. Aber ebenso müssen administrative Anordnungen dem Lehrer mehr Spielraum geben. Solange z. B. die Lehrer zur Zensurenvergabe auf schriftliche Klassenarbeiten traditioneller Art festgelegt werden und nicht durch informelle Tests die Selbstkontrolle des Schülers fördern und mehr Wert auf die *Messung des individuellen Lernfortschritts* und das Erreichen eines von den am Lernprozeß Beteiligten vereinbarten Lernziels legen können, verhindern sogenannte Sachzwänge eine lernfördernde soziale Interaktion in der Klasse. Im Eingangskapitel wurde, vor allem durch den Hinweis auf Curran (1961) und die Suggestopädie von Lozanov (Ministry of Education, 1973), bereits die Wichtigkeit eines solchen Erziehungsstils gerade für den Fremdsprachenunterricht dargelegt. Trotzdem sollten solche Empfehlungen nicht ohne Warnungen gegeben werden. Die eingangs erwähnten Untersuchungen von Lewin u. a. (1939) haben die Auswirkungen eines nicht-autoritären Stils auf eine Gruppe, die einen autoritären Stil gewohnt war, gezeigt (vgl. S. 38). Für einen neu in eine Klasse kommenden Lehrer bedeutet dies, wie bereits gesagt, daß er sich des Stils, der in der Klasse sonst üblich ist, bewußt wird und im dauernden Gespräch mit den Schülern schrittweise zu einem anderen Erziehungsstil kommt. Lehrer, die in Unkenntnis der oben ausgeführten Befunde diesen Rat nicht befolgen und eventuell große und andauernde Schwierigkeiten erleben, praktizieren dann aus Not heraus einen autokratischen Lehrerstil und behalten ihn bei. All das oben Gesagte gilt ihnen als „graue Theorie".

Einen Weg, diese Theorie Praxis werden zu lassen, ist die Zusammenarbeit mit anderen Lehrern und die Übereinstimmung in diesen Fragen. Dies kann durch ein gezieltes Interaktionstraining, wie es im folgenden Kapitel gezeigt wird, erreicht werden.

3.3. Empirische Untersuchungen zum Interaktions-training

Die Fülle von unterschiedlichen Seminaren, in denen Verhaltenstraining praktiziert wird, ist unübersehbar. Entsprechend schwierig ist es, die verschiedenen Trainingspraktiken gerecht zu beurteilen.

Erfreulicherweise liegen aber mittlerweile übergreifende wissenschaftliche Untersuchungen vor, die sich mit der Effektivität der verschiedenen Trainingsseminare befassen, so daß im folgenden eine Beschränkung auf die Trainingsformen möglich ist,

1. die sich als effektiv hinsichtlich einer Verhaltensänderung erwiesen haben und
2. die für die Lehrerbildung in Frage kommen.

Eine umfassende Auswertung der empirischen Forschung zum Verhaltenstraining hat Gibb (1971) veröffentlicht. Sie erfaßt 106 Untersuchungen, die nach den sechs am häufigsten überprüften Variablen ausgewertet werden. Diese sechs Variablen werden von den verschiedenen Trainingsmethoden unterschiedlich stark betont. Insgesamt sieht Gibb neun verschiedene Methoden des Trainings zwischenmenschlicher Beziehungen, von denen die bekanntesten die Marathon-, Kreativitäts-, Sensitivitäts- und Encounter-(Begegnungs-)Gruppen sind, neben anderen, die ohne Leitung auskommen und mit Hilfe eines vorgegebenen Trainingsprogramms arbeiten.

In seiner Zusammenfassung berichtet er, daß die meisten Untersuchungen positive Auswirkungen hinsichtlich der Verbesserung menschlicher Beziehungen zeigten. In vielen Fällen konnte nachgewiesen werden, daß die Sensibilität für die Selbst- und Fremdeinschätzung der Gruppenmitglieder anstieg. Sie wurden sich mehr ihrer Gefühle bewußt, erlangten eine größere Fähigkeit, ihre eigenen Motive zu erkennen und zu nutzen, wurden selbstsicherer, zeigten seltener autoritäres Verhalten und Vorurteile und lernten problemlösendes Verhalten und die *Fähigkeit zur Gruppenarbeit*. U. a. wurde auch die Frage untersucht, ob durch Sensitivitäts-Training psychische Schäden verursacht würden. Gibb schildert hierzu eine sehr umfangreiche Nachuntersuchung bei YMCA-Betreuern, die – über ganz USA verstreut – ein solches Training mitgemacht hatten. Die Ergebnisse dieser Nachuntersuchung zeigen, daß derartige Nachwirkungen nicht eingetreten waren.

Gibb kritisiert die mangelhafte Durchführung vieler Experimente. Damit begründen auch McLeish u. a. (1973, S. 181 f.) ihr Urteil, daß für die Verbesserung zwischenmenschlicher Beziehungen durch Interaktionstraining bisher kein stringenter Nachweis erbracht worden sei. Dieselben Autoren sagen aber auch, die Wahrscheinlichkeit sei sehr hoch, daß durch Interaktionstraining positive Wirkungen ausgelöst würden: „The use of groups as an educational tool is addictive, it is satisfying, it generates involvement" (S. 182). Ihre anschließende eigene Untersuchung mit Gruppen bestätigt dieses Urteil. Sie empfehlen Gruppenarbeit, um größere Zufriedenheit und Anteilnahme beim Lernen zu erzielen.

Nur wenige der deutschen Veröffentlichungen zum Interaktionstraining berücksichtigen empirische Untersuchungen. Hingegen gehen Däumling (1974, S. 169 ff.) und seine Mitarbeiter ausführlich auf bisherige Gruppenkontrollforschungen ein. Sie stellen eingangs die Schwierigkeiten der empirischen Forschung in diesem Bereich dar. Anschließend referieren sie die Untersuchungen nach den Versuchsvariablen der internen (Selbstwahrnehmung, Sensitivität, Persönlichkeit, Einstellung) und externen Veränderung (Arbeitsverhalten, Entscheidungsfindung, Management-Stil).

Die Autoren schildern Untersuchungen, deren Ergebnisse sie selbst als eindrucksvoll bezeichnen; ebenso räumen sie aufgrund referierter Untersuchungen ohne signifikante Unterschiede ein, daß Veränderungen im Bereich der Persönlichkeit nur sehr schwer zu erreichen sind. Die Untersuchungen mit positiven Ergebnissen wiesen u. a. eine größere Offenheit der Teilnehmer nach, größere Innenlenkung, größere Selbstakzeptierung und Abnahme von Vorurteilen. Abschließend urteilen die Verfasser, daß die Trainingsprogramme nur schwer untereinander vergleichbar, viele Untersuchungen methodisch nicht befriedigend abgesichert seien und die Datengewinnung nicht genau beschrieben werde.

Im allgemeinen zeigten die Versuchsgruppen eine größere Zahl von Veränderungen als die Kontrollgruppen, vor allem hinsichtlich der Sensitivität, der Kommunikation, der Flexibilität und des Vorgehens in Entscheidungs- und Organisationsfragen.

Andere Untersuchungen aber zeigen klarere Ergebnisse, die für ein Lehrerinteraktionstraining besondere Bedeutung haben können.

Aus diesen Untersuchungen geht u. a. hervor:

1. daß das *Feedback* als Methode vieler Trainingsseminare tatsächlich die wirksamste Möglichkeit ist, Verhaltensveränderungen zu erzielen und
2. daß das *Rollenspiel* als wirksame Trainingsmethode nachzuweisen ist.

Diese beiden Verfahren stehen deshalb im Mittelpunkt des im folgenden Kapitel dargestellten Interaktionstrainings.

Alle die für den Lehrer in Frage kommenden Trainingsformen, nämlich die Schulpraktika, das Microteaching, die Unterrichtsmitschau und das gruppendynamische Training hat Brunner (1976) kritisch, vor allem auch hinsichtlich ihrer Evaluation, untersucht.

Er kommt zu dem Schluß, daß keines der Trainingsverfahren allein eine ausreichende schulpraktische Ausbildung gewährleisten kann. (Vgl. das „methodenbezogene" und das „kommunikationsorientierte" Lehrertraining in der ersten Phase bei Krumm, 1979.)

Den Vorteil des Schulpraktikums sieht er in dessen *Realitätsnähe*. Den *Aufbau konkreter Fertigkeiten*, die *Verbindung von Theorie und Praxisbezug* und die *Kontrolle der Verhaltensveränderung* sieht er am meisten durch das Microteaching gewährleistet.

Gruppendynamische Trainingsseminare bieten hingegen die beste Möglichkeit, *Verhaltensänderungen* („innovatorische Valenz") zu erreichen. Deshalb sollten diese „über die erste und zweite Phase der Lehrerbildung hinaus vor allem bei der Weiterbildung von Lehrern eingesetzt werden" (S. 233).

Ferner kritisiert er, daß es den Teilnehmern von gruppendynamischen Seminaren möglich ist, sich auf Normen zu einigen, die sich in der Schule nicht verwirklichen lassen. Die Realitätsferne des Seminars verhindere die Übertragung der erreichten Verhaltensziele auf die Interaktion mit den Schülern oder den Kollegen. So müßte ein Zweistufenplan unbedingt eingehalten werden: „Lernen während des Seminars im entspannten Feld. – Lernen ‚back-home' unter realitätsnahen Bedingungen" (S. 222).

Besonders diese Kritik ist in dem folgenden Entwurf eines Interaktionstrainings für Lehrer berücksichtigt worden.

3.4. Interaktionstraining in der Lehrerbildung

Das im folgenden vorgestellte Interaktionstraining ist sowohl für Fremdsprachenlehrer in der Praxis als auch für zukünftige Lehrer in der Ausbildung gedacht.

Für praktizierende Lehrer ist es deshalb so wichtig, weil sich ihre Ausbildung einseitig auf Wissensvermittlung und Methodentraining beschränkt hat. Aufgrund der Probleme, die sie tagtäglich in der Praxis erleben, sind sie die Zielgruppe, die die größte Aufgeschlossenheit für ein Interaktionstraining haben müßte. Ferner können sie sich – im Gegensatz zu Studenten und Lehrern in der Ausbildung – auf diese Dimension des Unterrichts konzentrieren, da sie nicht mehr mitten in den Schwierigkeiten der methodischen Vermittlung stecken. Aus diesem Grund bietet sich das vorliegende Interaktionstraining vor allem für die dritte Phase der Lehrerausbildung, für die Weiterbildung an.

Selbstverständlich sollte aber neben der methodischen Ausbildung ein Interaktionstraining ein fester Bestandteil der Ausbildung in der ersten und zweiten Phase sein. Die Beziehung zwischen Dozent/Ausbilder und Student/Lehrer in der Ausbildung und die Erfahrung im Unterrichtspraktikum und in der Ausbildungsklasse sind dann die Bezugspunkte des Trainings. (Vgl. den Kurs zur Schulung der Wahrnehmungsfähigkeit für Studenten mit Unterrichtsaufzeichnung, Rollenspielen und Wahrnehmungsübungen von Krumm, 1979.) Aufgrund der Erprobung von Interaktionsseminaren in der Lehrerbildung ist der Verfasser der Meinung, daß die schon erwähnte zu geringe Realitätsnähe folgendermaßen vermieden werden kann:

1. Die Interaktionsseminare bestehen nur aus Lehrern bzw. Sprachlehrern einer Schule.
2. Die Organisation der Interaktionsseminare ist zweistufig: Kurzes Intensivtraining von zwei Tagen – anschließend ein Trainingsabend in der Woche.
3. Das Interaktionstraining besteht aus einem *berufsbezogenen Gespräch mit gegenseitigem Feedback* nach vorher festgelegten Kommunikationsregeln.
4. Das *berufsbezogene Rollenspiel* in Verbindung mit den Kommunikationsregeln ist neben dem berufsbezogenen Gespräch mit gegenseitigem Feedback die zentrale Methode des Interaktionstrainings.

Diese vier Grundsätze werden im folgenden näher erläutert.

1. Die Interaktionsseminare bestehen nur aus Lehrern bzw. Sprachlehrern einer Schule.

Wenn Seminare aus berufshomogenen Teilnehmern zusammengesetzt sind, die vor und *nach* dem Training miteinander zu tun haben, in diesem Fall aus Sprachlehrern derselben Schule, dann wird sich in einem solchen Teilnehmerkreis zweifellos nicht so leicht gegenseitiges Vertrauen, Offenheit und Bereitschaft zum Rollenspiel einstellen wie in einem Seminar, in dem sich nur Fremde treffen, die sich nach dem Seminar nicht mehr wiedersehen.
Wer ein Seminar in letzterer Form erlebt, sich in einer solchen Gruppe wohlfühlt, die erstaunliche Bereitschaft zur Verhaltensänderung „in dieser Gruppe" und vor allem die Bereitschaft zum „Mitmachen" gesehen hat, wird dies in der aus Kollegen gebildeten Gruppe nicht wiederfinden und an der Wirksamkeit des Interaktionstrainings in Kollegengruppen zweifeln. Er muß sich aber darüber im klaren sein, daß Kollegen in viel stärkerem Maße das gesamte Sozialgefüge, das sich in einer Schule gebildet hat, in die Gruppe miteinbringen und aus dem Wissen, daß man sich danach im Schulalltag wiedersieht, eine geringere, womöglich sogar keine Bereitschaft *zum Lernen über sich selbst* mitbringen. Allerdings ist dann die Aussicht, daß sich durch die Gruppe bewirkte Verhaltensänderungen auch in der Schule zeigen, bei solcherart zusammengesetzten Gruppen weitaus größer.

60

Um die Vorteile der Fremdgruppe auszunutzen, könnte man ein Trainings-seminar aus Lehrern zweier Schulen bilden. So ist die Möglichkeit gegeben, daß die Teilnehmer auch Feedback erhalten, das sich nur aus ihrem Verhal-ten in der Gruppe selbst ergibt.

Wenn sich nun Gruppen aus Fremdsprachenlehrern bilden (was aber nicht unbedingt der Fall sein muß), sind den Teilnehmern die linguistischen Grundsätze einer jeden Kommunikation zwar theoretisch bekannt, doch in den wenigsten Fällen ist der Versuch unternommen worden, diese theoreti-schen Erkenntnisse einmal auf die Verwendbarkeit in der Praxis hin zu prü-fen.

Als Vorbereitung auf das Interaktionstraining könnten die Teilnehmer des-halb

1. das Modell der Pragmalinguistik und
2. die Kommunikationsaxiome nach Watzlawick u. a. (1969, S. 50ff.), die Priesemann (1971, S. 194ff.) für die Unterrichtspraxis interpretiert hat, ne-ben den weiter unten dargestellten Kommunikations- und Feedback-Regeln durcharbeiten. Diese theoretischen Erkenntnisse wären dann beim Interak-tionstraining zu berücksichtigen und praktisch zu erproben. Beides, Pragma-linguistik und Kommunikationsaxiome, werden auf Seite 81ff. wegen ihrer Relevanz für das Interaktionstraining noch ausführlicher besprochen.

2. Die Organisation der Interaktionsseminare ist zweistufig: Kurzes Intensiv-training von zwei Tagen − anschließend ein Trainingsabend in der Woche

Am Anfang findet ein zusammenhängendes Seminar von mindestens zwei bis zweieinhalb Tagen Dauer statt. Die Teilnehmer sollten nach Möglichkeit ohne Unterbrechung zusammen sein. Dadurch wird gewährleistet, daß sie auch außerhalb der Sitzungen miteinander kommunizieren. Gemeinsame Küchenarbeit, die Übernachtung in einem Schlafraum, wie es zum Beispiel in Jugendherbergen möglich ist, kann das Gruppengefühl stärken und damit die Interaktion positiv beeinflussen.

Nach einer solchen Intensivphase sollte sich die Gruppe wöchentlich zu einer mehrstündigen Sitzung treffen, nach Möglichkeit mindestens zwei Monate oder länger, falls die Gruppe es wünscht.

3. Das Interaktionstraining besteht aus einem berufsbezogenen Gespräch mit gegenseitigem Feedback nach vorher festgelegten Kommunikationsregeln.

Ein solches Interaktionstraining bedeutet eine *Absage an die meisten grup-pendynamischen Seminare,* die sich auf das „soziale Vakuum" stützen, d. h., die Gruppe erhält weder eine Ausrichtung hinsichtlich der Form noch des Themas. Es ist weiterhin eine Absage an überwiegend non-verbale Trai-ningsformen wie im „Sensitivity-training".

Das Gespräch im Interaktionstraining soll eine „freie" Kommunikation sein, d. h., ein Gespräch unter anderen Kommunikationsbedingungen als die in der Gesellschaft allgemein üblichen. Diese neuen Kommunikationsbedingungen werden durch Feedback ermöglicht.

„Freie" Kommunikation bedeutet also keinesfalls „totale" Kommunikation in dem Sinne, daß nun ein jeder ohne Rücksicht auf zwischenmenschliche Beziehungen sagen darf, was er gerade äußern möchte. Möglicherweise ist die Bezeichnung „optimale Kommunikation" besser geeignet, das Gespräch in der Interaktionsgruppe zu definieren, das durch genaue Kommunikationsregeln hinsichtlich der Form bestimmt wird.

Das Gespräch im Interaktionstraining befaßt sich

a) mit den Beziehungen der Gruppenteilnehmer untereinander mit Hilfe von
   a. Feedback
   b. Interaktionsübungen
   als Vorbereitung auf das folgende berufsbezogene Gespräch
b) mit den von den Teilnehmern ausgewählten berufsbezogenen Themen bzw. Problemen. Auch bei diesen Gesprächen gelten die Feedbackregeln.

Ohne die Erörterung der sozialen Interaktion der Gruppe anhand des Feedbacks bliebe das Gespräch eine bloße Diskussion über Berufsfragen nach einer guten Diskussionsordnung.

Die Erörterung der sozialen Interaktion in der Gruppe ist eine der heikelsten Aufgaben des gesamten Trainings. Hier wird in den Gruppen – auch wenn sie von Trainern betreut werden – am meisten gesündigt. Aus diesem Grunde sind die unten erläuterten Feedbackregeln auch in trainergeleiteten Gruppen eine unerläßliche Voraussetzung. Diese strenge Berücksichtigung der Feedbackregeln unterscheidet das vorliegende Interaktionstraining von dem sonst meist üblichen Verhaltenstraining.

Das tatsächliche Einhalten der Feedbackregeln ermöglicht auch den Verzicht auf einen Trainer. Meist sind die Teilnehmer aber nicht geschult genug, um jede Übertretung der Feedbackregeln zu bemerken. Deshalb ist es von Vorteil, wenn in trainerlosen Seminaren ein oder einige Teilnehmer Trainingserfahrung besitzen. Deren besondere Aufgabe müßte es sein, auf die Einhaltung der Feedbackregeln zu achten.

Zu Beginn des Trainings werden die Feedbackregeln allen sichtbar ausgehängt und verbleiben dort während der Dauer des Seminars. Sie werden von der Gruppe diskutiert. Die Gruppe muß sich darüber einigen, ob sie alle Feedbackregeln akzeptiert oder ob sie geringe Abstriche bzw. Veränderungen vornehmen möchte. Wenn ein Konsensus nicht erzielt oder nur unter großen Abstrichen erreicht werden kann, dann sollte das Seminar nicht stattfinden.

Wird die Gruppe von einem Trainer betreut, ist es zweifellos die wirksamste und anschaulichste Methode, die Regeln dann einzubringen, wenn ein Teilnehmer „falsch" kommuniziert und die Vermittlung der Regel gleichzeitig eine hilfreiche Trainerintervention darstellt, die von allen beachtet und später diskutiert wird, *nachdem* die Teilnehmer die Anwendung der Regel schon selbst erlebt haben.

Dasselbe gilt auch ganz besonders für die weiter unten vorgeschlagenen zusätzlichen Interaktionsübungen. Wenn sie nach Programm eingesetzt werden, können sie lächerlich wirken und zu einer negativen Lernerfahrung führen. Wenn sie aber vom Trainer dann gezielt eingesetzt werden, damit sie der Gruppe oder einzelnen Teilnehmern bei einem aktuellen Problem weiterhelfen, vorausgesetzt daß diese Hilfe dem Betreffenden erklärt und von diesem gewünscht wird, dann haben sie eine ganz andere Wirkung. Wenn zum Beispiel ein Teilnehmer offen zu erkennen gibt, daß er von der Gruppe akzeptiert werden möchte, aber sich als Außenseiter fühlt, dann ist eine Vertrauensübung, wie sie weiter unten geschildert wird, durchaus angebracht.

Die Information und Einigung über die Feedbackregeln zu Beginn des Trainings bedeutet inhaltlich keine Festlegung. Feedback erhält man sowieso bei jeder sozialen Interaktion, nur daß dies meist auf *indirekte* Art geschieht, die den Empfänger des Feedbacks verärgert und somit keine Verhaltensänderung bewirkt. Zum Beispiel merkt ein Sprechender, daß einer der Zuhörer ihm keine Aufmerksamkeit schenkt oder mit einem Nachbarn spricht. Das ärgert ihn, weil er es als Mißachtung seiner Person auslegt. Er erfährt nicht, wie zum Beispiel beim direkten Feedback, daß der Zuhörer so sehr von einem anderen Problem in Anspruch genommen ist, daß er sich nicht auf den Sprechenden konzentrieren kann.

Erfolgreiches Feedback bedingt also, daß es *direkt* gegeben wird. Folgende Regeln sollten berücksichtigt werden. (Vgl. Schiffler, 1977b):

Feedback geben

1. Frage, ob der andere *aufnahmebereit* ist.
2. Sprich so einfach und *konkret* wie möglich.
3. Sage: „Ich fühle . . .", „Ich bemerke . . .", „Ich denke . . ." (Vermeide unpersönliche Feststellungen wie „Man weiß doch . . .", „Es ist doch klar . . ." usw.)
4. Treibe *keine Motivforschung* (Interpretationen wie zum Beispiel: „Du bist so, weil . . ."), sondern beschränke Dich auf die Beschreibung Deiner subjektiven Wahrnehmung des anderen. Es ist seine eigene Aufgabe, sein Verhalten zu interpretieren.
5. Gib *positives Feedback* so oft wie möglich, negatives nur dann, wenn nötig und hilfreich.

6. Gib Feedback so *schnell* wie möglich, nachdem Du das Verhalten des anderen beobachtet hast.

Feedback annehmen

1. Sage, daß Du Feedback zu erhalten wünschst.
2. Sage, wenn Du *momentan nicht aufnahmefähig* bist.
3. *Höre zu* und versuche zu verstehen.
4. Stelle Rückfragen nur zur *Klärung* des Verständnisses.
5. Sonst *schweige* oder bestätige das Feedback.
6. *Verteidige Dich nicht* und werte das Feedback nicht ab.
7. Äußere keine Gegengefühle.
8. Stelle sachlich richtig, falls erforderlich.

Ohne Erläuterungen sind diese Regeln für einen Seminarteilnehmer nicht verständlich.

Zu 1.: Frage, ob der andere aufnahmebereit ist.

Bei einer entsprechenden Sensibilität für soziale Beziehungen kann ein Gesprächspartner diese Bereitschaft fühlen. Im Zweifelsfall ist aber die direkte Frage an den Partner, ob er das Feedback überhaupt hören möchte, das beste. Wenn die Frage verneint wird, sollte man das Feedback, so schwer dies auch im Einzelfall sein mag, auf einen späteren Zeitpunkt verschieben.

Zu 2.: Sprich so einfach und konkret wie möglich.

Zweifellos kann Feedback sehr destruktiv sein, wenn es nicht eine konkrete Beschreibung der Wirkung des Verhaltens des Partners auf den Feedback-Geber enthält. „Das ist doch Unsinn!" – „Damit gehst Du mir auf die Nerven!" sind Beispiele für nutzloses und sogar schädliches Feedback.

Ein nützliches Feedback kann zum Beispiel eine Äußerung sein wie: „Du sagtest eben, eine Mauer sei zwischen den anderen und Dir. Du hast es aber vorhin abgelehnt, die Vertrauensübung mit mir zu machen und hast auch dazu nichts gesagt. Ich habe deshalb den Eindruck gehabt, daß Du mit mir nichts zu tun haben wolltest. Ich fände es gut, wenn es dazu käme, daß ich mich von Dir nicht mehr zurückgestoßen fühle."

*Zu 3.: Sprich: „Ich fühle . . .", „Ich bemerke . . .", „Ich denke . . ." und vermeide unpersönliche Stellungnahmen wie zum Beispiel „Man weiß doch . . ."
usw.*

Im obigen Beispiel sagt der Feedback-Geber: „Ich habe den Eindruck gehabt . . ." und nicht „Du lehnst ja die anderen ab" oder „Du bist arrogant!". Dadurch, daß der Feedback-Geber seine Aussage als seinen subjektiven Eindruck schildert, bringt er zum Ausdruck,

– daß er sich durchaus täuschen kann und
– daß die Ursache des angeschnittenen Problems auch bei ihm liegen kann, daß er zum Beispiel zu empfindlich und zu leicht gekränkt ist, auf jeden Fall, daß das Problem möglicherweise von beiden Seiten gelöst werden muß.

Zu 4.: Treibe keine Motivforschung (Interpretation wie zum Beispiel „Du bist so, weil . . .")

Wenn man interpretiert und sich nicht darauf beschränkt, das Verhalten des anderen konkret zu beschreiben, hindert man den Feedback-Nehmer daran, selbst nach den Ursachen für sein Verhalten zu forschen. Man geht dann das Risiko ein, sich zu täuschen. Durch eine ungerechte Beurteilung gerät der andere nur in Verteidigungsstellung. Er selbst ist derjenige, der die Ursachen seiner Probleme herausbekommen sollte.

Zu 5.: Gib positives Feedback so oft wie möglich, negatives nur, wenn nötig.

Der stärkste Lernerfolg in einem Seminar besteht oft darin, daß die Teilnehmer gelernt haben, *offen* das richtige Verhalten des anderen zu loben statt nur zu nörgeln, was leider in der Erziehung viel häufiger vorkommt. So kann man die guten Seiten eines Verhaltens mit Erfolg verstärken, statt mit Mißerfolg die schlechten Seiten dauernd hervorzukehren. Negatives Feedback ist selbstverständlich ebenso wichtig. Es hat aber nur dann Aussicht auf Erfolg, wenn es unter Berücksichtigung aller übrigen Feedback-Regeln gegeben wird. Der Feedback-Geber sollte sich bemühen, zuerst ein positives Feedback zu geben, wenn er ein negatives nennen will.

Zu 6.: Gib Feedback so schnell wie möglich.

Je schneller das Feedback auf das betreffende Verhalten folgt, desto klarer ist es noch im Gedächtnis beider Partner. Auch der Feedback-Geber kann eher die Wirkung des Verhaltens des Partners authentisch beschreiben. Je länger er das Feedback zurückhält, um so mehr wird möglicherweise die Wahrnehmung durch den aufgestauten Ärger in der Erinnerung verfälscht.

Ohne Beachtung dieser Regeln kann ein Seminar, wie bereits warnend erwähnt, von einigen Teilnehmern dazu mißbraucht werden, „daß man sich einmal ungeschminkt die Wahrheit sagt", also alle gesellschaftlichen Kommunikationskonventionen ungehindert abstreift. Diese Kommunikation ist dann zwar „direkt", aber stellt trotzdem ein mißverstandenes Interaktionstraining dar. Ein solches Mißverständnis kann entweder durch mangelhafte Information durch den Trainer oder durch falsches Trainer- und Teilnehmerverhalten entstehen. Zu starke psychische Belastung, negative Erfahrungen und ablehnende Haltung gegenüber einem solchen Seminar sind die Folge.

Ob sich der Feedback-Prozeß in einer Gruppe entwickelt und sich auf das Verhalten der Teilnehmer positiv auswirkt, hängt in starkem Maße davon ab, wie das Feedback angenommen wird.

Zu 1.: Sage, daß Du Feedback zu erhalten wünschst.

Wenn ein Teilnehmer nie ein Feedback erhält, dann kann dies auch eine Folge seines Verhaltens sein. Möglicherweise gibt er selbst nie Feedback oder vermittelt unbewußt den Eindruck, daß er keine Kritik an seiner Person wünsche. Für die Gesprächspartner ist es aber eine Hilfe, wenn er offen zum Ausdruck bringt, daß er Feedback wünscht. Durch die im folgenden beschriebene Art des Feedback-Annehmens kann er zeigen, daß er diesen Wunsch ernst meint.

Zu 2.: Sage, wenn Du momentan nicht aufnahmebereit bist.

Es ist durchaus möglich, daß ein Teilnehmer noch so sehr mit der Verarbeitung eines anderen Feedbacks befaßt ist oder sich gerade mit einem anderen Problem beschäftigt, daß er das ihm angebotene Feedback nicht angemessen aufnehmen könnte und möglicherweise nur defensiv oder aggressiv darauf reagieren würde. In einem solchen Fall sollte er dies offen sagen und eventuell dem Partner Gelegenheit geben, kurz sein Gefühl ihm gegenüber zu äußern.

Zu 3.: Höre zu und versuche zu verstehen.

Die im Leben übliche Haltung gegen Kritik ist die sofortige Abwehr in Form der Gegenantwort oder Zurückweisung. Dadurch gewinnt der Feedback-Geber den Eindruck, daß der Partner nicht zuhören will. In der Gegenantwort ist auch oft erkennbar, daß er nicht zugehört hat. Statt auf Widerlegung zu sinnen, sollte der Teilnehmer erst einmal versuchen, das Feedback ganz zu verstehen. Hierzu sind Rückfragen angebracht.

Zu 4.: Stelle Rückfragen zur Klärung des Verständnisses.

Ein Feedback kann nur dann wirksam sein, wenn es *richtig* verstanden wird. Durch die Rückfrage gewinnt der Feedback-Geber auch den Eindruck, daß der andere tatsächlich an seinem Feedback interessiert ist.

Zu 5.: Schweige sonst oder bestätige das Feedback.

Meist ist die Verarbeitung eines Feedbacks ein langwieriger Prozeß. Deshalb ist Schweigen zuerst die beste Reaktion hierauf. Falls der Feedback-Annehmende das Feedback grundsätzlich verstanden hat und glaubt, es spontan akzeptieren zu können, sollte er dies entsprechend positiv ausdrücken.

Zu 6.: Verteidige Dich nicht und werte das Feedback nicht ab.

Zu 7.: Äußere keine Gegengefühle.

Die Regel des schweigenden Annehmens eines Feedbacks ist deshalb so wichtig, weil dadurch die üblichen spontanen Abwehrmechanismen ausgeschaltet werden. Neben der Verteidigung gehören dazu auch abwertende Bemerkungen wie: „Das kannst du doch gar nicht beobachtet haben" oder „Von dir möchte ich gar nichts zu hören bekommen" – „Was du schon alles den lieben langen Tag sagst" und Gegengefühle wie: „Genau dasselbe habe ich mir schon immer von dir gedacht" oder „Hast du dir mal überlegt, wie das eigentlich bei dir ist?"

Zu 8.: Stelle sachlich richtig, falls erforderlich.

Da in einem Feedback nur die subjektive Beobachtung des Feedback-Gebers zum Ausdruck kommt, ist es durchaus möglich, daß dieser sich geirrt hat. Wenn die anderen oder der Feedback-Annehmende glaubt, daß ein solcher Beobachtungsirrtum vorliegt, sollten sie den Feedback-Geber darüber informieren.

Die nun folgenden *Interaktionsübungen* sind Zusatzübungen. Zumindest die erste der folgenden Übungen ist für den Beginn eines jeden Trainings günstig. Beim ersten Einsatz sollte darauf geachtet werden, daß nur positives Feedback gegeben wird. Dies dient dem „Auftauen" der Gruppe.
Die anderen Übungen haben meist einen ähnlich erstaunlichen Lockerungseffekt, soweit sie einen non-verbalen Teil haben. Dies konnte der Verfasser in vielen Fällen beobachten. Aus diesem Grund sind diese wenigen non-verbalen Übungen, denen immer ein verbaler Teil folgt, auch in dieses Training aufgenommen worden. Sie werden im folgenden mit dem möglichen Anlaß und Zeitpunkt, zu dem sie eingesetzt werden können, genannt. Selbstverständlich ist es hilfreich, wenn ein Trainer oder ein Teilnehmer, der schon Trainingserfahrung hat, diesen Anlaß oder Zeitpunkt erkennt und die betreffende Übung vorschlägt.
Das Gespräch über die Beziehungen in der Gruppe, das dem berufsbezogenen Gespräch vorausgeht, kann später jederzeit in Verbindung mit dem Feedback und den Interaktionsübungen auf Wunsch der Gruppe in das berufsbezogene Gespräch eingeschoben werden.
Die Aufdeckung der Beziehungen in der Gruppe und ihre Erarbeitung ist eine Hilfe für die anschließende berufsbezogene Diskussion und für die bessere Zusammenarbeit in der Schule. Negative und belastende Gefühle sind

dabei nicht vollkommen auszuschließen. Auch ein negatives Feedback kann nicht ausgeschlossen werden, weil es ein auslösender Schritt zur Verhaltensänderung sein kann. Solange aber die Feedback-Regeln strikt eingehalten werden, vor allem die wichtigste: „Gib positives Feedback so oft wie möglich, negatives nur, wenn unbedingt nötig", besteht die Gefahr einer zu großen psychischen Frustration, deretwegen der Verfasser anderen Interaktionsseminaren sehr skeptisch gegenübersteht, nicht. Entsprechend sind aus der Fülle der Trainingsübungen nur einige wenige ausgewählt und so gestaltet worden, daß sie ohne Gefahr auch ohne Trainer eingesetzt werden können. Das Gespräch über eine jede non-verbale Übung dient nicht nur der Beziehungsklärung, sondern auch der Erarbeitung eines möglichen negativen non-verbalen Feedbacks mit Hilfe der erwähnten wichtigsten Feedback-Regel.

Zuerst nun die beiden Übungen, die zu Beginn eines Seminars eingesetzt werden sollten.

Übung „Ballspiel"

Die Teilnehmer sitzen im Kreis und werfen sich untereinander einen Ball zu, indem sie gleichzeitig dem anderen ein positives Feedback geben. Sie nennen also offen das Verhalten, das sie an dem einen oder anderen schätzen. Je öfter es zum Ausdruck eines positiven Feedbacks kommt, desto mehr wird ein vertrauensvolles Gruppenklima geschaffen. Die Teilnehmer können auch, aber nur unter genauer Beachtung der Feedback-Regeln, ein negatives Feedback geben, wenn sie es für angebracht halten. Abschließend wird gefragt, wer von bestimmten Mitgliedern ein Feedback zu erhalten wünscht. Er bekommt Gelegenheit, seinen Wunsch nach Feedback an die betreffenden Teilnehmer zu richten.

Übung „Sonnenstuhl"

Der Teilnehmer begibt sich in die Mitte des Kreises, und alle, die ihm ein positives Feedback geben können und wollen, tun dies. Am Ende äußert der Betreffende sein augenblickliches Gefühl.

Übung „Selbstvorstellung"

Diese Übung kann, wenn der Teilnehmer dazu bereit ist, der Übung „Sonnenstuhl" vorausgehen. Er setzt sich nacheinander vor einen jeden Teilnehmer und sagt diesem, welche Eigenschaften er an sich gut und welche er schlecht findet. Wichtig ist, daß der Betreffende zur Nennung von positiven Geständnissen verpflichtet wird, die mindestens ebenso häufig wie die negativen genannt werden sollen. Unsichere Teilnehmer können auch dazu angehalten werden, nur von ihren positiven Eigenschaften zu sprechen.

Übung „Offenes Soziogramm"

Jeder Teilnehmer sagt vor allen, mit wem er gerne befreundet wäre, mit wem er gerne zusammenarbeiten wollte, wen er gerne als Chef hätte, mit wem er gerne eine Reise unternähme usw. Negative Aussagen, also mit wem er dieses oder jenes nicht tun wolle, sollten nur in Ausnahmefällen geäußert werden, wenn alle Teilnehmer damit einverstanden sind und dies nicht schon indirekt durch die positiven Aussagen deutlich wurde.

Übung „Non-verbales Soziogramm"

Ähnliches kann ohne Worte dadurch geschehen, daß die Teilnehmer zehn Minuten lang nach Belieben in einem Kreis die Plätze wechseln und anschließend über diese Übung sprechen. Bei beiden Übungen ist es nicht auszuschließen, daß einige Mitglieder Enttäuschungen erfahren oder sich nicht integriert fühlen. Außer der Möglichkeit, daß sie Feedback-Wünsche stellen dürfen, können ihnen die folgenden besonderen „Vertrauensübungen" angeboten werden.

Übung „Dyade" („Partnerinterview")

Ein Teilnehmer wählt nach freier Wahl einen anderen, dem er sein Befinden, seine Ängste und seine Wünsche mitteilt. Dabei soll der Partner den Sprechenden emotionell durch seine Haltung unterstützen. Dies geschieht dadurch, daß er intensiv zuhört oder daß er öfter Fragen stellt wie: „Wie fühlst Du Dich?" – „Wer bist Du?" oder „Was wünschst Du?". Auf Wunsch der Partner können dann die Rollen des Fragenden und Antwortenden getauscht werden. Diese Übung ist dann angebracht, wenn sich ein Mitglied in der Gruppe gehemmt oder ausgeschlossen fühlt, aber bereit ist, sich einem Partner seiner Wahl anzuvertrauen. Dieser kann dann, wenn das Mitglied es wünscht, der Gruppe über das Gespräch berichten. Gegebenenfalls wird er von seinem Partner korrigiert. Diese Übung kann selbstverständlich auch von allen durchgeführt werden, indem die Gruppe sich in Paare aufteilt.

Übung „Blindenführung"

Der Teilnehmer läßt sich die Augen verbinden und wählt einen oder zwei Partner, die ihn schweigend auf schwierigen Wegen führen, sei es im Freien oder im Innern eines Hauses. Sie lassen ihn zum Beispiel auf ein Möbel steigen und dürfen dabei alle nur möglichen non-verbalen Hilfen zur Sicherheit des Betreffenden geben, nur keine verbalen. Diese Übung kann auch von allen durchgeführt werden, indem sich Paare bilden, die abwechselnd die Rolle des „Blinden" und des „Blindenführers" übernehmen. Anschließend äußern sich Geführte und Führende über ihre Empfindungen während dieser Übung.

Übung „Sich Fallenlassen"

Ein Teilnehmer stellt sich mit verbundenen Augen in die Mitte eines Kreises, den die anderen Teilnehmer bilden, indem sie sich Schulter an Schulter stellen, die Hände zum Auffangen und Wegstoßen bereithaltend. Der Teilnehmer läßt sich nun völlig steif, ohne in die Knie zu gehen, in eine beliebige Richtung fallen, wird aufgefangen, wieder in die Kreismitte zurückgestoßen und von einem anderen aufgefangen, so daß er wie ein Stab mit festem Standpunkt hin- und herpendelt.

Der Teilnehmer kann sich auch wünschen, daß er von einer bestimmten Person aufgefangen wird und läßt sich dann völlig steif in dessen Arme fallen. Der Partner muß selbstverständlich kräftig genug sein, diese Aufgabe zu erfüllen.

Es gibt in jeder Gruppe Teilnehmer, die die Mehrzahl der Sympathien auf sich vereinen, unkompliziert sind und schwer das richtige Verständnis für solche aufbringen, die unter Gruppendruck und Ausgeschlossensein leiden. Interaktionsübungen haben u. a. das Ziel, Verständnis für das Verhalten anderer zu wecken, indem man selbst in neue, einem bisher wenig bekannte soziale Situationen kommt. Dadurch hat jeder die Möglichkeit, *mit sich selbst zu experimentieren,* wie zum Beispiel in der folgenden Übung.

Übung „Ausgeschlossensein"

Die Gruppe bildet, Schulter an Schulter und mit untergehakten Armen, einen festen Kreis, den ein außen Stehender irgendwie durchbrechen soll. Er darf dabei nicht durch Festhalten behindert werden. Falls die Gruppe merkt, daß er trotz größter körperlicher Anstrengung nicht in den Kreis kommen kann, kann sie ihm die Aufgabe etwas erleichtern, so daß die Übung jeweils mit einem Erfolg des Ausgeschlossenen endet. Anschließend äußern beide Parteien, wie nach jeder Übung, ihre Empfindungen während des Kampfes.

Um weitere Erfahrungen mit sich selbst zu machen, seine *sozialen Ängste zu überwinden* und vor allem, um sich seiner Gefühle anderen gegenüber nicht nur bewußt zu werden, sondern diese auch äußern zu können, sind die folgenden zwei Übungen gedacht.

Übung „Blickkontakt"

Die Teilnehmer bilden zwei konzentrische Kreise mit jeweils gleicher Anzahl von Personen. Die im inneren Kreis und die im äußeren Kreis Stehenden schauen einander an, so daß immer ein im Innenkreis Stehender Blickkontakt mit einem ihm gegenüberstehenden Partner im Außenkreis hat. Eine Minute schauen sie sich beide intensiv an, dann sprechen sie eine Minute lang über ihre Empfindungen während des Blickkontakts. Danach rückt der innere Kreis um ein Mitglied nach rechts, und die Übung wiederholt sich so lange, bis jeder des Innenkreises mit jedem im Außenkreis Blickkontakt gehabt hat. Die Scheu voreinander schwindet nach dieser Übung meist ganz offensichtlich. Dieselbe Übung kann auch als Einzelübung dann eingesetzt werden, wenn ein Teilnehmer den Wunsch hat, seine Hemmungen einem anderen gegenüber abzubauen.

Übung „Namen rufen"

Die Teilnehmer stellen sich schweigend mit geschlossenen Augen in einen Kreis und legen einander die Arme auf die Schultern. Nun ruft jeder zuerst leise, dann immer lauter seinen Namen. In dieser Übung kommt es darauf an, sich selbst zu behaupten zu lernen, ohne den anderen dabei zu verdrängen und einzuschüchtern, zum Beispiel durch lautes Schreien. In dem anschließenden Gespräch können anhand dieser Erfahrungen viele Beziehungen untereinander geklärt werden.

Da die Teilnehmer eines Interaktionstrainings Gruppenprozesse kennenlernen sollen, ist es angebracht, daß alle so oft wie möglich, am besten nach jeder Übung, einen Eindruck davon erhalten, wo die Gruppe im Augenblick steht. Dadurch bekommen sie auch einen Einblick in Gruppenprozesse und erfahren, inwiefern sie diese richtig oder falsch beurteilt haben. Hierzu dient die folgende Übung.

Übung „Blitzlicht"

Jeder Teilnehmer teilt ganz kurz allen seine Antwort auf die zwei Fragen mit: 1. Wie fühle ich mich im Augenblick? 2. Welche Erwartungen und Wünsche habe ich im Augenblick? Oder: Welche Erfahrungen habe ich gemacht? Es erhöht die Sicherheit des einzelnen und das Vertrauen zueinander, wenn er erfährt, daß er mit seinen Befürchtungen, Ängsten, Wünschen oder seiner Unzufriedenheit nicht allein steht. Diese spontanen Kurzinformationen sind aufschlußreicher als entsprechende schriftliche anonyme Aussagen aller zur Einschätzung der Gruppe. Ein Ziel des Seminars ist es u. a., daß jeder lernt, in bestimmten Situationen „ein Blitzlicht zu beantragen", um die Haltung der Gruppe zu erfahren, statt durch formale Abstimmungen Entscheidungen herbeizuführen. Die Fragen können entsprechend dem vorliegenden Problem variiert werden.

Übung „Gruppenplastik"

Durch diese Übungen können ebenfalls Gruppenprozesse verdeutlicht werden. Ein Teilnehmer „baut" alle übrigen zu einer „Plastik" zusammen, indem er ihnen genaue Anweisungen gibt, welche Haltung und Mimik sie einnehmen sollen. Hierdurch verdeutlicht der Teilnehmer, wie er die Gruppen-hierarchie empfindet. Das Mobiliar kann er hierzu auch benutzen. Anschlie-ßend äußert er ebenso wie die „Eingeordneten" ihre Gefühle während der Übung. Besonders wenn einige dominante Redner einerseits und Außenste-hende andererseits da sind und mehr wegen Machtpositionen emotional statt inhaltlich diskutiert wird, ist diese Übung angebracht und verfehlt meist nicht ihre Wirkung auf die aktiv wie passiv Beteiligten.

Übung „Kalt-Heißer Stuhl"

Eine Übung, die der strikten Einhaltung der Feedback-Regeln bedarf, ist die des „Kalt-Heißen Stuhls". Ein Teilnehmer setzt sich in die Mitte des Kreises, der durch die übrigen Gruppenmitglieder gebildet wird. Er wählt nun selbst die Teilnehmer aus, die ihm ein Feedback geben sollen. Soweit sie ihm ein negatives Feedback geben wollen, sollen sie versuchen, diesem ein positives vorausgehen zu lassen. Wenn der Teilnehmer alle, die er befragen wollte, um Feedback gebeten hat, sagt er, wie er sich fühlt und bedankt sich für das Feedback, auch wenn ihn einiges Negative getroffen hat. Selbstverständlich kann er nun auch Rückfragen zur Klärung eines nicht ganz verstandenen Feedback stellen.

Übung „Reklamesäule"

Jeder Teilnehmer schreibt fünf seiner positiven Eigenschaften auf einen Zet-tel und heftet sich diesen an. Dann gehen alle Teilnehmer umher und knüpfen ein Gespräch untereinander an, dessen Auslöser die auf den Zetteln stehen-den Eigenschaften sein sollen. (Vgl. Wagner, A. C., 1977, S. 55.)

Übung „Lobrede"

Eine Variante dieser Übung ist die „Lobrede". Einige Teilnehmer, die weni-ger hervortreten, müssen eine kurze Rede halten, in denen sie nur Positives über sich sagen dürfen. Sie erhalten dazu eine Vorbereitungszeit. Anschlie-ßend spricht die Gruppe über diese Rede, wobei sie darauf achten muß, dem Lobenden nicht indirekt anzulasten, daß er sich für dies oder jenes doch wohl zu Unrecht gelobt habe. (Vgl. Wagner, A. C., 1977, S. 56.)

Übung „Lobespiel"

Jedes Gruppenmitglied erhält drei Steinchen oder andere Gegenstände. Ein Mitglied spielt nicht mit, sondern führt die Bank, die mindestens 20 Steine erhält. Die Gruppe hat die Aufgabe, aus Illustrierten Collagen anzufertigen. Die Steine haben folgende Funktion:
1. Wer einen Vorschlag macht, muß der Bank einen Stein bezahlen. Wird der Vorschlag von der Gruppe akzeptiert und ausgeführt, erhält er den Stein von der Bank zurück.

2. Wer ein sachlich begründetes Lob ausspricht, erhält einen Stein von der Bank. Der Bankier ist Schiedsrichter.
3. Wer eine Kritik äußert, muß einen Stein bezahlen.

Die Folge ist, daß derjenige, der keinen Stein mehr hat, weder Vorschläge machen noch kritisieren kann. Um Steine zu bekommen, muß er loben. (Abgeänderter Spielvorschlag von Wagner, A. C., 1977, S. 68).
Die Funktion dieser Übung ist zu lernen, positives Feedback zu geben. Da dies in der Gesellschaft allgemein – im Gegensatz zur Kritik – nicht üblich ist, fällt es den meisten Teilnehmern schwer. Diese Trainingsform hat deshalb ein entscheidendes Gewicht für den weiteren positiven Verlauf des Trainings und gleichzeitig für das Erlernen eines *ermutigenden* Lehrerverhaltens.

Nach dieser vorbereitenden Phase zur Klärung der Interaktion, deren Länge die Gruppe selbst bestimmt, beginnt das *berufsbezogene Gespräch*, in dem das Feedback mit seinen Regeln jederzeit, wenn es einem oder mehreren Teilnehmern angebracht zu sein scheint, als entscheidende Methode zum Verhaltenstraining eingesetzt wird. Die Lehrergruppe wählt nun ein Gesprächsthema aus, das ein Problem aus dem „Hier und Jetzt", also aus der Erfahrung in der Gruppe, oder nach Möglichkeit ein erzieherisches Problem aus ihrem schulischen Erfahrungskreis betrifft. Hierdurch wird der Transfer des Erlernten erleichtert. Als Themen seien zum Beispiel genannt: Vertrauen in die Gruppe, bestimmte Konflikte in der Schule, unser Konkurrenzverhalten in der Schule, unser Erziehungsstil im Fremdsprachenunterricht, unsere Leistungsforderung an die Schüler, unsere Ängste in unserem Beruf usw. und zu einem späteren Zeitpunkt die Planung eines gemeinsamen Projekts, wie zum Beispiel gegenseitige Hospitationen.
Als Diskussionsregeln können die der themenzentrierten interaktionellen (TZI) Methode von Ruth Cohn (1969–1970) dienen, falls diese Regeln erklärt, diskutiert und alle oder auch nur zum Teil akzeptiert werden.

1. Bestimme selbst, wann Du sprechen willst.
Diese vom Verfasser vereinfachte Regel ist von der Forderung Ruth Cohns abgeleitet, „be your own chairman", die nicht ohne weiteres verständlich ist. Diese Regel ist das eigentliche Prinzip, auf dem alle übrigen Regeln Cohns basieren. Im wesentlichen geht es Cohn darum, daß jeder Teilnehmer für das Gruppengeschehen Verantwortung übernimmt und nicht diese auf den Leiter oder auf andere abwälzt (s. Regel 2). Vor allem soll auch jeder auf seine „innere Welt" achten (s. Regel 6 und 9) und seine Gefühle mit in die Diskussion einbringen (s. Regel 3, 7 und 8). Die Vereinfachung ist deshalb gerechtfertigt, weil sie sofort verständlich ist und die übrigen Forderungen getrennt aufgeführt werden.

2. Rede in der Ich-Form.

Diese bereits oben erläuterte Forderung verhindert, daß der Kommunizie-
rende mit Formulierungen wie „Man sollte doch . . .“ einen Konsens vor-
spiegelt, ohne sich selbst mit einzubringen. Wenn jemand selbst noch nicht
überzeugt ist, dann sollte er dies offen in der Ich-Form zu erkennen geben.

3. Sage, was die Frage für Dich bedeutet.

Fragen, bei denen der Befragte sich fragen muß, was will er eigentlich mit
dieser Frage, helfen meist nicht weiter, sondern bewirken nur eine Ab-
wehrhaltung. Fragen, bei denen der Fragende sich als Person und seine
Gefühle mit einbringt, bewirken Offenheit und eine entsprechende Antwort.

4. Vermeide Seitengespräche.

Seitengespräche sind meist der Ausdruck eines starken Bedürfnisses, sich
zu dem Problem zu äußern. Der Teilnehmer sollte deshalb entweder lernen, diese Beiträge vor allen zu äußern, oder die Gruppe nachträglich über
sein Seitengespräch zu informieren. Wenn dieses auch auf Hemmungen
des Teilnehmers zurückzuführen ist, so bewirkt dieses Verhalten doch bei
anderen Teilnehmern oft das Gefühl des Zurückgesetztwerdens oder verhindert zumindest das offene Gespräch.

5. Es soll nur einer zur gleichen Zeit reden.

Diese selbstverständliche Diskussionsregel steht im Widerspruch zur Aufforderung 1, selbst den Zeitpunkt seiner Rede zu bestimmen. Wenn nun
mehrere gleichzeitig sprechen wollen, sollen sie kurz das Thema ihres Bei-
trages nennen, um so selbst die Reihenfolge ihrer Beiträge zu vereinbaren.

6. Melde Störungen an.

Diese Aufforderung stellt den wesentlichsten Unterschied zwischen der
TZI-Methode und anderen Diskussionsregelungen dar. Störungen haben
Vorrang. Darunter versteht Cohn alles, was ein Gruppenmitglied daran
hindert, der Diskussion zu folgen, zum Beispiel Langeweile, Müdigkeit,
Verärgerung usw. Solange eine solche Störung vorliegt, ist das Gruppenmitglied abwesend und vom Gruppenprozeß ausgeschlossen. Deshalb
muß diese Störung erst ausgeräumt werden, bevor weiter diskutiert wird.
Zu entscheiden, ob man seine Störung anmelden soll und dies dann auch zu
tun, obwohl die Diskussion sich auf ein ganz anderes Thema konzentriert,
fällt den meisten Teilnehmern schwer, müßte aber unbedingt gelernt werden.

7. Sage das, was Du wirklich sagen willst, und nicht das, was man möglicherweise von Dir erwartet.

Dieser Forderung nachzukommen, ist ebenfalls sehr schwer zu erlernen, denn es erfordert, daß man sich gegen Gruppen- und Konformitätsdruck wendet, obwohl man diesen erkannt hat. Trotzdem seine Bedürfnisse zu äußern, fördert die Offenheit und das Vertrauen innerhalb einer Gruppe.

8. Teile Deine persönlichen Reaktionen mit, statt andere zu interpretieren. Diese Forderung ist identisch mit den Regeln 3 und 4 des Feedback-Gebens. Durch Interpretation werden dem anderen Motive unterschoben, so daß er festgelegt wird und keine Hilfe zur Verhaltensänderung erhält. Alle Regeln des Feedback-Gebens und -Annehmens gelten somit auch für die Diskussion nach der TZI-Methode bzw. für das berufsbezogene Gespräch, obwohl in beiden auch dort die Interaktion nicht ständig im Mittelpunkt stehen soll.

9. Beachte körperliche (psycho-somatische) Reaktionen bei Dir und bei den anderen. In unserer Kultur hat die Trennung von Geist und Körper eine lange Tradition. Bei intellektuellen Erörterungen sollen körperliche Regungen ausgeschlossen werden, obwohl dies nicht möglich ist. In der TZI-Methode soll der Teilnehmer lernen, körperliche Reaktionen als Signale seines Organismus auf intellektuelle Einflüsse zu verstehen und diese nicht unterdrücken zu wollen.

4. Das berufsbezogene Rollenspiel in Verbindung mit den Kommunikationsregeln ist neben dem berufsbezogenen Gespräch mit gegenseitigem Feedback die zentrale Methode des Interaktionstrainings.

Aufgrund der schon früher besprochenen empirischen Forschung sollte das *berufsbezogene Rollenspiel* eine zentrale Stellung im Interaktionstraining für Fremdsprachenlehrer erhalten. Das oben dargestellte berufsbezogene Gespräch tritt damit keineswegs zurück, sondern bleibt im Wechsel mit dem Rollenspiel als Trainingsform erhalten. Es ist aber besonders günstig, wenn aus dem Gespräch spezielle Konflikte, die die Teilnehmer erlebt haben oder immer wieder erleben, im Rollenspiel erarbeitet werden. Die Schülerrollen werden von den anderen teilnehmenden Lehrern übernommen, so daß der betreffende Lehrer den Konflikt anschaulich darstellen und vor allem neue Verhaltensweisen erproben kann. Wie durch die bisherigen Darlegungen gezeigt wurde, ist dies vor allem ein Verhalten, das Vertrauen bewirkt und keine Hemmungen hervorruft. Für die Lehrer, die die Rolle der Schüler übernehmen, kann der Rollenwechsel im Spiel ebenso einen Lerneffekt haben. Sie erhalten hierdurch eine vertiefte Einsicht in die Situation ihrer Sozialpartner, der Schüler.

Das Rollenspiel hat drei Vorteile:

1. Der Lehrer steht nicht mehr allein mit seinem Problem und hat es nicht

mehr allein zu lösen. In der Gruppe von Kollegen wird das Problem diskutiert und neue Verhaltensweisen werden vorgeschlagen.

2. Der Lehrer kann mit dem neuen Verhalten experimentieren, ohne Konsequenzen fürchten zu müssen, wenn er seine Rolle nicht adäquat beherrscht.
3. Er erhält sofort nach dem Rollenspiel ein Feedback über sein Verhalten.

Das Rollenspiel in einer Gruppe läuft in folgenden Phasen ab:

1. Zuerst schildert der Betreffende eine für ihn erzieherisch schwierige Situation, bei der er glaubt, sich nicht richtig verhalten zu haben.
2. Nachdem die übrigen Teilnehmer die wesentlichen Punkte des Problems kennen, kann die geschilderte Situation gespielt werden. Dabei übernimmt der Betreffende seine eigene Rolle, die übrigen die der anderen Sozialpartner. Diese müssen nicht genau mit dem Geschilderten übereinstimmen. Es genügt, daß sie spontan so handeln, wie sie es für richtig halten, da der Übende auch in der Realität keine identischen Situationen vorfindet.
3. Der Übende erhält Feedback von seinen Mitspielern und Beobachtern. Video- oder Tonbandaufnahmen können hierbei eine Hilfe sein. Wichtig ist hierbei wieder die Beachtung der Feedback-Regeln und ein klienten-(partner-)zentriertes Eingehen auf den Kollegen, d. h. vor allem, daß er selbst sein neues Verhalten finden soll. Falls ihm dies nicht unmittelbar möglich ist, da er sein Feedback erst verarbeiten muß, sollte ihm Zeit gegeben werden. In der Zwischenzeit kann die Gruppe ohne ihn Alternativen erarbeiten und diese im Rollenspiel dem Betreffenden zeigen. Dadurch können ihm Anregungen gegeben werden. Ein anderer Weg, um selbst Alternativen zu finden, ist der, daß der betreffende Lehrer nun die Rolle des Konfliktpartners übernimmt und ein anderer seine Lehrerrolle.
4. Falls der Übende ein Alternativverhalten findet, sollte er dies kurz mit seinen Kollegen besprechen und in einem neuen Rollenspiel erproben. Anschließend erhält er wiederum Feedback. Falls er anhand des Feedbacks erkennt, daß weiteres Üben nötig ist, können die zwei zuletzt genannten Spielphasen wiederholt werden. Oft fällt gerade diese Wiederholung dem Teilnehmer sehr schwer. Dies ist ein Zeichen dafür, daß das Feedback mehr hemmend wirkte und nicht ermutigend genug gegeben wurde.

Der nächste Schritt ist dann die Erprobung in der Schulwirklichkeit. Nach Möglichkeit sollten die Mitglieder einer Rollenspielgruppe sich gegenseitig im Unterricht beobachten, um dem Lehrer Feedback aus der Praxisbeobachtung heraus geben zu können. Oft wird es aber vorkommen, daß der Lehrer sein neues Verhalten gerade dann zeigt, wenn kein Kollege ihn beobachtet.

In der folgenden Sitzung der Gruppe können dann die Erfahrungen mit der Anwendung des neuen Verhaltens ausgetauscht werden.

Wichtig ist es ferner, daß der Lehrer ein Feedback von der Klasse erhält. Dies kann in einer offenen Aussprache geschehen und zusätzlich in einem Fragebogen, in dem der Übende genau die Verhaltensform anspricht, auf die er im Augenblick Wert legt. Wenn der Übende in größeren Abständen einen Fragebogen, in dem u. a. identische Fragen gestellt werden, verwendet, hat er eine Möglichkeit zu überprüfen, ob sich sein Verhalten auf die Schüler ausgewirkt hat. Dieser Fragebogen sollte kurz sein und könnte zum Beispiel folgende Fragen enthalten:

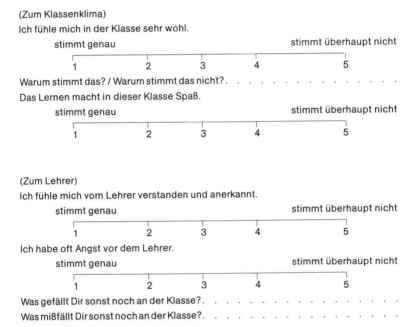

(Zum Klassenklima)
Ich fühle mich in der Klasse sehr wohl.

stimmt genau   stimmt überhaupt nicht

1   2   3   4   5

Warum stimmt das? / Warum stimmt das nicht?. . . . .

Das Lernen macht in dieser Klasse Spaß.

stimmt genau   stimmt überhaupt nicht

1   2   3   4   5

(Zum Lehrer)
Ich fühle mich vom Lehrer verstanden und anerkannt.

stimmt genau   stimmt überhaupt nicht

1   2   3   4   5

Ich habe oft Angst vor dem Lehrer.

stimmt genau   stimmt überhaupt nicht

1   2   3   4   5

Was gefällt Dir sonst noch an der Klasse?. . . . .
Was mißfällt Dir sonst noch an der Klasse?. . . . .

Eine besondere Form des Rollenspiels, die für das Training des Lehrerverhaltens besonders wichtig ist, stellt das *partnerzentrierte Rollenspiel* dar. Es hat das Ziel, daß der zuhörende Kommunikationspartner – in den meisten Fällen trifft diese Rolle für den Lehrer zu – lernt, die Gefühle, die hinter den Äußerungen seines Gesprächspartners stehen, zu erkennen, auf sie einzugehen und sie verständnisvoll zu verbalisieren, um so dem Partner zu ermöglichen, Lösungen für ein Problem zu finden. Es sei hier an die Kategorie 1 der Interaktionsanalyse von Flanders (Hanke u. a., 1973, S. 28) erinnert: „Der Lehrer akzeptiert Gefühle und klärt die Gefühlshaltung." So selten diese Kategorie von Äußerungen im Unterricht vorkommt, so wichtig ist sie doch für das soziale Klima. Der Ausdruck „partnerzentriert" ist von der „klienten-zentrierten" Psychotherapie Rogers übernommen worden, bei der sich der Psychotherapeut ganz auf den Klienten und viel weniger auf das Problem konzentriert. Tausch (1973, S. 79 ff.) hat diese „Verbalisierung emotionaler Erlebnisinhalte" in 12 verschiedenen Intensitätsstufen genau beschrieben und diese Form der Äußerung neben der „positiven Wärme und emotionalen Wertschätzung" und der „Echtheit und Selbstkongruenz" des Psychothera-peuten als das eigentliche Mittel der klientenzentrierten Therapie dargestellt. In fünf Untersuchungen in Schulen korrelierten diese Verhaltensformen sei-tens der Lehrer – unabhängig von Klassengröße – mit der Qualität der kogni-tiven Leistungsbeiträge, Selbständigkeit und günstigen Wahrnehmung des Lehrers seitens der Schüler (Tausch, 1977). (Vgl. Aspy u. a., 1974.) Schwä-bisch u. a. (1974, S. 97 ff. und 269) besprechen das „partnerzentrierte Ge-spräch" ausführlich. Sie teilen es in drei Intensitätsstufen ein und schlagen es als Partnerübung (Dyade) für ein Interaktionstraining vor.

Der eine Partner spricht über ein Problem, und der andere versucht, auf den Sprechenden nur so zu reagieren, wie es im folgenden beschrieben wird.

1. Aktives, aufmerksames und akzeptierendes Zuhören.
   Damit sind vor allem auch non-verbale Äußerungen wie Mimik, Kopfnik-ken, Körperhaltung usw. gemeint und zustimmende Interjektionen.
2. Paraphrasieren.
   Wiederholung der Aussage des Partners mit eigenen Worten oder infor-mative Rückfragen, um das eigene Verständnis der Partnermitteilung zu überprüfen.
3. Verbalisierung emotionaler Erlebnisinhalte.
   Der Partner versucht, die Gefühle auszudrücken, die in den Äußerungen des Sprechenden mehr oder minder versteckt zu erkennen sind.

Nach einem solchen zeitlich begrenzten Gespräch können die Rollen ge-tauscht werden. Zur Überprüfung des partnerzentriert reagierenden Teil-nehmers kann ein Dritter als Beobachter fungieren. Er und der Sprechende geben dann letzterem Feedback über seine Kommunikationshaltung.

Eine solche Art der Gesprächsführung hat für die Entwicklung eines entspre-chenden Erziehungsstils in der Schule weitreichende Folgen. Dies soll an ei-nem Beispiel gezeigt werden.

Schüler: Wenn der Klaus mir nochmal mein Schreibmäppchen weg-nimmt, dann hau ich ihm mitten in der Stunde eine runter.

Lehrer: Du bist wütend auf Klaus, weil er Dir Deine Sachen weg-nimmt. *(Paraphrasierung)*

S.:	Ja, er glaubt, sich das erlauben zu können, weil er viel stärker ist.
L.:	Du hast das Gefühl, daß Du Dich nicht gegen ihn durchsetzen kannst. *(Verbalisierung des emotionalen Erlebnisinhaltes)*
S.:	Das ist richtig. Aber was soll ich denn gegen ihn machen, wenn er immer so weitermacht.
L.:	Ja, Du müßtest einen Weg finden. *(Aktives ermutigendes Zuhören)*
S.:	Ich glaube, ich werde den Klassenlehrer bitten, mich vom Klaus fortzusetzen.

In einem Interaktionstraining kann das Gespräch folgende Form haben:

Sprechender:	Mir fällt gar nichts ein, worüber ich eigentlich sprechen soll.
Beratender Partner:	Ja, das verstehe ich. *(Aktives Zuhören)*
Sp.:	Ich glaube, ich kann die Rolle überhaupt nicht spielen.
B. P.:	Du hast noch Hemmungen, ein wirkliches Problem so einfach in einem Spiel anzubringen. *(Verbalisierung emotionaler Erlebnisinhalte)*
Sp.:	Ja, das ist hier so komisch.
B. P.:	Du empfindest die Situation als künstlich. *(Rückfrage und Verbalisierung emotionaler Erlebnisinhalte)*
Sp.:	Ja, das ist es. (Pause) Aber ich werde doch einmal versuchen, es euch zu erklären.

Abschließend urteilen der stille Beobachter und der Sprechende darüber, ob die Reaktionen des partnerzentriert Reagierenden tatsächlich helfend gewirkt haben.

Wagner (1977, S. 86) nennt dieses partnerzentrierte Kommunizieren „reflektiertes Zuhören" und schlägt ein Rollenspiel zum Training dieses partnerzentrierten Reagierens vor:

Ein Teilnehmer spielt eine auf Tonträger gespeicherte Sequenz der Gruppe vor. Anschließend erzählt er alles, was ihm zum Unterricht in dieser Klasse und Schule einfällt, z. B. über die Schüler, sein Lehrerverhalten, seine Gefühle in dieser Unterrichtssituation usw. Die übrigen Teilnehmer versuchen, partnerzentriert zu reagieren. Ein bis drei Teilnehmer nehmen nach dem Rollenspiel zu den Beiträgen der übrigen Teilnehmer Stellung. Möglicherweise werden die Teilnehmer erkennen, daß das partnerzentrierte Reagieren mindestens ebenso wertvoll ist wie Kritik und gutgemeinte Vorschläge.

Alle Teilnehmer können so nacheinander an die Reihe kommen. Es besteht die Möglichkeit, nur einen oder zwei Teilnehmer auf den Erzählenden partnerzentriert reagieren zu lassen oder jeweils Dreiergruppen zu bilden wie im vorigen Beispiel.

Das berufsbezogene Gespräch und Rollenspiel in Verbindung mit dem Feedback und den zusätzlichen Interaktionsübungen nimmt so viel Zeit in Anspruch, daß ein mehrmonatiges, wöchentlich einmal stattfindendes Seminar damit voll ausgefüllt werden kann und möglicherweise nicht ausreicht, um all das Vorgeschlagene zu praktizieren.

Gruppen, die noch keine Erfahrung mit Interaktionstraining besitzen, sollten nicht zögern, ein Seminar zu organisieren. Falls die initiierenden Teilnehmer noch mehr Möglichkeiten des konkreten Interaktionstrainings kennenlernen wollen, seien sie auf das Kapitel ,,Rollenspiel" in der ,,Anleitung zum sozialen Lernen für . . . Erzieher (Schwäbisch u. a., 1974, S. 233 ff.) verwiesen. Doch sollte hierbei eine kritische Auswahl hinsichtlich aller ,,Negativübungen" (Übungen, die negatives Feedback systematisch einplanen) getroffen und auf die Zustimmung aller Teilnehmer geachtet werden.

Eine solche Auswahl ist beim Einsatz des ,,Kursprogramms zum schülerzentrierten Unterricht" von Wagner, A. C. (1977) nicht nötig. Dort werden die wichtigen Lehrerverhaltensweisen wie Lob, reflektierendes Zuhören (hier: partnerzentriertes Kommunizieren), Verbalisierung von eigenen Gefühlen (Ich-Mitteilungen), deren Training auch hier vorgeschlagen wird, ausführlich behandelt, ferner die Gesprächsstrukturierung und gruppendynamische Prozesse. Dieses Training verzichtet aber auf eine vorherige Erarbeitung der Beziehungen in der Trainingsgruppe durch Feedback. Interaktionstrainingsseminare für Lehrer, die aber keineswegs eine geplante Struktur hatten wie das in diesem Buch vorgeschlagene, hat der Verfasser selbst in Hessen erlebt. Sie wurden von der ,,Landeszentrale für politische Bildung" in Wiesbaden organisiert. Aus ihnen erwuchsen dann trainerlose Gruppen an bestimmten Schulen. (Vgl. die Erfahrungen in Freiburg [Klein-Alstedde, 1974].)

Auch wenn der Leser keine Trainingsgruppe findet und eine solche auch nicht initiieren will, kann er jedoch versuchen, die im folgenden dargestellten interaktiven Unterrichtsformen in seinem Fremdsprachenunterricht zu realisieren.

3.5. Interaktionstraining und Linguistik

In den letzten Jahren hat die Linguistik neue Forschungen zu Fragen der Kommunikation allgemein und zur Beschreibung bestimmter Sprachkorpora vorgelegt. Wenn auch eine Veränderung der Praxis des Fremdsprachenunterrichts unter dem Einfluß der zuletzt genannten Forschungsrichtung auf den Aufbau neuerer Lehrbücher unzweifelhaft sichtbar ist, muß doch bezweifelt werden, ob die Linguistik in ihrem Bestreben um die Verbesserung der Unterrichtsmedien schon ihre wichtigste Aufgabe erkannt hat. Jedem Praktiker ist bewußt, daß auch bei bestem Lehrmaterial starke Lernhemmungen beim Schüler auftreten können, wenn der Lehrer als Person vom Schüler abgelehnt wird. Die Ursachen einer solchen Ablehnung sind zweifellos in der Interaktion zwischen Lehrer und Schüler zu suchen. (Vgl. den Hinweis auf die kaum gefährdete *digitale*, lehrbuchbestimmte und die viel häufiger gefährdete *analoge*, die Schüler-Lehrer-Interaktion betreffende Kommunikation von Hüllen, 1976, S. 25 f.). Aus diesem Grund ist es die Aufgabe der Linguistik, sich auch in besonderem Maße mit der Kommunikation im Unterricht im komplexen Sinne der Pragmatik zu befassen, also unter Einbeziehung der gesellschaftlich bedingten Schulsituation, der Kommunikationspartner Lehrer/Schüler, Schülergruppe und Lehrerkollegium und der Unterrichtsmedien im allgemeinen und mit der speziellen Situation des Fremdsprachenunterrichts.

Die Linguistik entwickelt zwar immer komplexere und differenziertere Modelle, kümmert sich aber wenig darum, ob ihre Erkenntnisse tatsächlich zu einer Verbesserung der Kommunikation in allen Lebensbereichen führen. Diese Aufgabe hat man bisher größtenteils den Sozialpsychologen und Psychotherapeuten überlassen. Sie haben die seit langem praktizierte Form der Kommunikationsübungen in der Gruppe zur Verbesserung der Kommunikation geschaffen. Hierbei haben sie nur in seltenen Fällen, auf die später eingegangen werden soll, auf linguistische Forschungsergebnissen aufgebaut. Zweifellos sollte aber auch die Gruppendynamik aus den wissenschaftlichen Analysen des Kommunikationsvorgangs Nutzen ziehen.

Nur an einem kurzen Beispiel aus der Pragmalinguistik (vgl. Austin, 1962, und Searle, 1969) soll diese Möglichkeit des wechselseitigen Austausches aufgezeigt werden.

Die Pragmatik bzw. Pragmalinguistik unterscheidet beim Kommunikationsvorgang den lokutiven Akt (Artikulation der Laute, die die Wörter und Strukturen einer bestimmten Sprache bedingen), der einen „propositionalen Akt" (Inhalt) vermittelt, einen illokutiven Akt (Ausüben einer kommunikativen Funktion, d. h. Einflußnahme auf den Hörer) und den perlokutiven Akt

(Folgen, die sich für Sprecher sowie Hörer aus der Sprechhandlung ergeben). Je nach sprachlichem und außersprachlichem Kontext kann nun ein und derselbe propositionale Gehalt in unterschiedlichen illokutiven Akten vorkommen: Z. B. sagt ein Lehrer zu einem Schüler: „Geh jetzt aus der Klasse raus!" (heftiger, zorniger Ton), oder er drückt denselben propositionalen Gehalt folgendermaßen aus: „Du kannst jetzt aus der Klasse rausgehen" (ruhig freundlicher Ton).

Nun gibt es in der Sprache Verben, mit denen die jeweilige Sprachhandlung (illokutiver Akt) beschrieben werden kann. In den obigen Beispielen wäre dies mit den Verben „befehlen" in dem einen Fall und „vorschlagen, erlauben" in dem anderen Fall möglich: „Der Lehrer *befiehlt* dem Schüler, aus der Klasse zu gehen" und „der Lehrer *schlägt* dem Schüler *vor* bzw. *erlaubt* ihm, aus der Klasse zu gehen".

Die Pragmalinguistik untersucht, unter welchen Bedingungen ein Kommunikationsvorgang glückt. Im Interaktionstraining geht es um die Sensibilisierung für Kommunikationsvorgänge mittels praktischer Erprobung, vor allem anhand des Feedbacks und anderer Kommunikationskontrollen, wie z. B. dem kontrollierten Dialog (der Hörer wiederholt die Mitteilung des Sprechers). Es geht weiterhin um eine Einsicht in den Einsatz sprachlicher Mittel und in den Zusammenhang von Sprecher und Sprechhandlungen.

Als Beispiel hierfür sei das Phänomen des „double-bind" angeführt. Ein Lehrer sagt zu seinem Schüler, weil dessen Fragen an den Nebenmann ihn stören, in heftigem Ton: „Wenn du Fragen hast, richte sie bitte an mich!" Der Schüler kann mit dieser Aussage nichts anfangen, denn sie ist „double-bind". Der Lehrer bietet dem Schüler seine Hilfe an, weist ihn aber gleichzeitig durch die Art seiner Kommunikation zurück, *ohne sich dessen bewußt zu sein.* Linguistisch analysiert kommt dieses Phänomen ebenso zum Ausdruck. Mit dem identischen propositionalen Gehalt sind für den Lehrer und den Schüler unterschiedliche illokutive Akte ausgedrückt. Wenn man nun Sprecher wie Hörer über diese Kommunikation sprechen ließe, würde durch die Verwendung verschiedener performativer Verben bei Sprecher und Hörer dies deutlich. Der Lehrer würde sagen: „Ich *schlage* dem Schüler *vor*, sich mit seinen Fragen im Unterricht an mich zu wenden." Der Schüler würde sagen: „Der Lehrer *warnt* davor, im Unterricht weiterhin Fragen an meinen Nebenmann zu stellen."

Ebenso nützlich für ein Interaktionstraining ist z. B. die Unterscheidung der Pragmatik zwischen „direkten" und „indirekten" Sprechakten (Ehrich u. a., 1972; Keseling u. a., 1972, S. 71 ff.). Um bei der Schulsituation zu bleiben, wäre die Aufforderung des Lehrers „Verbessere diese Fehler!" direkt und indirekt „Du hast jetzt drei Fehler gemacht". Im Interaktionstraining kann der einzelne lernen, wann indirekte Sprechakte pädagogisch sinnvoll sein können und wann sie nur nachteilig und unangepaßt sind, weil sie die wahren Sprecherintentionen kaschieren und dadurch oft zu folgenschweren Kommunikationsstörungen führen. Ein Beispiel hierfür aus einem Gruppenseminar. Ein Teilnehmer sagt: „Man sollte über die Funktion des Rauchens in diesem Seminar diskutieren." Die Folge ist, daß vehement Gegenargumente vorgebracht werden, um darzulegen, wie sinnlos und unangepaßt eine solche Erörterung in diesem Seminar wäre. Die direkte Kommunikationsform wäre gewesen: „Ich leide ziemlich unter dem vielen Rauch. Könnte ich ab und zu das Fenster aufmachen, oder könntet ihr das Rauchen einschränken oder einstellen?"

Die pragma- und soziolinguistischen Überlegungen zur kommunikativen Kompetenz von Habermas (1972, S. 120 ff.), mit denen er seinen zentralen Begriff des „Diskurses" als „Modell reinen kommunikativen Handelns" entwirft, in dessen Rahmen sich mündige Subjekte über die Bedingungen ihres gesellschaftlichen Zusammenlebens einigen, treffen für ein Interaktionstraining insofern auch zu, als dort in Form der „Antizipation" (Fritz 1974) ein „herrschaftsfreier Dialog" geübt wird, in dem die Sprache als Medium der Verschleierung bestehender Herrschaftsstrukturen analysiert werden soll und kooperative Verständnisbereitschaft als eigentliches Kommunikationsmotiv („Virtualisierung der Handlungszwänge") experimentell geschaffen wird. Die Aufgabe des Diskurses nach Habermas ist auch diejenige des Interaktionstrainings, nämlich die Absicht hinter den Äußerungen zu erkennen und hierüber zu sprechen, um die Kommunikation zu verbessern.

Diese wenigen Parallelen sollten nur zeigen, daß zwischen Linguistik und Interaktionstraining eine gegenseitige nützliche Beeinflussung möglich ist, die bisher kaum gesehen wurde. Ein Aufzeigen dieser Verbindungen und eine praktische Anwendung in Lehrergruppen müßte gerade für Fremdsprachenlehrer vorteilhaft sein, weil diese sich in ihrer Ausbildung intensiv mit Linguistik befassen müssen, ohne daß ihnen in jedem Fall die Anwendung dieser Erkenntnisse für ihren späteren Beruf selbst klar würde.

3.6. Die Auswertung der Kommunikationsgesetze im Interaktionstraining

In Fortsetzung der Überlegungen, wie linguistische Erkenntnisse in einem Interaktionstraining zur Verbesserung der Interaktion beitragen können, sollen hier die Kommunikationsaxiome von Watzlawick u. a. (1969) so erläutert werden, wie dies in einem Interaktionstraining als *einführende Infor-*

mation geschehen kann. Die Analyse der menschlichen Kommunikation von Watzlawick u. a. ist zwar vom Standpunkt des Linguisten nicht präzise genug bzw. eher willkürlich, vom Standpunkt des Psychologen aber zeichnet sie sich durch Praxisnähe aus. Für jedes Interaktionstraining sind die fünf Axiome eine Hilfe, weil ein Teilnehmer durch diese Erkenntnisse die Fähigkeit erwerben kann, über seine Verständigung zu sprechen und sie somit zu verbessern. Nur durch diese Art von Metakommunikation können Kontextzwänge durchbrochen und die Spielregeln eingefahrener Kommunikationsmuster neu geordnet werden. Hierzu ist es, wie gesagt, vorteilhaft zu wissen, welche Regeln es in der menschlichen Kommunikation geben kann.

Die fünf Regeln lauten:

1. Es ist unmöglich, nicht zu kommunizieren.

In einem Interaktionstraining soll der Teilnehmer zum Beispiel lernen, Feedback anzunehmen, indem er schweigt. Wenn ein Partner einem anderen etwas sagt, dann kann dieser entweder darauf antworten oder einfach weggehen oder die Mitteilung überhören oder sie schweigend zur Kenntnis nehmen. Auch die drei letzten Formen stellen Kommunikation dar, wenn auch eine non-verbale. Unmöglich ist es aber, *nicht* auf die Anrede zu reagieren. Gerade die non-verbale Kommunikation wird in einem Interaktionstraining berücksichtigt, indem der Teilnehmer auch hinsichtlich seiner non-verbalen Kommunikation Feedback erhält. So kann er zum Beispiel erfahren, daß er jedesmal ein wenig lächelt, wenn ihm etwas Unangenehmes gesagt wird. Dies wirkt – ohne daß er selbst es weiß – auf die Teilnehmer als überheblich und entmutigt sie in ihrem Bestreben, ihm offenes Feedback zu geben. Als ein Lehrer durch die Teilnehmer hierüber informiert wurde, wurde ihm klar, warum die Schüler ihn bei einer anonymen Befragung als arrogant bezeichnet hatten.

2. Jede Kommunikation hat einen Inhalts- und einen Beziehungsaspekt.

Dieses Axiom wurde bereits (S. 81) anhand der Definition von propositionalem und illokutivem Akt in der Pragmalinguistik erläutert.

Im Interaktionstraining wird auf diesen Beziehungsaspekt besonders geachtet. Zum Beispiel: Wenn ein Teilnehmer zu einem anderen sagt: ,,Ich kann das nicht verstehen, was Du eben erklärt hast", dann wird durch den Gebrauch des Du und die Art (Intonation, Tonstärke etc.), mit der dies gesagt wird, ob man den anderen dabei anschaut oder nicht, der Beziehungsaspekt der Kommunikation mitbestimmt, der entscheidend den Inhalt der Aussage bzw. das Verständnis der Aussage beim Partner beeinflußt.

In einem Interaktionstraining kann ein Teilnehmer durch das Feedback erfahren, daß seine Kommunikation von den Gesprächspartnern hinsichtlich des Inhalts- und Beziehungsaspekts als widersprüchlich empfunden wird. So kann er z. B. die wortreichen Ausführungen seines Gegenübers nicht als wahr empfinden, sondern vielmehr als eine geschickte Methode, die Wahrheit zu verbergen. Wenn er dies nun dem betreffenden Teilnehmer sagt, so kann dieser daraus lernen, so zu kommunizieren, daß keine Diskrepanz zwischen Inhalts- und Beziehungsaspekt entsteht.

3. Die Natur einer Beziehung ist durch die Interpunktion der Kommunikationsabläufe seitens der Partner bedingt.

Mit Interpunktion ist die Tatsache gemeint, daß ein Stimulus eines Gesprächspartners bestimmte Reaktionen auf seiten des Hörers auslöst, die diesen wiederum zu einem weiteren Stimulus des Gesprächs veranlassen. Interpunktion ist also die wechselseitige Stimulierung des Gesprächs durch die Gesprächspartner.

Die Interpunktion kann im günstigen Fall zu einer gegenseitigen Bereicherung führen, im Konfliktfall aber zu einem *circulus vitiosus*, zu einer dauernden, ausweglos scheinenden psychischen Belastung. Wenn die Partner aber die Interpunktion ihrer Kommunikation durchschaut haben, dann sind sie auch fähig, eine Kommunikation willkürlich zu steuern, d. h. mit anderen Worten oder einem anderen Verhalten zu reagieren, das nicht durch die vorausgehende Kommunikation des Partners zwangsläufig vorherbestimmt ist. Ein Beispiel aus der Schule: Der Lehrer sagt den Schülern, daß er keinen Sinn in seinem Unterricht sieht, weil die Schüler kein Interesse an der Fremdsprache zeigen. Die Schüler geben dem Lehrer wiederum zu verstehen (non-verbal durch ihr Verhalten), daß sie kein Interesse an der Fremdsprache haben, weil sie den Lehrer und seinen Unterricht nicht mögen. Dies bestätigt wiederum die Resignation des Lehrers, wodurch die Schüler wiederum in ihrer Ablehnung verstärkt werden.

Solche endlosen circuli vitiosi sollen in einem Interaktionstraining durch das Einüben neuer Verhaltensweisen durchbrochen werden. So könnte dem Lehrer in der Diskussion mit seinen Kollegen im Rahmen des Seminars dieser Interpunktionsmechanismus klar gemacht werden. Dann könnte er im Rollenspiel einüben, wie er konstant Interesse an den Schülern und an seinem Unterricht zeigt, obwohl die Schüler ihm vorab weiterhin nur Desinteresse entgegenbringen.

Im Feedback-Geben und -Annehmen wird ähnliches geübt. Auf ein negatives Feedback ist die alltägliche, übliche Reaktion die Zurückweisung, meist in Form eines Gegenangriffs, indem man dem anderen auch sofort sagt, was einen an ihm stört. Im Interaktionstraining lernt man, hierauf nicht zu antworten oder dem anderen gegenüber einmal zu zeigen, welche Gefühle das

Feedback bei einem selbst ausgelöst hat. Durch solch neues Verhalten kann die Interpunktion unterbrochen werden.

4. *Menschliche Kommunikation bedient sich digitaler und analoger Kommunikationsformen.*

Mit „digitaler Kommunikationsform" ist die mehr eindeutige, meist auf einem sprachlichen Code beruhende Kommunikation gemeint, mit „analoger Kommunikation" kann ein Bildercode wie z. B. die Verkehrszeichen oder auch die Mimik, die Gestik, der Tonfall, Tränen usw. gemeint sein. Sämtliche non-verbale Interaktionsübungen und das Sensitivity-Training zielen darauf hin, den Teilnehmern die notwendige Verbindung zwischen digitaler und analoger Kommunikation bewußt zu machen. Hierbei soll vor allem die Wichtigkeit der analogen Kommunikation für eine semantisch eindeutige Kommunikation erkannt werden. Die digitale ist semantisch nämlich nicht immer eindeutig und bedarf deshalb in starkem Maße der Ergänzung durch die analoge. Kommunikationsstörungen wie das erwähnte „double-bind"-Phänomen sind bereits erwähnt worden (S. 82).

Wenn es beim Interaktionstraining in der Lehrerbildung um die Erarbeitung eines Erzieherverhaltens geht, das emotional den Schüler ermutigen und bestätigen soll, so muß der Lehrer lernen, daß bloße verbale Äußerungen als Scheinerklärungen aufgefaßt werden, wenn sie nicht durch die analoge Kommunikation bestätigt werden.

5. *Zwischenmenschliche Beziehungen sind entweder symmetrisch oder komplementär.*

Hiermit ist gemeint, daß Kommunikation entweder zwischen gleichgestellten Partnern oder zwischen einem Stärkeren und einem Schwächeren stattfindet. Ist nun eine Beziehung symmetrisch, so wird Härte mit Härte, Güte mit Güte beantwortet, ist sie komplementär, so wird Anmaßung mit Gewährung, Befehl mit Unterwerfung beantwortet.

In einem Interaktionstraining kann z. B. beobachtet werden, daß ein Gesprächsteilnehmer die Kommunikation dazu benutzt, um eine Machtposition aufzubauen. Dies gibt den anderen Teilnehmern Gelegenheit, hierauf so zu reagieren, daß eine symmetrische Kommunikation wiederhergestellt wird. Die Kommunikation zwischen Lehrer und Schüler ist im Ausgangspunkt komplementär. Im Interaktionstraining wird aber gezeigt, wie durch eine emotional fördernde, weniger kontrollierende und sozialintegrative Kommunikation mit dem Schüler dessen Mündigkeit und Selbstbestimmung gefördert werden kann, so daß es zu einer fast symmetrischen Beziehung kommt. Partnerzentriertes Gespräch mit Schülern (vgl. S. 77ff.) ist der konkrete Weg zu diesem Ziel.

3.7. Interaktionstraining in der Lerngruppe

Zu Beginn des Buches wurde gesagt, daß ein *interaktives* Lehrerverhalten dadurch zum Ausdruck kommt, daß der Lehrer die Schüler zur *Selbständigkeit* anregt, *interaktive Unterrichtsformen* praktiziert, eine positive *soziale Interaktion* fördert, die Schüler *ermutigt* und *Konflikte in der Lerngruppe* mit dem Ziel einer *Verbesserung der sozialen Interaktion* zu lösen versucht. In diesem Teil geht es vor allem um die letztgenannte Verhaltensform. Zweifellos ist sie am schwierigsten zu realisieren. Die folgenden Ausführungen sind sicherlich auch keine Rezepte, die in jedem Fall wirken werden. Wichtig ist, daß der Lehrer sich solcher Interaktionsprobleme überhaupt annimmt und sie nicht als alleiniges Problem der Schüler ansieht.

Ein wirkungsvolles Vorgehen ist nach wie vor das *Gespräch, das der Lehrer mit dem einzelnen Schüler führt.* Sobald aber beide Schüler mit dem Lehrer oder vor der Klasse über ihren Konflikt sprechen, verfallen sie in die übliche Verteidigungshaltung, die weder bei dem einen noch dem anderen eine Verhaltensänderung bewirkt. Aus diesem Grund werden hier geregelte Kommunikationsformen für den Dialog zwischen den Konfliktpartnern in und außerhalb der Klasse vorgeschlagen, in denen bewußt kein Raum für Verteidigungsreaktionen gegeben wird.

In vielen Schulklassen sind außerordentliche Spannungen vorhanden. Die Ursachen hierfür sind u. a. ebenso im Elternhaus wie in der bedrückenden Konkurrenzsituation in der Schule und in einem autokratischen Lehrerverhalten zu suchen. Zweifellos werden viele Eltern durch die Situation in der Schule, vor allem bei Mißerfolg ihrer Kinder, mitbeeinflußt und empfinden ähnliche Angst und Bedrückung wie ihre Kinder gegenüber den Lehrern. Da sie die Zusammenhänge nicht kennen und nicht wissen, welches das richtige, helfende Verhalten gegenüber ihren Kindern ist, verstärken sie auch noch im Elternhaus den Druck, dem die Schüler in der Schule ausgesetzt sind, meist durch mißbilligende und strafende Äußerungen. Selbstverständlich hat der Lehrer auf diese und andere, hier nicht genannte Ursachen, nur begrenzte Einflußmöglichkeiten. Nicht zu unterschätzen ist es aber, wenn er sich über die häuslichen Verhältnisse informiert (es gibt Lehrer, die die Eltern zu Hause aufsuchen, wenn diese nicht in die Schule kommen), wenn er soziale Faktoren zu einer nachsichtigeren Beurteilung der Schüler gelten läßt und vor allem im Gespräch die Eltern zu einem verständnisvollen und ermutigenden Verhalten gegenüber ihren Kindern veranlaßt.

Spannungen unter den Schülern können selbstverständlich auch trotz eines partnerzentrierten Lehrerverhaltens auftreten. Da der Lehrer oft von vielen Spannungen keine Ahnung hat, ist das Erstellen eines Soziogramms unerläßlich. Offen zeigen sich diese Spannungen in Beschimpfungen und handgreiflichen Streitereien, in verfeinerter Form in Sticheleien, in unsachlichen emotionalen Diskussionsbeiträgen und in Ablehnung eines Mitschülers, wenn es um Partner- oder Gruppenarbeit geht: „Dann arbeite ich überhaupt nicht mehr mit, wenn ich mit dem da zusammenarbeiten soll." Schwierig sind die Fälle, in denen Schüler unbedingt darauf bestehen, allein zu arbeiten und jede Form kooperativen Arbeitens ablehnen. Auf keinen Fall sollten sie zur Gruppenarbeit gezwungen werden. Sie dürfen weiterhin allein arbeiten, wenn auch alle übrigen Gruppen bilden. In manchen Fällen werden solche Schüler durch die Qualität der in den Gruppen geleisteten Arbeit davon überzeugt, daß auch sie von Gruppenarbeit profitieren könnten. Dieser Nachweis gelingt aber nicht immer, denn in vielen Fällen handelt es sich um sehr leistungsbewußte Schüler, die gerne den Erfolg ihrer Leistung nur für sich allein verbuchen wollen. Ihre Leistung wird in der Gruppe zwar anerkannt, sie haben aber oft ein falsches Bild davon, wie ihr Verhalten die affektive Einstellung ihrer Klassenkameraden ihnen gegenüber beeinflußt. Mit anderen Worten, sie haben hierüber niemals direktes Feedback erhalten, höchstens indirektes, indem sie z. B. zu Unrecht bezichtigt wurden oder indem die Gruppe sich über sie lustig machte, wenn es dazu Gelegenheit gab. Diese Schüler fühlen sich dann ungerecht behandelt, und ihre Haltung gegenüber den anderen verfestigt sich noch. Direktes Feedback würden sie dann erhalten, wenn ihnen die Mitschüler in der richtigen Form offen sagen könnten, was sie eigentlich an ihnen stört.

Zu einer solchen Aussprache muß der Lehrer die Gelegenheit schaffen, auch wenn die Zeit für den Fremdsprachenunterricht verlorengeht. Nur weiß der Lehrer in Konfliktfällen – sei es bei einem Lehrer-Schüler-Konflikt oder bei einem solchen unter Schülern – meist keinen anderen Weg als denjenigen, den er als Schüler selbst erfahren hat. Er ermahnt, warnt, straft oder spricht bestenfalls „väterlich" mit den Schülern oder der Schülergruppe insgesamt, ohne die soziale Interaktion einer Gruppe oder die Eigenverantwortung und Selbständigkeit des einzelnen zur Verhaltensänderung zu nutzen.

Der Lehrer, der ein Interaktionstraining miterlebt hat, wird sicherlich viele Möglichkeiten, die hier nicht genannt sind, selbst finden. Andererseits ist auch im Bereich des Verhaltens Transfer sehr schwierig. Aus diesem Grunde soll keine Vielzahl von Anregungen gegeben werden, sondern nur wenige gezielte Vorschläge, deren Wirksamkeit der Verfasser in der Praxis selbst erproben konnte. Sie sind auch Lösungsmöglichkeiten für den eingangs im zweiten Unterrichtsbeispiel geschilderten Konflikt.

„Der faire Streit"

Die Schüler, zwischen denen ein Konflikt besteht, sitzen sich gegenüber, die übrigen Schüler setzen sich in einem Kreis um sie. Der Lehrer erläutert, soweit er es für nötig hält, einige Feedback-Regeln. Die hier wichtigsten sind, daß beide „Parteien" diesem fairen Streit zugestimmt haben und bereit sind, die Argumente des anderen anzuhören. Weiterhin ist es wichtig, daß der Feedback-Geber nicht in Schimpfen und Anklagen ausbricht, sondern folgendes Vorgehen beachtet:

1. Er versucht, ein Verhalten zu beschreiben, das er an dem anderen positiv findet, also zuerst diesem ein *positives Feedback* zu geben. Falls dies nicht gelingt und die ganze Übung daran scheitern würde, kann auf diesen ersten Schritt verzichtet werden.

2. Er bemüht sich, das ihn störende Verhalten des anderen *so objektiv wie möglich zu beschreiben* und mit den Worten zu schließen: *„Ich wünsche mir, daß du . . ."* und beschreibt genau das Verhalten, das ihn nicht stören würde.

Der Feedback-Erhaltende äußert sich vorerst nicht zu dem Vorgebrachten oder stellt nur Fragen zum Verständnis. Er kann aber seine Gefühle äußern, wenn er über die Wirkung der Mitteilung auf sich sprechen möchte. Das Problem in jeder Kommunikation, gerade in einer Konfliktkommunikation, ist, daß der Partner die Kommunikation nicht richtig versteht, weil er nicht zuhört oder nur das hört, was er hören will bzw. was er in die Aussage des anderen hineininterpretiert. Deshalb sollte man erwägen, folgende Kommunikationskontrollen in den fairen Streit miteinzubeziehen:

„Kontrollierter Dialog": Der Feedback-erhaltende Gesprächspartner wiederholt die Aussagen des Feedback-Gebers und bekommt von diesem gesagt, ob er dessen Aussage richtig wiedergegeben hat bzw. dieser korrigiert die Wiedergabe seiner Aussage.

„Rollentausch": Anstelle eines kontrollierten Dialogs äußern die Partner ihre Argumente. Dann wechseln sie die Plätze und äußern nun in Ich-Form die Argumente des anderen – sie übernehmen also die Rolle des anderen und werden dadurch für dessen Lage stärker sensibilisiert. Anschließend äußern sie, wieder auf ihren alten Plätzen sitzend, ihre Wünsche an den Partner. Gegebenenfalls kann auch danach ein erneuter Rollentausch stattfinden.

In ähnlicher Form kann im „fairen Streit" dem kritisierten (Feedback-erhaltenden) Schüler sofort die Möglichkeit gegeben werden, nun seinerseits zu beschreiben, was er vom anderen wünscht. In den meisten Fällen ist es aber besser, wenn dies erst zu einem späteren Zeitpunkt geschieht, so daß das Feedback auf den Betreffenden wirken kann und dieser Gelegenheit bekommt, das Feedback zu verarbeiten. Hier ist nach der Einsicht der einzelnen zu entscheiden, ob er sofort, nach einer Stunde oder erst am anderen Tag dazu Gelegenheit bekommen soll, nun seinerseits Feedback zu geben.

„Stiller Zuhörer"

Diese Übung ist eine weitere Form der Konfliktverarbeitung.

Die Schüler, zwischen denen ein Konflikt besteht, sitzen sich gegenüber und sagen, was sie sich vom anderen wünschen. Dann begeben sie sich außerhalb des Kreises, und die Gruppe tauscht ihre Beobachtung über das Verhalten und über die Kommunikation dieser Schüler aus, ohne Lösungen vorzuschlagen.

Anschließend äußern die beiden Schüler ihre Empfindungen, die sie während des Gesprächs der Gruppe gehabt haben bzw. ihre augenblicklichen Gefühle. Wenn sie wollen, können sie anschließend Lösungen zu den Konflikten vorschlagen. Falls sie dies nicht tun, setzen sie sich wieder außerhalb des Kreises. Die im Kreis Sitzenden nennen nun möglichst spontan alle ihnen einfallenden Lösungsmöglichkeiten. Sie sollen nur als Anregungen für die „stillen Zuhörer" dienen. Danach äußern beide wieder ihre Empfindungen oder nennen nun Lösungen, die sie für akzeptabel halten. Diese Übung könnte der Lehrer z. B. zur Lösung des zu Anfang des Buches geschilderten Konflikts (vgl. S. 10) einsetzen.

Der „Stille Zuhörer" kann auch in veränderter Form in einem Fall, wie in dem oben geschilderten, eingesetzt werden, wenn ein Schüler sich bewußt in eine Außenseiterrolle begibt oder nicht bereit ist, sich an kooperativen Arbeitsformen zu beteiligen. Zuerst äußert er, allein in der Mitte des Kreises sitzend – die Sitzordnung ist als non-verbaler Einflußfaktor auf die Kommunikation ungemein wichtig – seine Argumente. Dann setzt er sich außerhalb des Kreises und hört zu, wie die Gruppe über seine Argumente diskutiert. Hierbei ist es außerordentlich wichtig, daß nicht nur Negatives gesagt wird, sondern auch positives Feedback gegeben wird. Äußerst wirksam ist es, wenn dann in einer zweiten Phase das Diskussionsthema gewählt wird „Wie stehe ich zu X, wenn *ich* mit ihm zusammenarbeite und er mir helfen würde?" Anschließend äußert sich der Betreffende zu seinen Empfindungen und zu den Aussagen seiner Mitschüler.

Der Lehrer hat zu entscheiden, ob möglicherweise durch eine Variante dieser Übung, durch den „Kalt-Heißen Stuhl" (vgl. S. 72) eine Belastung des Betreffenden vermieden werden kann. Wenn es sich um einen sehr sensiblen Schüler handelt – in den wenigsten Fällen ist das bei den willentlichen Einzelgängern der Fall, doch kann der Eindruck täuschen – soll dieser im Kreis sitzen bleiben und *selbst entscheiden,* von wievielen und von wem er – nachdem er seine Argumente vorgetragen hat – jeweils positives und – wenn nötig – negatives Feedback erhält.

Lob-Übungen

Eine letzte Übung soll hier noch angeführt werden, die das Klima in der Lerngruppe verbessern und besonders die sozialen Auswirkungen der Gruppenarbeit fördern kann. Am Ende einer Stunde versuchen die Schüler, sich gegenseitig *sachlich begründetes* Lob auszusprechen. In der Gesamtgruppe führt dies meist dazu, daß doch nur die guten Schüler gelobt werden. Trotzdem kann diese Übung einen positiven Einfluß haben, vor allem wenn der Lehrer sich in der Weise beteiligt, daß er die Schwächeren hierbei lobt. Mit der Zeit sollen die Schüler fähig sein, dieses Lob in der Fremdsprache auszudrücken.

In der Arbeitsgruppe hingegen kann man vereinbaren, daß nach der Gruppenarbeit ein jedes Gruppenmitglied einem anderen, nach Möglichkeit einem Mitglied der Kleingruppe, das noch kein Lob erhalten hat, ein sachlich begründetes Lob ausspricht. Anschließend formuliert die Gruppe für sich selbst ein lobendes Urteil über ihre Arbeit. Diese letzte Phase der Gruppenarbeit fördert ganz besonders den Zusammenhalt in der Gruppe, sicherlich um so mehr, je eher das Lob sachlich zu Recht ausgesprochen wurde.

Der eine oder andere Leser kann sich vielleicht nicht vorstellen, daß diese Interaktionsübungen eine Verhaltensänderung auf Dauer bewirken können. Vielleicht hatte er in seiner eigenen Sozialisation und in seinem Beruf erlebt, von welch durchschlagendem Erfolg ein „Machtwort" im richtigen Augenblick war. Sicherlich sind solche Augenblickserfolge eingetreten, und der Lehrer kann sich hierdurch auch Respekt und Ruhe verschaffen. Für die negativen Auswirkungen seines Verhaltens auf die Lerngruppe hält er sich aber nicht mehr für verantwortlich.

Ein anderer Leser, der etwas über Gruppendruck und soziale Interaktion Bescheid weiß, wird diese Vorschläge vielleicht für zu gefährlich halten, da der einzelne Schüler psychisch belastet werden könnte. Diese Bedenken sind durchaus gerechtfertigt. Jeder, der diese Vorschläge praktiziert, sollte genau auf die Einhaltung der Feedback-Regeln achten. Wenn er merkt, daß der „Faire Streit" in Beschuldigungen und Gegenbeschuldigungen ausufert, darf er diese Vorgehensweisen nur dann wiederholen, wenn die Schüler die Feedback-Regeln wirklich akzeptiert haben und auch anwenden können. Möglicherweise ist das Scheitern eines ersten Versuchs, wenn die Ursachen in der Gruppe geklärt werden, ein Weg zu diesem Ziel.

Der Lehrer braucht sich als Feedback-Geber nicht auszuschließen. Wenn er merkt, daß der Feedback-Erhaltende durch überwiegend negatives Feedback zu sehr belastet wird, sollte er sich etwas Positives überlegen. Gerade der Lehrerbeitrag kann ein Anfang dafür sein, daß auch andere Schüler dem Betreffenden positives Feedback geben. Weiterhin bleibt dem Lehrer die

Möglichkeit, unfreiwillige Außenseiter durch Anwendung der Verfahren zu integrieren, die in dem Abschnitt über Interaktionstraining in der Lehrerbildung dargestellt wurden (vgl. S. 68).

Alles das, was bisher zur Konfliktlösung gesagt wurde, ist nur dann gültig, wenn der Lehrer sich bei einem Konflikt mit einem oder mehreren Schülern genau in derselben Weise verhält, wie es hier für Konflikte unter den Schülern beschrieben wurde. Nur dadurch gewinnt dieses Vorgehen an Echtheit und Wirksamkeit. Dadurch, daß der Lehrer sich diesem Verfahren und seinen Regeln unterwirft, gewinnt er das Vertrauen seiner Schüler. Er muß dabei verstehen, seine Gefühle, auch gerade die positiven, gegenüber seinen Schülern zu äußern. Aber auch seine aggressiven Gefühle, wenn er durch das Verhalten der Schüler gestört wird, soll er offen nennen können, und zwar so, daß sie deutlich als *seine* Empfindungen und damit auch als *sein* Problem deutlich werden, das nicht ausschließlich als Schuld dem Schüler anzulasten ist. Dies kann der Lehrer im geschilderten Interaktionstraining lernen. Dort hat er auch die Möglichkeit, das partnerzentrierte Gespräch zu üben. In vielen Fällen erledigt der Lehrer die Konflikte mit einer Rüge oder einer Verwarnung vor der Klasse. So wirksam das Lob vor anderen ist, so zweifelhaft ist der Tadel vor anderen. Durch die soziale Bloßstellung erwachsen oft eher Gefühle der Schmach, des Aufbegehrens gegen vermeintliches Unrecht, der Aggressivität als der Entschluß, sein Verhalten zu ändern. Es ist wirkungsvoller, wenn der Lehrer, statt einer Rüge, eines Ordnungsstriches, eines Klassenbucheintrages oder was es sonst noch an Möglichkeiten der Maßregelung alles gibt, dem Schüler gegenüber den Wunsch (nicht die Drohung) äußert, mit ihm nach der Stunde zu sprechen. Wenn der Lehrer dann ein partnerzentriertes Gespräch (siehe S. 77 ff.) mit dem Schüler führt, dann bedeutet das, daß er *dem Schüler zuerst einmal Gelegenheit gibt, von seinen Schwierigkeiten zu sprechen.* Möglicherweise gibt ein solches Gespräch dem Lehrer einen solchen Einblick in die Lage des Schülers, daß er darauf verzichtet, diesem nun seine Gefühle und seine Störungen durch den Schüler zu nennen.

Durch ein solches Vorgehen erfüllt der Lehrer eine erzieherisch ungemein wichtige Aufgabe. Die Schüler lernen im praktischen Vollzug eine Möglichkeit, spätere Konflikte mit ihren engsten Sozialpartnern, mit Ehepartnern und Kindern, zu lösen, möglicherweise auch mit späteren Mitarbeitern, etwas, was die Schule bisher völlig versäumt hat. Sie lernen, selbständig Konflikte im sozialen Bereich zu bewältigen.

Der Erfolg der hier vorgeschlagenen Wege kann nicht mit Sicherheit vorausgesagt werden. Zu viele Faktoren spielen im zwischenmenschlichen Bereich mit, die für Erfolg oder Mißerfolg verantwortlich sein können. Sicher ist aber, daß der Erfolg der genannten Vorschläge nicht so sehr von den vorgeschlagenen oder akzeptierten Lösungen abhängt, sondern einfach von der erstaunli-

chen Wirkung, daß offen und direkt, nach Möglichkeit mit Vertrauen, *vor*
und *mit* der gesamten Schülergruppe und im Einzelgespräch über Probleme
des affektiven Bereichs partnerzentriert kommuniziert wird, was innerhalb
der sonst üblichen sozialen Interaktion in der Schule ein Novum ist.
Der letzte Vorschlag ist angesichts der großen Schülerzahlen nur sehr schwer
zu realisieren. Aus diesem Grunde sind vorher auch die Möglichkeiten zur
Erarbeitung von Konflikten zwischen Lehrern und Schülern genannt worden, die vor der gesamten Schülergruppe durchgeführt werden können. Aber
auch eine noch so große Schülerzahl entschuldigt nicht den Lehrer, der nur
selten oder niemals ein partnerzentriertes Gespräch mit seinen Schülern
führt. Wenn der Lehrer seine Freistunden dazu nutzt, den betreffenden Schüler freistellen zu lassen, versäumt dieser zwar eine Unterrichtsstunde, lernt
aber dafür Verhaltensformen, an die er sich sein Leben lang erinnern kann.

In der Fachliteratur zur Fremdsprachendidaktik wird ebenso wie in der fach-
didaktischen Ausbildung eine Frage völlig unbeachtet gelassen, die einen der
stärksten Konflikte im Schulunterricht überhaupt betrifft. Es handelt sich um
den Konflikt, der bei der Zensurenvergabe entsteht. Das Totschweigen der
Zensurenproblematik in der Ausbildung und in der Fachliteratur – ein Beispiel dafür ist das Buch „Kommunikation und Mitbestimmung im Fremdsprachenunterricht" (Dietrich, 1974, vgl. hierzu Schiffler, 1975) – findet seinen konkreten Niederschlag in der Diskrepanz zwischen Vorführ- und Ex-
amensstunden während der Ausbildung und der sonstigen Unterrichtspraxis.
Niemals würde es ein Lehrer in der Ausbildung wagen, im Beisein der Men-
toren das Notenbuch aufzuschlagen und die mündlichen Leistungen seiner
Schüler zu bewerten. Sobald aber dann dieselben Lehrer die Ausbildung beendet haben, greifen viele von ihnen zum Notenbuch als unentbehrliches Un-
terrichtsrequisit.
Das Problem ist nicht dadurch zu lösen, daß man Bewertungen allgemein ab-
schafft. Gesellschaftlich sind Abschlußprüfungen für Berufe und Ausbildun-
gen nötig. Es ist aber die Frage, ob während der Ausbildung die häufige Bewertung lernförderlich ist. Beier (zit. nach Rogers, 1973, S. 365) konnte
nachweisen, daß die bewertete Versuchsgruppe signifikant mehr Angst,
Starrheit und Desorganisation zeigte als die nichtzensierte Kontrollgruppe.
Anstelle der Bewertung von außen, ein Vorgang, durch den „das persönliche
Wachsen . . . eher gehindert und gehemmt als gefördert wird", tritt die Bewertung durch den Lernenden selbst. Dies heißt keineswegs, daß der Lehrer
den Schülern keine möglichst objektiven Unterlagen zur Selbstbewertung
verschaffen soll.
In der Praxis kann dies so aussehen: Es werden öfter anstelle der üblichen
Klassenarbeiten informelle Tests bzw. Standardarbeiten (vgl. Düwell u. a.,

1975; Kamratowski u. a., 1970; Schiffler u. a., 1977c; Wendeler, 1969) geschrieben. Im Gegensatz zu standardisierten Tests geben sie dem Lehrer wie dem Schüler die Möglichkeit, die Lernziele zu vereinbaren und die Überprüfungen danach auszurichten. Das Entwerfen von Items dieser Tests kann auch zum Unterrichtsthema gemacht werden, so daß die Schüler durch diese Mitwirkung das Gefühl der Selbstüberprüfung bekommen. Die Ergebnisse werden nicht in Zensuren umgewandelt, sondern jeder Schüler erhält eine genaue Information darüber, inwieweit er das Lernziel erreicht hat und welche Stellung seine Leistung in bezug auf die Gesamtleistung der Klasse hat. In derselben Weise können auch Hör-Tests zum Verständnis und zur Grammatik und Sprech-Tests für das Sprachlabor in Form von Frage- und Antwortbildungen und Antwort- und Fragebildungen entworfen werden. Jeder Test kann vom Schüler selbst oder jeweils von einem Mitschüler ausgewertet werden. In dieser Form erhält der Schüler möglichst oft Informationen über seine Lernfortschritte, ohne daß er zensiert wird. Wenn es dann um die Zeugnisse geht, dann soll der Schüler nicht nach weit zurückliegenden schwachen Leistungen beurteilt werden, sondern er darf bei seiner Selbstbeurteilung vor allem von seiner Endleistung ausgehen, falls ein Lernfortschritt sichtbar ist. Er selbst begründet – gegebenenfalls sogar schriftlich – vor der Klasse seine Selbsteinschätzung und die gewünschte Zensur. Falls der Lehrer sie nicht für gerechtfertigt hält, wird in einem „Fairen Streit" zwischen Lehrer und Schüler versucht, den Konflikt zu lösen. Wenn es auch dadurch nicht zu einer Übereinstimmung kommt und der Lehrer die Zensur gegen die Zustimmung des Schülers gibt, ist zumindest allen Beteiligten die Subjektivität und die pädagogische Problematik der Zensurengebung offenbar geworden, und der betreffende Schüler hatte die Möglichkeit, seine Ansichten darzulegen. Dieses Verfahren kostet sicherlich Mühe und pädagogisches Engagement. Bei der herkömmlichen Zensurengebung hatte der Lehrer es sicherlich leichter. Die Zensuren mußte der Schüler entweder als unabwendbares Schicksal empfinden, gegen das er nur versteckt aufbegehren konnte, oder der Lehrer fand ein ausgeklügeltes Berechnungssystem, mit dem er sich selbst und dem Schüler Objektivität vortäuschen konnte.

Eine bessere Lösung wäre der jährliche Einsatz eines tatsächlichen (standardisierten) Tests, falls seine Ergebnisse nur dazu dienten, die vorgesehenen Zeugnisnoten eventuell anzuheben. (Vgl. Schiffler u. a., 1977c.)

Der wesentliche soziale Aspekt der Zensurenproblematik ist der, daß dieses notwendige Übel zu einem guten Zweck ausgewertet werden muß. Interaktionsübungen in der Schulklasse haben das Ziel, wie schon gesagt, die gemeinsame Arbeit zu fördern. Wenn dies in Form der Gruppenarbeit gelingt, so ist diese Gruppenarbeit auch als gemeinsame Arbeit zu bewerten, die allen Beteiligten zugute kommt. Dieser Vorschlag widerspricht ganz und gar dem in unseren Schulen institutionalisierten Konkurrenzdenken und -verhalten. Aus diesem Grunde wird er auf großen Widerstand stoßen. Die Möglichkeit, daß hierdurch leistungsschwächere Schüler eine bessere Beurteilung erhalten und daß es vielleicht zu weniger mangelhafter Leistung mehr kommen könnte, wird für viele „Pädagogen" und Schulbürokraten als ein untragbarer Zustand angesehen werden statt als ein Zeichen für den Erfolg von Gruppenarbeit. Das sollte den Lehrer aber nicht davon abhalten, nach Verbesserungen der gegenwärtigen Zensurenpraxis zu suchen.

4. Interaktive Formen des Fremdsprachenunterrichts

4.1. Die Gestaltung des Kommunikationsnetzes

Die Untersuchungen von Leavitt zur Effektivität verschiedener Kommunikationsnetze und zu deren Auswirkungen auf die Zufriedenheit der Kommunikationsteilnehmer ergaben, daß der Kreis für die Teilnehmer zwar sozial am befriedigendsten ist, nicht aber die rationellste Form der Kommunikationsübermittlung ermöglicht. Aus diesem Grund ist es selbstverständlich gerechtfertigt, daß der Lehrer von einer für alle sichtbaren Stelle aus zu allen spricht. Je größer die Klasse ist, desto eher ist dies angebracht. Doch ist zumindest seit Leavitts Untersuchungen zu fragen, ob nicht zumindest in bestimmten Phasen des Unterrichts diese Form des Kommunikationsnetzes aus Gründen des Sozialklimas in der Klasse verändert werden muß. Die Folge, daß Schüler mehr sprechen, sobald der Lehrer nicht mehr der Zentralpunkt ist, über den alle Kommunikation läuft, kann in vielen Fällen beobachtet werden. Es ist jedoch durchaus möglich, daß ein Lehrer durch seinen lebendigen Unterricht die Schüler zu vielen sprachlichen Beiträgen stimuliert. So vorteilhaft zahlreiche sprachliche Äußerungen der Schüler auch für das Ziel der Kommunikationsfähigkeit sein mögen, so bleiben diese doch nur sprachliche Reaktionen auf die Lehrerimpulse. Ein *selbsttätiges, vom Lerner bestimmtes Kommunizieren* wird verhindert, wenn der Lehrer eine zentrale Stellung im Kommunikationsnetz einnimmt. Die non-verbale Kommunikationshaltung des Lehrers, nämlich seine Position vor der Klasse, ist ein ständiges Signal dafür, daß andere Reaktionen als die vom Lehrer hervorgerufenen gar nicht erwartet werden.

In den USA hat eine außerschulische Organisation dieses Dilemma erkannt und sozusagen einen „stummen" Fremdsprachenlehrer zum Prinzip ihrer Methode gemacht, die deshalb auch „The silent way" (Gattegno, 1963) genannt wird. Eine Gruppe von höchstens 10 Teilnehmern sitzt mit dem Lehrer um einen Tisch. Dieser demonstriert und korrigiert, indem er auf eine nach phonetischen Gesichtspunkten angeordnete Buchstabentafel deutet oder viele Klötzchen unterschiedlicher Länge und Farbe neben Bildern als Demonstrationsmaterial benutzt. Bei Neueinführungen spricht er höchstens einmal vor und läßt dann alle nachsprechen. Hierbei bestätigt er non-verbal denjenigen, der am besten nachgesprochen hat, besonders.

Bei dieser Methode ist der Lehrer zwar in allen Demonstrations- und Korrekturphasen der zentrale Kommunikationspartner, was sachlich durchaus gerechtfertigt ist. Doch hat diese Methode zwangsläufig einige positive Folgen für die Interaktion in der Lerngruppe.

Die Teilnehmer sitzen in einer face-to-face-Anordnung. Dadurch ist es möglich, daß jeder Teilnehmer von einer Sekunde zur anderen dieselbe zentrale Stellung innerhalb des Kommunikationsnetzes erhält, die der Lehrer gerade innehatte. Dadurch, daß der Lehrer nach Möglichkeit nicht spricht, ist er darauf angewiesen, seine Position mitsamt seinen Requisiten sobald als möglich an einen seiner *sprechenden* Schüler abzugeben. Dieser hat nun die Möglichkeit, mit Hilfe der Requisiten, vom Modell des Lehrers mehr oder weniger abweichend, zu sprechen. Da der Lehrer zum Schweigen verurteilt wird, bekommt der Schüler eine ganz andere Kommunikationsposition und äußert sich häufiger. Die Möglichkeit, daß er auch eigenständig neue sprachliche Varianten findet, ist so eher gegeben.

Eine weitere Folge ist, daß der zum Schweigen verpflichtete Lehrer nur nonverbal verstärken kann, d. h., er kann den Unterricht nicht mehr beliebig steuern, wie es ihm verbal möglich ist. Nur wenn der Schüler den Lehrer anschaut, ist es diesem möglich, durch Mimik und Gestik seine Zustimmung oder Ablehnung zu zeigen. Solange der Schüler seiner Sache sicher ist und sich auf seinen Partner konzentriert, kann er vom Lehrer weder unterbrochen noch korrigiert werden. Wenn er aber den Lehrer anschaut, dann ist er einerseits aufnahmebereit zur Korrektur, andererseits muß der Lehrer ihm eine positive Verstärkung zukommen lassen, falls der Schüler sich richtig geäußert hat. Ein freundliches zustimmendes Lächeln aber wirkt niemals stereotyp und schafft trotz der zahlreichen und sachlich nötigen Wiederholungen eine ermutigende Atmosphäre. So werden z. B. im suggestopädischen Unterricht die paralinguistischen Elemente gezielt zur Leistungssteigerung des Fremdsprachenunterrichts eingesetzt. (Vgl. Maslyko, 1973)

Der Nachteil dieser Methode des Schweigens, die in dieser Form im fortgeschrittenen Unterricht auch nicht beibehalten wird, liegt sicherlich in ihrer Verabsolutierung. Es ist ein Irrweg, wenn ein Lehrer gerade beim Erlernen der Phonetik den Mund hält und Schriftzeichen zur phonetischen Korrektur heranzieht. Ebenso ist ein sprachliches Eingreifen gerechtfertigt, sobald ein Fehler von der Gruppe nicht erkannt und systematisch eingeübt wird. Hierbei ist die Stimme des Lehrers und die Art der Verbesserung ungemein wichtig, um dem Schüler gerade bei einer so heiklen Sache wie der Nachahmung von fremden Lauten zu Beginn des Sprachunterrichts nicht den Mut zu nehmen. Das psychotherapeutische Lehrverfahren von Curran (1961, vgl. S. 22 ff.) ist hier wegweisend. Die Korrekturphonetik unter diesen psychologischen Gesichtspunkten ist von Schiffler (1977) genauer dargestellt worden.

In anderen Übungsphasen als der der Phonetik kann eine solche non-verbale Schweigehaltung des Lehrers sich aber in vielen Fällen durchaus als lernförderlich erweisen. Hiermit ist die Mehrzahl der interaktiven Unterrichtsformen gemeint, die im folgenden dargestellt werden sollen.

Die Veränderung des Kommunikationsnetzes in der Form, daß die Schüler nur untereinander kommunizieren, ist jedem Praktiker bekannt. Aber aufgrund zahlreicher Unterrichtsbeobachtungen, bei ausgebildeten Lehrern und bei solchen in der Ausbildung, hat der Verfasser den Eindruck gewonnen, daß es den meisten Lehrern ungemein schwer fällt, „die Zügel aus der Hand" und in die der Schüler zu geben. Viele Lehrer wollen unbedingt *vor* der Klasse stehen, vor der Klasse *selbst* agieren und gestatten fast nie, daß eine Kommunikation nicht über sie läuft. Auch bei Übungen im Lehrbuch, die nacheinander erledigt werden, ist es oft noch nicht üblich, daß die Schüler sich gegenseitig aufrufen. Bei Korrekturen kommt es selten vor, daß der zu korrigierende Schüler selbst den Mitschüler aufruft, der ihn korrigieren soll, sei es ohne oder mit Anstoß des Lehrers. Der Lehrer steht als Zentralfigur allen Geschehens, als „unersetzlicher" Steuermann aller Impulse vor der Klasse und gibt solch „wichtige" Äußerungen von sich wie „George, la prochaine phrase" bzw. „Bill, next sentence, please" oder „Who can correct Mary?"

Solange die äußere non-verbale Kommunikationssituation von Lehrer und Schüler nicht geändert wird, wird dieser „Ritus" auch bei Lehrern, die theoretisch durchaus schüler- und partnerzentriertes Arbeiten bejahen, fortbestehen.

Nötige Abänderungen hinsichtlich des Kommunikationsnetzes wären:

1. Der Lehrer *setzt* sich *hinter* die Klasse oder *unter* die Schüler.
2. Die Schüler setzen sich so, daß sie sich gegenseitig anschauen können (face-to-face-group).

Die günstigste Form ist der Dreiviertelkreis, der zur Tafel oder zur Projektionswand hin offen ist und jederzeit zum Kreis geschlossen werden kann. Die stereotypen Gegenargumente vieler Lehrer gegen diesen Vorschlag wie auch gegen den Vorschlag der Gruppenarbeit sind „Die Klasse ist hierfür zu groß" oder „Der Raum ist hierfür nicht geeignet".

Wenn ein Raum groß genug ist, um alle Schüler zu fassen, ist auch eine Anordnung in konzentrischen Dreiviertelkreisen oder in Gruppen möglich. Sogar wenn die Bänke fest installiert sind, ist es möglich, daß der Lehrer sich unter die Schüler setzt. Diese Argumente beruhen meist auf der Angst, die Kontrolle über die Klasse zu verlieren oder nicht mehr die gebührende Autorität von seiten der Klasse zu erhalten.

Die Praxis zeigt, daß es trotzdem noch vielen Lehrern gelingt, auch bei veränderter Sitzordnung den gewohnten lehrerzentrierten Stil weiterhin zu praktizieren. Möglicherweise würde es manchen sogar gelingen, auch hinter der Klasse als unsichtbare Autorität im selben Stil weiter zu unterrichten, wie sie es von ihrem Platz vor der Klasse vorher getan haben.

Die Änderungen der Kommunikationssituation sind nur die unabdingbare Voraussetzung zur Schaffung eines schülerzentrierten Kommunikationsnetzes, das seinerseits wiederum nur in Verbindung mit einem entsprechenden *Lehrerstil* wirksam ist. Der Lehrer erfüllt seine Aufgabe dann am besten, wenn er bei der Vorbereitung zur Stunde eine Antwort auf die Frage findet: „Wie gestalte ich den Unterricht so, daß die Schüler das Lernziel *selbst* erreichen?", statt sich die Frage zu stellen: „Wie führe *ich* die Schüler zum Lernziel?"

Diese Bedingung ist verhältnismäßig leicht zu realisieren. Nehmen wir ein traditionelles Lehrbuch mit grammatischen Regelerklärungen, wie sie auch im Gymnasium meist nur von den besten Schülern – wenn überhaupt – ohne Hilfe des Lehrers verstanden werden. Die Klasse bekommt kurz Gelegenheit, diese Erklärung zu lesen und sich zur Absicherung des Verständnisses darüber im Partnergespräch zu unterhalten. Dann stellen die Schüler Fragen, aber nicht mehr an den Lehrer, der von der vorderen Bildfläche verschwunden ist, sondern an die gesamte Klasse. Die Mitschüler fühlen sich angesprochen, und einige sind auch meist in der Lage, die Regel zu erläutern. Folgen dann die im Buch aufgezeichneten Grammatikübungen, so rufen sich die Schüler gegenseitig auf und fühlen sich viel eher verpflichtet, ihren Mitschülern durch eine Korrektur zu helfen, wenn der Lehrer nicht mehr vorne steht. In einem konsequent schülerzentrierten Unterricht kann der Lehrer ohne viel Aufhebens hinausgehen, und die Schüler arbeiten weiter, weil sie es gelernt haben, selbständig zu lernen. Wenn dies gelingt, hat der Lehrer ein wesentliches erzieherisches Ziel, möglicherweise sogar das wesentlichste, erreicht.

Falls ein Overhead-Projektor zur Verfügung steht oder audio-visuelle Medien, sind die Möglichkeiten zu dieser Art von Unterricht noch viel größer. Zahlreiche andere Beispiele und Anregungen für einen solchen schülerzentrierten Unterricht mit audio-visuellen Medien hat der Verfasser in seinem Buch über den audio-visuellen Fremdsprachenunterricht gegeben (Schiffler, 1976, S. 87–110), weshalb hier nicht näher darauf eingegangen wird, und nur die Beispiele, die zur Gruppenarbeit gehören, werden in Kapitel 5 wieder aufgegriffen.

Nicht nur die Veränderung des Kommunikationsnetzes, sondern auch die Veränderung des Kommunikationsraumes kann einen günstigen Einfluß auf die Interaktion in der Lerngruppe haben. So legt man im suggestopädischen Unterricht, wie eingangs dargestellt wurde (vgl. S. 29 f.), großen Wert auf die

Ausgestaltung des Sprachlehrraumes. Dieser soll so ausgestattet sein, daß er nach Möglichkeit eher an einen Wohnraum als an ein Klassenzimmer erinnert.

Die weitestgehenden Vorschläge zur lernfördernden Gestaltung des Sprachlehrraumes hat Moskowitz (1978) für ihre „humanistische" Sprachmethode gemacht. Die Schüler malten bunte Posters mit „humanistischen" Sentenzen wie „The only way to have a friend is to be one" (R. W. Emerson), „Le sourire est le plus court chemin entre deux personnes" usw. Im Anhang ihres Buches finden sich 66 solcher Sentenzen in sieben Sprachen. Ebenso werden glückliche Gefühle und Erinnerungen nicht nur in der Fremdsprache ausgedrückt, sondern auch in Bildern dargestellt. Vor und nach der Stunde wird Musik gespielt.

In der augenblicklichen Schulsituation ist dies nur in Ausnahmefällen zu realisieren. Doch könnte man in Ansätzen versuchen, jeden Schulraum in diese Richtung hin zu verändern, ganz abgesehen von der selbstverständlichen Forderung, den Sprachunterricht in Schulen in *Fremdsprachenräumen* zu erteilen, in denen durch Informationen über das Zielsprachenland eine lernfördernde Atmosphäre geschaffen wird.

4.2. Mitbestimmung und Selbstbestimmung

Mitbestimmung im Unterricht ist im Fremdsprachenunterricht schon von Anfang an möglich, obwohl dies auf den ersten Blick unwahrscheinlich anmutet; in keinem anderen Fach scheinen die Schüler am Anfang – aufgrund ihrer Unkenntnis der Fremdsprache – so wenig mitspracheberechtigt zu sein. I. Arnold (1971) hat den Versuch unternommen, die Schüler von Anfang an inhaltlich mitbestimmen zu lassen. Diese bestimmten selbst die Situationen (z. B. Eis essen, nach dem Weg fragen usw.), in denen sie glaubten, später Französisch gebrauchen zu können. Zu diesen Situationen entwickelte die Lehrerin selbst fünf Dialoge. Weiterhin durften die Schüler über die Reihenfolge der Dialogbehandlung und die methodischen Unterrichtsphasen wie szenisches Lesen, Spiel, Grammatikerklärung, Diktat usw. bestimmen. Obwohl über die Weiterführung dieser Mitbestimmung nach dem siebenwöchigen Versuch nichts gesagt ist, sollte die positive Schülerreaktion auf diesen Versuch nicht zu gering eingeschätzt werden. Der Versuch hat zwar den schwerwiegenden Nachteil, daß sorgfältig ausgearbeitete, mit vielfältigen Übungsmöglichkeiten ausgestattete Kurse, die mit Hilfe von visuellen und auditiven Medien nicht nur den Schüler motivieren können, sondern ihm auch beachtliche Lernhilfen geben, durch ein mehr oder minder gut ausgearbeitetes Lehrermaterial ersetzt werden, in dem auch Fehler nicht auszuschließen sind.

Ohnehin bieten gut ausgearbeitete Anfangsmaterialien in vielen Fällen die Situationen, die die Schüler sich für einen Auslandsaufenthalt wünschen. Hinsichtlich des Lehrmaterials stellt dieser Versuch sicherlich keinen Fortschritt dar. Wohl aber ist er als Fortschritt hinsichtlich des methodischen Vorgehens zu erachten, insofern nämlich als der Lehrer den Schülern vielfältige Übungsmöglichkeiten anbietet und die Schüler – je nach Interesse und Selbstbeurteilung ihrer Leistung bzw. ihrer Leistungsrückstände – bestimmen dürfen, was und wie sie lernen. Wenn viele Lehrer die Einsicht, daß motiviertes Lernen zu größerem Erfolg führt, tatsächlich ernst nähmen, dürfte diese Form der Mitbestimmung nicht länger die Ausnahme bleiben. Manche Lehrer würden sich dann aber wundern, daß hierdurch ein Unterricht entsteht, der gar nicht mehr in ihr methodisches Konzept paßt. So würde wahrscheinlich die Mehrzahl der Schüler einen Unterricht, in dem klar voneinander getrennt einsprachige Phasen neben bilingualen Semantisierungs- und Übungsphasen vorkämen, vorziehen (vgl. Dietrich, 1973). Solche Schülerinteressen sind legitim und sollten ernst genommen werden. Andererseits muß der Lehrer den Schülern klarmachen, daß sie sich nur an dem orientieren können, was sie selbst kennen. Aus diesem Grund müßten sie auch akzeptieren, das neue Konzept eines Lehrers erst während einer bestimmten Zeit kennenzulernen, bevor der Lehrer und die Schüler sich über Fragen des methodischen Vorgehens einigen. Den einsprachigen Fremdsprachenunterricht, vor allem wenn er nicht mit motivierenden audio-visuellen Medien arbeitet, würden sicherlich viele Schüler von vornherein ablehnen, wenn sie vorher nur einen traditionellen Übersetzungs-Grammatik-Unterricht kennengelernt haben.

Weiterhin sollte sich die Mitsprache der Schüler auf Art und Umfang der Hausaufgaben erstrecken. In vielen Fällen werden die Schüler für weniger Aufgaben plädieren. Dies muß nicht immer ein Nachteil sein. Oft überschätzen nämlich die Lehrer die Zeit, die die Schüler zur Erledigung einer Aufgabe brauchen. Die Folge ist dann, daß die Schüler die Aufgaben voneinander abschreiben. Wenn die Aufgabe hingegen zwischen Lehrer und Klasse abgesprochen wird, fühlen sich die Schüler eher verpflichtet, diese dann auch tatsächlich selbst zu machen.

Schon im zweiten Jahr des Anfangsunterrichts kann der Lehrer beginnen, den Schülern ein Mitbestimmungsrecht hinsichtlich der Inhalte einzuräumen. Hierzu ist aber von seiner Seite eine entsprechende Information nötig, die zur Auswahl von mehreren Alternativen führen soll. So können Lehrer und Schüler zusammen beraten, welche Kürzungen in einem Lehrbuch vorgenommen werden sollen, ob zusätzlich ein fremdsprachiges Comic-Heft, eine

101

leichte Lektüre oder eine der Sprachzeitschriften gelesen werden soll. Sicherlich kann der Lehrer dies alles auch sehr kompetent allein entscheiden, für die weitere Motivation am Unterricht kann aber eine solche Mitbestimmung ausschlaggebend sein.

Mitbestimmung und Selbständigkeit werden auch dadurch erreicht, daß der Lehrer die Schüler grundsätzlich am Ende einer jeden Unterrichtseinheit dazu auffordert, zum Inhalt der „Lehr- und Lesestücke" kritisch Stellung zu nehmen, Klischeedarstellungen, soziale Abhängigkeiten der Personen, des Autors und des Inhaltes zu erkennen und die Frage zu stellen: „Welches Interesse bzw. wessen Interesse drückt dieser Inhalt aus?" Bei Sachtexten gehören diese Fragen eigentlich zu jeder Interpretation. Weniger selbstverständlich ist es, daß sie auch schon im Anfangsunterricht zu Inhalten der Lehrbuchlektionen gestellt werden können. Der Verfasser hat hierfür an anderer Stelle (Schiffler, 1976, S. 108 ff.) Beispiele aus der Schulpraxis geschildert. Die intakte Familie ohne Konflikte, das rollenkonforme Verhalten der Personen, vor allen von Frauen und Kindern, die gesicherte und problemlose Existenz aller sind Schilderungen, wie sie in den meisten Lehrbüchern vorkommen. Sie geben genügend Anlaß zur Kritik. Die Schüler zu befähigen, diese Kritik – am Anfang erst auf deutsch und dann mit Hilfe des Lehrers in der Fremdsprache, später sofort in der Fremdsprache – äußern zu können, ist ein zentrales Moment des interaktiven Fremdsprachenunterrichts.

Dasselbe trifft zu, wenn der Lehrer sich bemüht, die Schüler zu befähigen, ihre Kritik an seinem Unterricht, an ihm als Person und an ihren Mitschülern in der Mutter- oder in der Fremdsprache zu äußern. Hierauf wurde bereits früher (S. 76 f., 88 ff.) näher eingegangen.

Sobald dann im fortgeschrittenen Unterricht fiktionale oder nichtfiktionale Texte gelesen werden, ist die inhaltliche Mitentscheidung der Schüler eigentlich selbstverständlich, obwohl auch hier die Vorinformation durch den Lehrer unentbehrlich bleibt. Wie der Lektüreunterricht interaktiv gestaltet werden kann, wird später noch gezeigt.

I. Dietrich (1974, S. 220 f.) hat vorgeschlagen, wie eine solche Mitbestimmung bei Sachthemen erfolgen könnte. Die Schüler wählen ein Thema wie zum Beispiel „la drogue" aus, erarbeiten anhand mehrerer Texte das Spezialvokabular zum betreffenden Thema und behandeln gemeinsam zwei Texte mit möglichst gegensätzlichen Standpunkten, die zu persönlichen Stellungnahmen und Diskussionen führen können. Eventuell kann auch das erörterte Problem zur Ausarbeitung eines Rollenspiels führen, das, sofern es gespielt wird und persönliche Probleme aus dem Leben der Schüler betrifft, therapeutischen Effekt haben könnte. Mitbestimmung bis zu dieser Konsequenz ist zweifellos eine selten zu erreichende hohe Stufe eines interaktiven Fremdsprachenunterrichts.

Die Schüler in der Gestaltung des Unterrichts mitbestimmen zu lassen, ihnen aber die Mitbestimmung zu verweigern, sobald es um die Bewertung ihrer Leistung geht, wäre paradox. Dieses Problem ist schon (vgl. S. 93 ff.) ausführlich erörtert worden. Wesentlich hierbei ist aber, daß durch informelle lernzielorientierte Tests objektivere Bewertungsgrundlagen als bisher geschaffen werden. Diese müßten nicht unbedingt jedesmal zu einer Note führen, wie Zensurengebung überhaupt nach Möglichkeit auf die unvermeidbare Zeugnisnote beschränkt bleiben sollte. Viele informelle Tests können aber Schüler, Eltern und Lehrer über den Lernfortschritt jedes einzelnen und seine Stellung innerhalb der Lerngruppe informieren. Die informellen Tests dürfen aber nicht dazu führen, daß die Lehrer sklavisch an ein bestimmtes Lehrpensum gebunden sind, das sie im Gleichschritt mit anderen Klassen erfüllen müssen, wie dies leider an manchen Schulen praktiziert wird. Wenn die Tests nicht an bestimmten Lernzielen orientiert sind, die inhaltlich und hinsichtlich der dafür vorgesehenen Lernzeit mit der Lerngruppe abgesprochen werden, dann wird jegliche interaktive Form des Unterrichts unmöglich gemacht und nicht nur den Schülern, sondern auch dem Lehrer jegliche Selbstbestimmung genommen.

Das, was zählt, ist die Leistung am Ende eines Halbjahres. Wenn die Endüberprüfung dann schlechter ausfällt als die Überprüfungen während des Halbjahres, sollten diese entsprechend zugunsten des Schülers berücksichtigt werden. Bei der Halbjahreszensur sollen die Schüler ausführlich Gelegenheit bekommen, bei der Notenfindung mitzusprechen. Wollte ein Lehrer, der jede Stunde mündliche Noten in seinem Büchlein einträgt, Mitspracherecht in dieser Form einräumen, käme er sicherlich vor lauter Diskussionen nicht mehr zum Unterrichten. Das ständige Benoten in jeder Unterrichtsstunde führt ebenso zu dauernden Angstgefühlen und häufig auch zu Entmutigung, wenn sich die Schüler ungerecht beurteilt fühlen. Manche Lehrer wählen als Ausweg, daß sie in jeder Stunde für jede Leistung Pluspunkte verteilen. Zweifellos sind die Schüler von einem solchen Verfahren sehr angetan. Das individuelle Lob und die Anerkennung vor der Klasse kann aber möglicherweise dieselbe, vielleicht sogar noch eine größere Verstärkung darstellen. Das Verteilen von Pluspunkten bleibt nicht ohne negative Begleiterscheinungen, die das Verhältnis untereinander und zwischen Lehrer und Schüler beeinträchtigen können. Beschwerden wie „Warum habe ich heute keinen Pluspunkt bekommen?" – „Warum bin ich nicht drangekommen?" oder „Ich habe doch das ganze Stück gespielt, und die Karoline hat für nur eine einzige Antwort schon ein Plus gekriegt" werden vorgebracht. Ständige Benotung hingegen wird von den Schülern meist als selbstverständlich angesehen. Manche Lehrer berichten von den positiven Auswirkungen ihrer Zensurenpraxis und führen an, daß es ohne diese sowieso nicht gehe. Lehrer wie Schüler nehmen dann auch die Konkurrenzsituation und sogar das gespannte Verhältnis der Schüler untereinander und zum Lehrer, das bis zum Haß auf die Lehrer und die Fremdsprache gehen kann, als unvermeidbar hin. Interaktives Arbeiten scheint dann Utopie und ist es auch sicherlich unter solchen Bedingungen.

Mitbestimmung im Unterricht impliziert Selbstbestimmung und Selbsttun. Im Fremdsprachenunterricht sind diesen Zielen meist durch die unvollkommene Kenntnis der Fremdsprache Grenzen gesetzt. Durch die Gruppenarbeit werden diese Grenzen oft beträchtlich erweitert. Methodisch wird im Unterricht üblicherweise das kreative Selbsttun der Schüler auf die Anwendungsphase, in der das Gelernte in Form des Transfers in ähnlichen Situationen angewendet werden soll, beschränkt. Im folgenden, vor allem bei den Interaktionsspielen, wird gezeigt, daß auch in Anfangs- und Übungsphasen das kreative Selbsttun der Schüler im Vordergrund stehen kann.

Daß die Mitbestimmung im fortgeschrittenen Unterricht mit beträchtlichem Erfolg zu einer durchgehenden Selbstbestimmung und Selbsttätigkeit führen kann, hat Kaufmann (1977) in einem Schulversuch gezeigt. Dieser Versuch ergab sich beinahe zufällig, als zwei Klassen zu Anfang der Oberstufe im 5. Lernjahr Französisch einen grammatikorientierten Vertretungslehrer erhielten und bei der Rückkehr ihres Lehrers den gruppenorientierten Unterricht wieder aufnahmen. Die unterschiedlichen Wünsche der Schüler hinsichtlich der Unterrichtsmethode führten dazu, daß der Lehrer sich entschloß, die Prinzipien des „Lernens in Freiheit" von Rogers (1974) in seinem Unterricht zu realisieren. Die Freiheit bezog sich hierbei vor allem auf die Methode des Lernens, denn inhaltlich waren das Programm (ein Lehrbuch) und die Zahl und Form der Lernzielkontrollen festgelegt. Außerdem wurde vereinbart, daß nur französisch gesprochen wurde und die jeweils von einem Schüler vorbereiteten Hausaufgaben gemacht wurden. Während acht Monate entschieden die Schüler selbst, ob sie Bücher, Zeitungen oder Lehrbuch lasen oder ob sie sich Tonbänder oder Schallplatten anhörten. Der Lehrer wurde zur „Service-Station" für die Ausleihe von Medien und zur Auskunftsstation. So mußte er gelegentlich selbst im Wörterbuch nachschlagen oder verstand einen Tonbandtext nicht sofort. Die Schüler arbeiteten in auffallend häufigem Wechsel einzeln, zu zweit oder in Gruppen. Der kaum vermeidbare Lärmpegel störte sie nicht. Ob der Lehrer oder die zahlreichen Besucher anwesend waren oder nicht, wirkte sich nicht auf ihre Arbeit aus.

In der schriftlichen Befragung äußerten ca. 90% der Schüler, daß sie diese Unterrichtsform als angenehm und erfolgreich empfanden, daß sie sich von den Kameraden und vom Lehrer akzeptiert fühlten, daß dieser Unterricht die Zusammenarbeit und die Selbständigkeit und Kontaktfähigkeit fördere und daß der Lehrer sich verständlich ausgedrückt habe. Ca. 65% hatten den Eindruck, daß sie selbst etwas zum Unterrichtsgeschehen beigetragen, daß die Klasse gut mitgearbeitet habe, daß der Lehrer auf Schwierigkeiten eingegangen sei und glaubwürdig persönlich Stellung genommen habe. In ihren freien Stellungnahmen erwähnten Schüler, daß Französisch für sie zum liebsten Fach geworden sei, nachdem es ihnen „zu den Ohren hinausgelaufen" war und daß ihre Hemmungen zu sprechen abgebaut worden seien.

Der Lehrer äußerte, daß die mündliche Kommunikationsfähigkeit so gefördert worden sei, daß es „alles in den Schatten (stelle), was (er) bei traditionellen Unterrichtsweisen je erreicht (habe)" (S. 235). Eine geringfügige Vernachlässigung der schriftlichen Fertigkeiten müsse aber in Kauf genommen werden. Die Schüler teilten diese Meinung: Fast alle hielten dafür, daß das Hörverständnis und der mündliche Ausdruck auch in einem solchen Unterricht besonders gefördert würden, während sie glaubten, daß Grammatik und schriftlicher Ausdruck in einem traditionellen Unterricht besser gelernt würden. Diese Ergebnisse müssen aber auch im Zusammenhang mit den Überprüfungen gesehen werden, die von der in unseren Schulen sonst leider üblichen Form beträchtlich abwichen. Sie bestanden z. B. aus Hörverständnisübungen vom Tonband oder aus auf Tonband gespeichertem Partnergespräch über gegebene Themen.

Ein solcher lernerbestimmter kommunikativer Unterricht, den der betreffende Lehrer nur Kollegen ohne Disziplinschwierigkeiten empfiehlt, ist ein interaktives Verfahren par excellence, das sich in dieser Form aber eher im fortgeschrittenen Unterricht realisieren läßt. Der Verwirklichung steht aber meist der Lehrer selbst im Weg. Es fällt ihm schwer, den zeitweisen Leerlauf einiger Schüler mit anzusehen. Dem Lehrer dieses Versuchs gelang diese „große Beherrschung", indem er sich vor Augen hielt, daß es einigen Schülern in seinem früheren Unterricht auch gelungen sei, die Französischstunden teilweise zu verträumen.

4.3. Der Lehrer als Ghostspeaker

Eine der größten Schwierigkeiten bei der Gestaltung eines interaktiven Fremdsprachenunterrichts ist sicherlich die Tatsache, daß die Schüler untereinander in einer Sprache kommunizieren sollen, die sie erlernen und somit meist noch sehr unvollkommen beherrschen. Wenn es dem Lehrer tatsächlich gelingt, die Schüler zur Kommunikation untereinander zu bewegen, dann wird ihnen die große Diskrepanz zwischen ihrer muttersprachlichen und ihrer fremdsprachlichen Kompetenz bewußt. Der einzige Ausweg ist meist, daß sie sich auf deutsch äußern. Gestattet der Lehrer ihnen dies nicht, dann wird ihnen jegliche Motivation zum Sprechen genommen.

Das von Curran (1961) praktizierte Verfahren, dem es vorrangig psychotherapeutisch um die Vermeidung der Unsicherheitsgefühle des Sprachanfängers ging (vgl. S. 22 ff.), läßt sich auch ohne besondere psychotherapeutische Ausbildung gerade im Fortgeschrittenen-Unterricht anwenden.

Damit soll aber nicht gesagt werden, daß dieses Verfahren, das im folgenden als „Ghostspeaker" bezeichnet wird, nicht auch ein Weg ist, die starken Hemmungen abzubauen, die es bei einer Kommunikation in der Fremdsprache zu überwinden gilt. Wicke (1978) schildert in begrüßenswerter Offenheit, daß es zwar in Anfangs- und Gymnasialklassen, nicht aber in Realschul- und Volkshochschulklassen gelang, die Lerner zur Verwendung der ihnen vorgegebenen einfachen Redemittel zum Zweck eines einsprachig durchgeführten Fremdsprachenunterrichts zu bringen. Sie konnten nach eigener Aussage „ihre starken Hemmungen und Sprachängste nicht überwinden" (S. 91).

Das Verfahren „Ghostspeaker" besteht darin, daß die Schüler, die nach Möglichkeit in einer face-to-face-group, am besten in einem Kreis sitzend, miteinander kommunizieren und der Lehrer sich außerhalb dieses Kreises befindet. Durch diese non-verbale Anordnung wird deutlich, daß der Lehrer während dieser Phase keinen Einfluß mehr auf den Inhalt des Gruppengesprächs hat. Jeder Schüler kann nun dem Lehrer ein Zeichen geben, worauf dieser sich hinter ihn setzt. Der Schüler teilt dem Lehrer mit, was er in der Fremdsprache sagen möchte, oder er bittet um Übersetzung einer bestimmten Vokabel usw. Dies kann je nach Situation leise oder laut geschehen, daß die Mitschüler über den Inhalt informiert sind. Zwar hat hier der Lehrer die Aufgabe, die Mitteilungen der Schüler zu übersetzen, doch hat er keineswegs die Rolle des Dolmetschers; denn in jedem Fall ist es der Lerner, der selbst nach der Hilfe durch den Lehrer die Mitteilung in der Fremdsprache äußern muß. Er bleibt der eigentliche Kommunikationspartner seiner Mitschüler. Korrekturen sollte der Lehrer in dieser Phase nur als Sprechhilfe, nicht als Unterbrechung des Kommunikationsflusses geben. In einer späteren Phase kann er dem Schüler seine Korrekturen mitteilen.

Für Diskussionen im fortgeschrittenen Unterricht bietet sich der „Ghostspeaker" als besondere Hilfe für diejenigen an, die als Leistungsschwächere und Introvertierte in einem solchen Unterricht oft „überfahren" werden. Um diese Schüler tatsächlich zum Zuge kommen zu lassen, läßt der Lehrer sie einen Kreis bilden, dem er als „Ghostspeaker" zur Verfügung steht. Die übrigen Schüler bilden einen weiteren konzentrischen Kreis um ihre Mitschüler, protokollieren die Diskussion und nehmen anschließend zum interaktiven Ablauf der Diskussion und zu ihrem Inhalt Stellung.

Eine ähnliche Funktion wie die des „Ghostspeaker" haben die beiden Lehrer, die die Rolle des „Double" in der Methode der „Expression spontanée" (vgl. S. 33 ff.) spielen. Dort erfaßt der Lehrer die Sprechintentionen der Schüler und spricht ihm die Äußerungen vor. Brüggemann u. a. (1977) haben diese Methode aufgegriffen und für die Praxis ihrer Erwachsenensprachkurse umgestaltet. Hierbei dachten sich zwei Teilnehmer einen Alltagsdialog aus, z. B. „jemanden nach der Uhrzeit fragen", und stellten ihn pantomimisch dar. Anschließend imitierten die beiden Lehrer die Pantomime der Schüler, indem sie sich hinter diese stellten. Während der mehrmaligen Wiederholung brachten sie allmählich die sprachlichen Äußerungen mit ein, die von den spielenden Schülern zunächst bruchstückhaft, dann progressiv, von der Intonation ausgehend, übernommen wurden. Mehrmals – auf Wunsch der Schüler – erfolgte ein Wechsel der Doubles, d. h. die Schüler spielten nun als „Schatten" hinter den Lehrern und sprachen nach, um dann wieder die führende Rolle zu übernehmen. Zuletzt stellte sich jeweils ein weiterer Schüler hinter den soufflierenden und korrigierenden Lehrer, sozusagen als zweites Echo. Mit der gesamten Lerngruppe (nur 9 Schüler) wurde dann der Dialog aus dem Gedächtnis rekonstruiert und später dem Lehrer an die Tafel diktiert, während alle mitschrieben. In den folgenden Stunden wurde der Dialog den Bedürfnissen der Schüler entsprechend lexikalisch erweitert und grammatisch-strukturell erklärt. Am Ende des Kurses lag ein selbsterarbeitetes Lehrbuch vor. Dieser Unterricht in „Idealsituation" wurde auch dadurch begünstigt, daß beide Lehrer Muttersprachler waren.

In Verbindung mit dem Verfahren des „Ghostspeaker" werden die meisten der geschilderten interaktiven Verfahren auch in leistungsschwachen Lerngruppen durchführbar.

Sicherlich kann nur der Lehrer die Rolle des „Ghostspeaker" übernehmen, der sich in der Fremdsprache sicher fühlt. Dies wird möglicherweise für manche Lehrer ein Grund sein, interaktive Unterrichtsformen wie diese oder die im folgenden geschilderten nicht zu praktizieren.

Der interaktive Unterricht wird zweifellos durch eine gute fremdsprachliche Kompetenz des Lehrers erleichtert. Aber auch der Lehrer, dessen Fremdsprachen-Kompetenz nicht so gut ist, kann interaktive Verfahren mit Hilfe von vorliegenden Unterrichtswerken und anderen Medien, wie sie vor allem in Kapitel 5 geschildert werden, praktizieren.

4.4. Partnerarbeit in verantwortlichen Partnerschaften

Ein interaktives Verfahren, das gleichzeitig auch eine gute Voraussetzung für die im folgenden geschilderten interaktiven Verfahren darstellt, ist die Bildung von stabilen „verantwortlichen Partnerschaften", bei denen die Schüler entweder füreinander verantwortlich sind, soweit es sich um leistungsgleiche Partner handelt, oder, im Falle von leistungsunterschiedlichen Partnern, der leistungsstärkere für den leistungsschwächeren. Billows (1973, S. 105) schildert eine Klasse, in der die Lehrerin alle Schülerinnen in eine A-, B- und C-Gruppe eingeteilt hatte, die auch im Klassenraum deutlich voneinander getrennt saßen. Die A-Gruppe setzte sich aus den besten Schülern zusammen. Alle Hausarbeiten wurden grundsätzlich in Partnerarbeit erledigt. Hierbei war jeweils ein A-Schüler für seinen Partner aus der C-Gruppe, der leistungsschwächsten, verantwortlich. Die Lehrerin wandte sich an den betreffenden A-Schüler, wenn die Hausarbeit des C-Partners nicht den Anforderungen entsprach. Erfüllte der A-Partner nicht die an ihn gestellten Forderungen, so kam er zur B-Gruppe. Die Schüler aus dieser Gruppe erledigten ebenso ihre Hausarbeiten in Partnerarbeit, aber in gegenseitiger Verantwortung. Das Bestreben der Lehrerin war es, die C-Gruppe während des Unterrichtsjahres so weit wie möglich zu verkleinern.

Abgesehen davon, daß eine solche Hausaufgaben-Partnerarbeit eigentlich nur in einem Internat zu realisieren ist, sind doch negative soziale Auswirkungen aufgrund der von der Lehrerin angeordneten Gruppeneinteilung und Sitzordnung abzusehen. Nach der Aussage der Lehrerin seien Minderwertigkeits- bzw. Überheblichkeitsgefühle nicht aufgekommen, da sie den Leistungsstärkeren die Gründe erläutert habe, die bei ihren Mitschülern zu Leistungsschwächen geführt hätten und nicht bei diesen selbst zu suchen seien. Durch die von der Lehrerin angeordnete Sitzordnung, die nicht auf Schülerwünschen beruhte, wurde aber ein weitaus stärkerer non-verbaler Diskriminierungsfaktor geschaffen, als die Lehrerin vermutete. Hätte die Lehrerin diese Situation nicht geschaffen, dann wären möglicherweise auch ihre Appelle zum Verständnis der Leistungsschwächeren gar nicht nötig gewesen. Interaktiv wirkungsvoll ist es aber, daß außer Gruppen zum Zweck der Gruppenarbeit grundsätzlich solche „verantwortliche Partnerschaften" auf Initiative des Lehrers gebildet werden. Diese können sich zwar auch aus Schülern zusammensetzen, die benachbart wohnen und ihre Aufgaben gemeinsam machen. Wesentlich wichtiger aber sind Partnerschaften, die im Klassenunterricht eine Rolle spielen und bei denen jeweils ein leistungsstarker Schüler die Verantwortung für einen leistungsschwächeren übernimmt.

Die leistungsstärkeren helfenden Schüler müssen hierbei vom Lehrer so ausgewählt werden, daß sie diese Aufgabe als Auszeichnung empfinden. Weiterhin ist wesentlich, daß die „verantwortliche Partnerschaft" von beiden Partnern auf freiwilliger Basis zustandekommt. Die institutionelle Einbeziehung der Partnerschaften in die Unterrichtsgestaltung wirkt sich auf ihre Intensität und ihre Dauer aus. So könnten z. B. die schriftlichen Hausaufgaben immer in Partnerarbeit korrigiert werden. Hierbei ergeben sich häufig Fragen und Unklarheiten, bei denen der leistungsstärkere Partner helfen kann. Ebenso eignen sich viele Übungen speziell zur Partnerarbeit. Vorteilhaft ist es auch, wenn die Schüler noch während des Unterrichts in Partnerarbeit mit der Erledigung der Hausaufgaben beginnen dürfen.

Eine besondere Sitzordnung ist deshalb nicht nötig. Sobald Partnerarbeit angekündigt wird, setzen sich die betreffenden (leistungsheterogenen) Partner zusammen, während die übrigen sich nach Gutdünken einen (leistungshomogenen) Partner suchen.

Der offensichtliche Nachteil der üblichen Gruppenarbeit mit leistungsheterogenen Gruppen besteht darin, daß ein oder zwei Schüler die Arbeit tun, ohne daß die übrigen einen Beitrag leisten. In der „verantwortlichen Partnerschaft" ist es hingegen viel eher zu erreichen und sogar anhand der schwächeren Partner nachprüfbar, daß der bessere Schüler den schwächeren Partner befähigt, die gestellte Aufgabe selbständig zu lösen. Diese verantwortliche Partnerarbeit führt in vielen Fällen auch zu einer sozialen Annäherung der beiden Schüler. Wie sich fast aus jedem Soziogramm ablesen läßt, wählen sich die Leistungsstärkeren gern gegenseitig. Wenn also Gruppen nur auf freiwilliger Basis gebildet werden, entstehen selten leistungsheterogene Gruppen. Die verantwortliche Partnerschaft ist aber ein Weg, um den freiwilligen Zusammenschluß von Leistungsschwachen und Leistungsstarken in einer Gruppe zu fördern. Aus diesem Grund müßte die Partnerarbeit in verantwortlicher Partnerschaft als unbedingte soziale Lernstufe jeder Gruppenarbeit vorausgehen.

Eine Diskriminierung derjenigen, denen durch diese Partnerschaften geholfen wird, kann dadurch vermieden werden, daß der Lehrer vor allem den schwächeren Partner aufruft. Wenn dieser dann für eine gute Leistung eine Bestätigung erhält, ist dies gleichzeitig auch ein Erfolg für den helfenden Partner. Ferner sollte die „verantwortliche Partnerschaft" beendet werden, sobald der leistungsschwächere Schüler bessere Leistungen aufzeigt. Für beide Partner kann dann die Lösung der Partnerschaft ein Erfolgserlebnis darstellen. Wenn es darüber hinaus gelingt, auch in anderen Fächern ebenso zu verfahren, ist es durchaus möglich, daß dort der in Sprachen Leistungsschwächere vom Lehrer als leistungsstärkerer helfender Partner ausgewählt wird.

4.5. Interaktionsspiele

Alle Lernspiele, die dazu führen, daß der Schüler *eigene* Gedanken gegenüber einem oder mehreren Schülern oder gegenüber dem Lehrer äußert, sind Interaktionsspiele. Wer unter diesem Gesichtspunkt die zahlreichen Spielvorschläge der didaktischen Literatur sichtet (BELC, 1976; Bloom u. a., 1973; Caré u. a., 1978; Chamberlin u. a., 1976; Goebel u. a., 1977; Mundschau, 1974), wird manche weitere Anregungen zu Interaktionsspielen finden können, die im folgenden nicht aufgeführt werden. Ebenso sind die Lernspiele von J. Wagner (1977), die Unterrichtsbeispiele von Rivers (1978, S. 38 ff.) und solche zum Gruppenunterricht von Schwerdtfeger (1977, S. 84 ff.) Interaktionsspiele in diesem Sinne. Weitere Anregungen kann man bei Höper u. a. (1974) finden.

In den Interaktionsspielen geht es nicht nur darum, das *Erlernte anzuwenden,* sondern vor allem darum, daß die Schüler auch etwas *Neues lernen.* Das Vorgehen ist hierbei genau umgekehrt wie sonst im Fremdsprachenunterricht allgemein üblich. Durch das Interaktionsspiel wird der Schüler dazu gebracht, etwas ausdrücken zu *wollen.* Wenn er dies nicht in der Fremdsprache kann, *fragt er den Lehrer,* der ihm weiterhilft oder ihn in einem Wörterbuch nachschauen läßt. Es gibt zweifellos motivatorisch keinen fruchtbareren Moment, eine neue Vokabel zu erlernen, als denjenigen, in dem der Schüler sein Nichtwissen spürt und dieses zu beheben wünscht. Das *Lernen durch den Lehrer in diesem fruchtbaren Moment* ist die zentrale Methode der Interaktionsspiele.

Der Ablauf eines jeden Interaktionsspiels muß dem Schüler *vorher erklärt* werden. Dies kann zwar in der Fremdsprache geschehen, da aber die erfolgreiche Durchführung eines solchen Spiels in der Fremdsprache, das eigentliche Ziel, sehr vom genauen Verständnis des Spielablaufs abhängt, muß der Lehrer entscheiden, ob er diese Erklärung nicht besser in der Muttersprache gibt.

Die Interaktionsspiele benötigen in den meisten Fällen keine spezielle lexikalische Vorbereitung. Sicherlich ist es aber vorteilhaft, wenn die Schüler schon die wichtigsten Strukturen der Zielsprache kennen oder zumindest diejenigen, die in dem betreffenden Interaktionsspiel wahrscheinlich vorkommen.

Da die Kommunikationsabsichten der Schüler im Interaktionsspiel im Vordergrund stehen und nicht genau voraussehbar sind, ist eine andere Vorbereitung als die Übung spezieller Strukturen nicht zu leisten. Es muß dem Lehrer überlassen bleiben abzuschätzen, inwiefern der Kenntnisstand der Schüler für das betreffende Interaktionsspiel ausreicht.

Diesen Verfahren fehlt selbstverständlich die sonst übliche methodische Systematik der Wortschatzarbeit. Außerdem ist die neue Vokabel nur für den Schüler, der sie gerade benötigt, in der aufgezeigten Weise interessant. Damit hieraus ein Lernen für alle wird, sind *bestimmte methodische Vorgehen während des Spiels oder danach vom Lehrer zu beachten.* Diese können darin bestehen, daß der Lehrer ein für alle auf dem Overhead-Projektor sichtbares Stichwortprotokoll anfertigt. Das Spiel allein hat sonst – zumindest für die aktiv Beteiligten – einen zwar bedeutenden, aber nicht den vollen Lerneffekt. Die entsprechenden Vorgehensweisen werden für die einzelnen Interaktionsspiele gesondert beschrieben.

Die aufgezeigten Interaktionsspiele ermöglichen, über lange Zeit einen Unterricht ohne Buch zu führen. Damit soll keineswegs das Lehrbuch als zentrales Medium in Frage gestellt werden. Für einen Fremdsprachen-Anfangsunterricht ist eine systematische Progression und Sequentialität, insbesondere für die Lernschwächeren, von Vorteil. Doch spätestens im dritten Lernjahr tritt oft eine Lernmüdigkeit ein, die auch einen Überdruß an der Lehrbucharbeit spiegelt, ohne daß die wichtigsten der bereits gelehrten Sprachbestände von den Schülern aktiv beherrscht würden. Der Rückgriff auf die Interaktion in der Lerngruppe in Form der Interaktionsspiele kann bereits vorher, aber besonders zu einem solchen Zeitpunkt, neue Motivationen wecken.

Die Identitätsspiele

Da bei den Interaktionsspielen der Schwerpunkt auf der Versprachlichung *eigener* Kommunikationsabsichten liegt, sind die *Identitätsspiele* mit ihren zahlreichen Varianten die *Interaktionsspiele par excellence.*

Mit Hilfe des Lehrers erstellt jeder Schüler seine eigene Identitätskarte, die seinem Wunschdenken oder auch der Wahrheit entspricht. Die hierzu benötigten neuen Vokabeln werden der ganzen Klasse mit Hilfe der Tafel, des Overhead-Projektors oder durch eine anschließende Vervielfältigung mit ihrer deutschen Bedeutung mitgeteilt. Jede Identitätskarte wird durch ihre Ergänzungen während des weiteren Unterrichts zu einer vom Schüler selbst erstellten detaillierten fiktiven Charakter- und Lebensbeschreibung.

Von Anfang an dient die Identitätskarte für Interviews der Schüler untereinander. Wenn nun z. B. die Berufe erlernt werden, beschreiben die Schüler nicht mehr irgendeinen „Lehrbuch-Bäcker" und dessen Tätigkeit, sondern sie fragen den „Pierre Dumont" nach seinem Tagesablauf und unterhalten sich mit ihm über seine Tätigkeit. Wenn Zahlen gelernt werden sollen, fragen sie sich gegenseitig nach ihrem Verdienst und unterhalten sich hierüber.

Eine Variante dieses Interaktionsspiels ist, daß jeder Schüler sich einen Partner wählt und sie sich gegenseitig interviewen. Dann stellt jeweils der eine den anderen der Klasse vor. Sein Partner achtet darauf, daß er richtig dargestellt wird.

Im fortgeschrittenen Unterricht können sich die Schüler in ähnlicher Weise zu Problemen des täglichen Lebens befragen, z. B. „Qu'est-ce que tu ferais, si tu disais à ton fils de vider la poubelle et il qu'il réponde: ‚Fais-le toi-même.‘ "

Hieraus können sich pädagogisch wichtige Diskussionen ergeben, in denen die Schüler ihre eigenen Erfahrungen und Vorstellungen einbringen können. Die Wunschvorstellungen der Schüler können in anderen Fällen zum Ausgangspunkt des Lernens gemacht werden. So werden einzelne Schüler von der Gruppe mit der Frage interviewt „What would you do, if you won the big lot?" und anschließend auch *nach den Gründen* für ihre Wünsche gefragt. Der Konditionalsatz und die damit verbundenen Strukturen können so intensiv und sozusagen nebenbei geübt werden.

Im Anfangsunterricht kann sich die gegenseitige Befragung auf bestimmte Gegenstände beziehen: „Qu'est-ce que tu ferais avec une bicyclette/un appareil-photo/etc.?"

In gleicher Form können die im allgemeinen tabuisierten Ängste eines jeden Menschen thematisiert werden, indem die Schüler sich gegenseitig z. B. die Frage stellen: „Que ferais-tu, si on t' annoncait que tu allais mourir dans un an?"

In einem anderen Fall, wenn es z. B. um die „verbes pronominaux" geht, können die Schüler ihre „Traumferien" bzw. ihren „Ferientraum", den sie geträumt haben, schildern und so die schwierigen Formen des „passé composé" dieser Verben üben. Hierbei kämen u. a. Verben vor wie „se promener, s'amuser, se baigner, se la couler douce, se payer qc., se jeter dans" etc.

Der Identitätstausch

Eine weitere Variante ist der „Identitätstausch". Jeder Schüler zieht einen Zettel, auf dem der Name eines Schülers steht. In Stillarbeit und mit Hilfe des Lehrers, evtl. auch eines Wörterbuchs, arbeitet nun jeder einige Aussagen über die Eigenschaften, Gewohnheiten, Wünsche und Handlungen eines seiner Mitschüler aus. Diese muß er dann in Ich-Form vortragen. Zum Beispiel: „I speak all the time and I often interrupt my friends. But I am very good at football playing. I'd like to have a motor-bike and to become a pilot." Die Gruppe muß dann den gemeinten Schüler erraten.

Eine Variante besteht darin, daß ein bis zwei Schüler das Klassenzimmer verlassen und nun ihr Äußeres beschrieben wird. Eine Charakterbeschreibung sollte nur dann erfolgen, wenn der Lehrer darauf achtet, daß diese eher positiv oder wertneutral ausfällt.

Im fortgeschrittenen Unterricht kann die Aufgabe gestellt werden, für einen Mitschüler eine Bekanntschafts- oder Heiratsanzeige zu formulieren, aufgrund derer er identifiziert werden kann.

Die Personenermittlung

In einem ähnlichen Spiel diktiert der Lehrer folgende Fragen oder legt sie in Form eines Fragebogens jedem Schüler vor:
Qu'est-ce que vous feriez, si vous gagniez le gros lot?
Quel est votre plat préféré?
Quel est le personnage que vous admirez le plus?
Quel est votre livre préféré?
Où aimeriez-vous passer vos vacances?
Quel est l'animal que vous aimez le moins?
Quelles qualités aimeriez-vous voir chez votre partenaire?

What would you do, if you won the jackpot?
What's your favourite food?
Which personality do you most admire?
What's your favourite book?
Where would you like to travel?
Which animal do you like the least?
What are the qualities your future husband (wife) must have?

Die Liste kann ergänzt werden. Jeder Schüler beantwortet sie, mit sprachlicher Hilfe des Lehrers, allein. Dann lesen die Schüler abwechselnd die in einem Behälter gemischten Antwortbogen vor, korrigieren sie und die Klasse muß den Autor des jeweiligen Antwortbogens herausfinden.

Dem Lehrer, der sich einige Gedanken über die kreative Gestaltung der Transferphase seiner Lehrbucharbeit macht, werden sicherlich noch andere Varianten dieser Identifikationsspiele einfallen.

Die Gemeinschaftsarbeit

Ein Schüler sagt einen Satz, der Nachbar wiederholt diesen und fügt einen neuen hinzu, bis zuletzt eine längere Geschichte entsteht. Wenn die Klasse groß ist, können zwei oder mehrere Kreisgruppen gebildet werden, damit die Geschichten nicht zu lang werden. In ähnlicher Weise kann z. B. auch das Leben einer fiktiven Person geschildert werden.

Die Schüler erbitten sprachliche Hilfe auf deutsch, die von der Gruppe oder vom Lehrer gegeben und als neues Lernpensum notiert werden.

Dasselbe kann natürlich auch schriftlich durchgeführt werden. Hierbei ist es sinnvoll, daß jeder eine Geschichte oder einen Dialog mit einem Satz beginnt, den der Nachbar weiterführen muß, so daß am Ende so viele Geschichten oder Dialoge entstanden sind, wie sich Schüler in der Klasse befinden. In Untergruppen werden die besten Ergebnisse ausgewählt und vorgetragen.

In derselben Form können zu bestimmten Lehrbuchthemen oder frei gewählten, z. B. ‚un accident de voiture' – ‚le développement des villes' – ‚our society' – ‚our future' – ‚pollution' – ‚the Americans' (zur Erörterung von Vorurteilen), Gemeinschaftsbilder erstellt werden. Jeder Schüler erhält hierzu eine Overheadfolie. Eine Zeitspanne von ca. drei Minuten wird vereinbart, in der jeder seine Gedanken zum Thema zeichnerisch ausdrücken kann. Nach Ablauf dieser Zeitspanne geben alle auf ein Zeichen ihre Zeichnung an den Nachbarn weiter, der sie nach Gutdünken vervollständigt usw., so daß nach einiger Zeit Zeichnungen entstehen, die eine wirkliche Gemeinschaftsarbeit (von drei bis zehn Schülern) darstellen, aber auch durch den Zeitdruck vieles spontan zum Ausdruck bringen, das die Betreffenden nicht in eine Diskussion eingebracht hätten. Anschließend werden die Zeichnungen auf Overhead-Projektor gezeigt und von allen interpretiert. Sie können auch als Ausgangspunkte zu Diskussionen dienen oder zuerst einzelnen Gruppen gegeben werden, die die von ihnen ausgesuchte Zeichnung mit einer schriftlichen Stellungnahme versehen, die dann vor oder nach der Diskussion vorgetragen wird. Da die Schüler in diesem Fall über etwas diskutieren, das sie gemeinsam und selbständig geschaffen haben, wird ein ganz anderes Interesse geweckt als an irgendwelchen vorgegebenen Bildinformationen.

Das Sympathiespiel

Die Klasse setzt sich in einen Kreis bzw. zwei Kreise, entsprechend der Klassengröße. In jedem Kreis ist jeweils ein Stuhl frei. Derjenige, der links vom leeren Platz sitzt, darf anfangen. Er stellt eine Frage an einen Schüler seiner Wahl, der diese Frage eventuell mit Hilfe der Mitschüler und des Lehrers beantwortet. Danach setzt sich der Antwortende auf den freien Platz, und der Schüler, der links von dem freigewordenen Platz sitzt, stellt nun die nächste Frage. Der Lehrer muß darauf achten, daß die Schüler nicht immer wieder dieselben Mitschüler ansprechen und daß z. B. Jungen nicht nur Jungen und Mädchen nicht nur Mädchen in das Spiel einbeziehen. Er kann dies durch Hinweise steuern und dadurch, daß er selbst beim Spiel mitmacht.

Grundsätzlich eignet sich jede sprachliche Übung in Dialogform für dieses

Spiel. Viel realitätsnäher wird dieses Spiel aber, wenn die Übungen aus Entscheidungsfragen bestehen, die mit Ja oder Nein beantwortet werden können. Beantwortet ein Schüler eine Frage negativ, dann kann der Fragende nach dem Grund der Verneinung fragen, oder er fragt sofort einen anderen. Zwei Beispiele: Im ersten wird „should" geübt.

How about an egg?
Well, *I shouldn't*, but I think I will have one. (Schüler setzt sich auf den freien Platz.)
No, thank you, *I'd* better not have any. (Schüler bleibt auf seinem Platz sitzen.)
Why not?
I'm on diet. / I'm getting too fat. / My doctor doesn't allow me to eat eggs, etc.

Im zweiten wird die Uhrzeit geübt. Jeder Schüler malt eine Uhrzeit auf ein Blatt Papier und hält dieses vor sich:
Tu viens au cinéma avec moi à quatre heures et demie? (Schüler nennt die Zeit, die der von ihm Angesprochene aufgezeichnet hat.)
D'accord, à quatre heures et demie devant le cinéma. (Schüler nimmt den freien Platz ein.)
Non, merci. (Schüler bleibt auf seinem Platz.)
Pourquoi est-ce que tu ne viens pas?
Je n'ai pas le temps. / Je n'ai pas envie aujourd'hui, etc.

Das Astronautenspiel

Es kann in der Gesamtgruppe oder in Gruppen von drei bis fünf Schülern gespielt werden. Die Schüler stellen ein Astronautenteam dar, das nach einer Notlandung auf einem Gestirn sich zur 100 km entfernten zweiten Kapsel durchschlagen muß. Es kann nur ein Teil der geretteten Gegenstände mitgenommen werden. Diese müssen hierzu ihrer Wichtigkeit nach in eine Rangordnung gebracht werden. Die Schüler müssen diese Rangordnung durch Diskussion finden und die Gründe hierfür für jeden Gegenstand schriftlich festhalten. Es handelt sich dabei um folgende Gegenstände:

  1 boîte de nourriture concentrée
  1 appareil de chauffage
30 m de soie pour parachute
  2 pistolets
20 m de fil de nylon
  1 boîte d'allumettes
  1 boussole

20 l d'eau
 1 bateau pneumatique
 1 carte du ciel
 2 réservoirs d'oxygène
20 cartouches de signalisation
 5 boîtes de lait concentré
 1 boîte de secours
 1 appareil émetteur

 1 can/tin of condensed food
 1 heater
30 m of parachute silk
 2 guns
20 m nylon cable
   matches
 1 compass
20 l of water
 1 safety raft
 1 astrometric map
 2 oxygen tanks
20 flares
 5 cans/tins of condensed milk
 1 FIRST AID kit
 1 wireless

Nach der Korrektur des Diskussionsprotokolls teilt der Lehrer den Schülern mit, welche Rangordnung von der NASA ausgearbeitet wurde:
– Sauerstofftanks
– Wasser
– Sternkarte
– Nahrungskonzentrat
– Funkgerät
– Nylonseil
– Erste-Hilfe-Koffer
– Fallschirmseide
– Schlauchboot
– Signalpatronen
– Pistolen
– Milchkonzentrat
– Heizgerät
– Kompaß
– Streichhölzer

Die Bildreportage

Der Lehrer bittet einige Schüler, aus Fotos, die sie aus Illustrierten aus-
schneiden, eine Phantasiereportage ohne Text zusammenzustellen. Im Unterricht wird diese dann von allen Schülern oder in Gruppen versprachlicht
und schriftlich oder auf Tonträger festgehalten.
Abschließend werden die Reportagen der Gesamtgruppe vorgetragen und
korrigiert.
Eine Variante stellt die Filmreportage dar. Wenn eine Video-Aufnahme-
möglichkeit in der Schule vorhanden ist, können sich einige Schüler Szenen
ausdenken, die sie als Stummfilm außerhalb des Unterrichts aufzeichnen.
Ihre Klassenkameraden können dann den Text als Reportage, sei es im Klassenverband oder in Gruppen, finden.
Wenn der Lehrer sich Kopien alter Stummfilme besorgen kann, können diese
in derselben Weise in Gruppen versprachlicht werden.
In ähnlicher Weise können zu 40 Fotografien, die speziell zur Erstellung
„gruppeneigener Texte" ausgewählt wurden, gemeinsame Interpretationen
gefunden werden (Edwards u. a., 1977).

Die Entscheidung im Team

In einer Firma muß wegen Auftragsrückgang ein Arbeitnehmer entlassen
werden. Direktor und mehrere Betriebsräte müssen nun darüber entscheiden, wer entlassen werden soll. Drei Arbeitnehmer kommen in Frage:
1. Ein 24jähriger, verheiratet, 1 Kind und durchschnittliche Arbeitsleistung.
   Er kritisiert öfter offen, wenn ihm etwas nicht paßt.
2. Ein 32jähriger, der geschieden ist, 1 Kind hat, für das er Unterhalt zu zahlen hat. Er kommt öfter zu spät, bringt aber eine hervorragende Arbeitsleistung.
3. Ein 50jähriger, verheiratet, seine beiden Kinder sind erwachsen und ver-
   dienen selbst. Er ist am längsten von allen im Betrieb. An Arbeitsleistung
   erbringt er das, was von ihm gefordert wird, ohne Eigeninitiative zu entwickeln.

Die Diskussionszeit wird festgelegt. Wenn die Schüler nach Ablauf der Zeit
abstimmen wollen, kann gegebenenfalls später darüber diskutiert werden, ob
zu diesem Zeitpunkt eine Abstimmung berechtigt war, wie es zu diesem Ab-
stimmungsergebnis kam und ob eine Abstimmung das richtige Verfahren zur
Lösung eines solchen Problems ist.
Inhaltlich können leicht Varianten dieses Themas gefunden werden. Zum

Beispiel kann die Erfindung eines neuen lebensverlängernden Medikaments der Ausgangspunkt zu einer ähnlichen Diskussion sein. Dieses Medikament, das in jahrelanger Entwicklung gewonnen wurde, existiert nur in einer einzigen Dosis. Nun soll das Forscherteam entscheiden, wessen Leben um mindestens 50 Jahre verjüngt bzw. durch diese Verjüngung verlängert werden soll. Das Team wählt vier berühmte Menschen der Vergangenheit oder Gegenwart aus und diskutiert nun darüber, wer und aus welchen Gründen dieses Medikament erhalten soll.

Sprachlich leichtere Varianten dieses Spiels können z. B. sein, Lösungen für fiktive und reale Probleme zu finden: ,,What can we do to consume less petrol?" – ,,Qu'est-ce qu'on peut faire pour ne pas tomber malade?" Wichtig ist, daß auch humorvoll-utopische Vorschläge gemacht werden können.

Die Diskussion kann in der Gesamtgruppe erfolgen, doch ist es hierbei von Vorteil, wenn die Schüler vorher ausreichend Zeit haben, sich in Einzel- oder Partnerarbeit ihre Argumente zu überlegen und schriftlich festzuhalten.

Bei einer Aufteilung in Gruppen haben sicherlich mehr Schüler die Gelegenheit, ihre Argumente vorzubringen. Zur sprachlichen Korrektur muß dann aber darauf geachtet werden, daß alle Argumente in Form eines Protokolls schriftlich festgehalten werden.

Das Verstehen des anderen

Ein Schüler macht eine Äußerung über sich selbst, die gefühlsmäßig bestimmt ist oder ein Anliegen ausdrückt, das ihn im Augenblick bewegt. Das können so alltägliche Äußerungen sein wie z. B. I don't like school – I hate mathematics – Je ne vais pas bien – Je m'ennuie – Je suis très contente. Die ganze Klasse versucht nun, diese Aussage zu interpretieren, sei es durch einfache Paraphrase oder durch Nennung von Gründen und Vermutungen. Der Betreffende darf nur mit ,,ja", ,,nein" oder ,,teils, teils" antworten. Wenn drei Interpretationen mit ,,ja" beantwortet wurden, kommt ein anderer Schüler dran. Die Aufgabe des Lehrers ist es, sprachliche Hilfen bei der Interpretation zu geben und zu korrigieren. Alle wesentlichen Sprachhilfen und Korrekturen werden für alle sichtbar angeschrieben und von den Schülern notiert.

Denkmalbau

Damit möglichst viele Schüler zum Sprechen kommen, ist bei diesem Interaktionsspiel eine Aufteilung in Gruppen von Vorteil. Die Gruppen haben die

Aufgabe, sich zu überlegen, welche Anweisungen sie welchen Mitschülern in der Form geben, daß diese sich zu einem „Denkmal" bauen lassen. Einige Anweisungen seien als Beispiel gegeben: „Pierre, tu te mets à genoux sous la table." – „Catherine, tu t'assois à coté de Pierre et tu mets ton bras autour de son cou." – „Georges, couche-toi sur la table et tire Pierre par l'oreille" etc. Den Schülern muß nicht gesagt werden, daß in diesem Spiel die Beziehungen der Schüler untereinander zum Ausdruck kommen sollen. Sie fassen das Ganze als lustiges Spiel auf. Wenn nun jede Gruppe mit der sprachlichen Hilfe des Lehrers ihre Anweisungen ausgearbeitet hat, dann kann das Spiel beginnen. Die Gruppen können nur nacheinander drankommen. Jede Gruppe kann an alle Mitschüler Anweisungen geben, auch an die Mitglieder der eigenen Gruppe, um ihr Denkmal zu bauen. Alle Anweisungen dürfen nur sprachlich *unter Verzicht auf jegliche Gestik* gegeben werden, da sonst diese Übung ohne *sprachlichen* Gewinn ist. Der Lehrer hilft bei spontanen zusätzlichen Anweisungen während des „Denkmalbaus". Wenn nun alle aufgerufenen Mitschüler vor der Klasse zu einem „Denkmal" zusammengestellt worden sind, kann eine Fotografie gemacht werden. Sie dient einer späteren Wiederholung der im Spiel neu gelernten Wörter. Danach kommt die nächste Gruppe an die Reihe.

Falls große Spannungen innerhalb der Klasse bestehen oder der Lehrer merkt, daß dieses Interaktionsspiel nur zur non-verbalen Darstellung von Aggressionen statt zum Lernen genutzt wird, sind Interaktionsübungen, wie sie im vorigen Kapitel geschildert werden, eher angebracht als dieses Interaktionsspiel.

In den USA ist ein praxisnahes Buch (Moskowitz, 1978) über „humanistic techniques" im Fremdsprachenunterricht erschienen, in dem 120 „humanistic exercises" und entsprechende Überlegungen zu Erziehung und Lehrerbildung stehen. Die dort geschilderten „humanistischen" Übungen entsprechen zwar der Intention der Interaktionsspiele, gehen aber in vielen Fällen hinsichtlich ihres gruppendynamischen Charakters weit über das hinaus, was der Verfasser für den Fremdsprachenunterricht als nützlich ansieht. Ein Gesichtspunkt bei der vorliegenden Konzeption der Interaktionsspiele war, daß Spiel- und Zeitaufwand einigermaßen in einem vertretbaren Verhältnis zum möglichen sprachlichen Lernergebnis stehen sollten. Bei vielen Übungsbeispielen von Moskowitz ist dieses ausgewogene Verhältnis nicht gegeben. Möglicherweise wird aber der interessierte Lehrer in der Praxis feststellen, daß diese Bedenken nicht berechtigt sind.

In vielen neueren Lehrbüchern sind Inhalte und Übungsmöglichkeiten zu finden, die interaktive Verfahren und Interaktionsspiele ermöglichen. Als Beispiel sei hier auf Strategies (Abbs u. a., 1975) hingewiesen.

4.6. Das interaktive Rollenspiel

Durch die bisherigen Ausführungen zur sozialen Interaktion ist offensichtlich, daß der im Fremdsprachenunterricht übliche *Sketch* bzw. das *Rollenspiel* eine interaktive Unterrichtsform par excellence darstellen *kann.* Interaktiv ist der gespielte Sketch aber keineswegs zu nennen, wenn der Lehrbuchdialog, wie es häufig der Fall ist, nur auswendig gelernt und dann aufgesagt wird. Das Moment der *„Lenkung durch den Lerner"* fehlt, so daß es in den meisten Fällen auch nicht zu einer echten Interaktion zwischen den Schülern kommt. Ein *Rollenspiel* ist dann *interaktiv* zu nennen, wenn:

1. die Schüler selbst auf die inhaltliche Gestaltung des Rollenspiels Einfluß nehmen,
2. die Gestaltung, Einübung und Aufführung in Form der „verantwortlichen Partnerschaft" in Partner- oder Gruppenarbeit geschieht,
3. die Aufführung eine interaktive Funktion hat, d. h. die Schüler zeigen *ihre* Version den Mitschülern, Eltern etc. und erhalten von diesen eine Information über ihre Aufführung.

Beispiele für die interaktive Gestaltung von Rollenspielen wurden bereits durch die vorgeschlagenen „Identifikationsspiele" gegeben. Im folgenden soll auf die interaktive Gestaltung des *Lehrbuchdialogs* eingegangen werden. Bereits im Anfangsunterricht können die Schüler folgendermaßen auf das Rollenspiel *Einfluß nehmen,* indem sie sich *ihre Rolle selbst wählen* und ihre Rollen *mit Namen versehen, die sie selbst aussuchen.* Aber auch schon im frühen Anfangsunterricht ist es möglich, die Schüler auf deutsch zu fragen, ob sie an den Rollen etwas auszusetzen hätten und was sie daran ändern wollten. Der Lehrer baut dann die betreffenden Wünsche sprachlich ins Rollenspiel ein. Eine solche Mitbestimmung erhöht sicherlich die Lern- und Spielmotivation.

Eine wichtige Hilfe zum abgeänderten Rollenspiel in Form des sprachlichen Transfers, das vom persönlichen Engagement getragen wird, ist die Aufforderung an die Schüler, zuerst einmal zu versuchen, jeden Lehrbuchdialog *auf ihre persönliche Situation hin* umzugestalten. Dies beginnt mit kleinen Sketchen, in denen die Schüler sich untereinander nach ihrem Namen, Wohnort, ihren Familienverhältnissen, *ihren Interessen und Meinungen* fragen. Ein Beispiel:

What's your name?
Bill.
How old are you?

14 years.
Do you like football?
Oh yes, I like it very much.
Did you see the last match between Eintracht and Offenbacher Kickers?
Yes.
How did you like it? etc.

Solche vom persönlichen Interesse getragenen Rollenspiele bieten auch allen Zuhörern etwas Neues, der Lehrer lernt die Schüler besser kennen, und sie animieren ihre Mitschüler, etwas zum selben Thema zu erarbeiten und zu spielen, aber oft mit ganz anderem Inhalt entsprechend ihren persönlichen Interessen. Wie sehr hierdurch das Engagement der Schüler gefördert wird, zeigt sich daran, daß die Schüler, die gegen Ende der Stunde nicht drangekommen sind, oft ganz unglücklich sind. Die Vorbereitung auf eine solche Stunde, als Hausaufgabe gegeben, wird mit entsprechendem Eifer gemacht, wenn alle Schüler, die es wünschen, Gelegenheit zum Rollenspiel bekommen. Dies kann sich aber über mehr als zwei Unterrichtsstunden erstrecken. Es ist zu hoffen, daß der Lehrer den hohen Gewinn eines solchen Unterrichts erkennt und keine Angst- oder Minderwertigkeitskomplexe gegenüber seinen Kollegen bekommt, wenn er am Ende des Schuljahres nicht das ganze „Lehrbuchpensum" geschafft hat.
Wichtig ist, daß bei solchen Rollenspielen, in denen persönliche Aussagen gemacht werden, *der Lehrer zuerst ein Beispiel von Offenheit gibt* und das Rollenspiel mit einem Schüler vorspielt, ohne sich dabei vor persönlichen Äußerungen zu scheuen. Je persönlicher diese Aussage ist, desto stimulierender wirkt auch dieses Vorbild auf die Schüler. (Weitere Vorschläge zur Ermutigung der Schüler zum Rollenspiel macht Bertrand, 1978a.)
Eine weitere Bedingung für ein interaktives Rollenspiel ist, daß die Schüler nicht nur vom Lehrer eine Rückmeldung über den Erfolg ihres Auftritts bekommen, sondern daß die gesamte Klasse Gelegenheit erhält, ausführlich zu den einzelnen Rollenspielen Stellung zu nehmen. Der Lehrer hat darauf zu achten, daß dies nicht einseitig negativ geschieht. Zwar legen die Schüler zweifellos großen Wert auf die im bisherigen Unterricht übliche Stellungnahme des Lehrers, aber ihr Spiel wird ganz anders motiviert sein, wenn sie von allen Mitschülern ein Urteil zu hören bekommen. Dies kann durchaus auch in der Fremdsprache geschehen, wenn der Lehrer zu diesem Zweck systematisch mit den Schülern eine ausführlich differenzierte *Liste mit positiven und negativen Urteilen* erarbeitet. Sinnvollerweise geschieht dies nach und nach, indem jedes Urteil, das geäußert wird, auf eine Positiv- und Negativskala eingetragen wird. Zweifellos sind die Schüler anfangs nicht in der Lage, ebenso nuancierte und differenzierte Urteile in der Fremdsprache abzugeben

wie in ihrer Muttersprache. Deshalb hält der Lehrer sie dazu an, ihr Urteil zuerst auf deutsch zu sagen, falls sie es nicht in der Fremdsprache können und es auf der Liste noch nicht verzeichnet ist. Er übersetzt dann ihr Urteil, und es wird in die Lernliste eingetragen.

Auf diese Weise werden alle Schüler am Spiel beteiligt und lernen, differenzierte Stellungnahmen in der Fremdsprache abzugeben. Statt irgendwelche Texte nachzusprechen, äußern sie etwas, für das sie auch die Verantwortung übernehmen.

Zu einer Beurteilung gehört im allgemeinen natürlich auch die Fehlerkorrektur. Sie sollte in dieser Phase aber in den Hintergrund treten. Allerdings sollte man es den Mitschülern nicht untersagen, wenn sie nach dem Spiel u. a. auch auf Fehler hinweisen.

Wie wirksam diese Empfehlungen sind, konnte der Verfasser erleben, als er eine audio-visuelle Lektion (Leçon 7, La France en direct, Capelle u. a., 1969) in einer Klasse einführte, die es gewohnt war, mit ihrer Lehrerin in der beschriebenen Weise Rollenspiele zu praktizieren. Am Ende der Doppelstunde bekamen die Schüler die Aufgabe, anhand der Bilder den Dialog mit dem Ziel des Rollenspiels einzuüben. In der nächsten Stunde aber spielten sie den Dialog in beachtlich veränderten Versionen, da sie die Aufgabe in der Form verstanden hatten, wie sie sonst von ihrer Lehrerin gestellt wurde.

Die Abänderungen waren entsprechend den wenigen Monaten Französisch-Unterricht meist mimischer bzw. non-verbaler Art. So führten die Schüler die neugierige Nachbarin, der die Türe von der Briefempfängerin vor der Nase zugeschlagen wird, in die Alltagssituation des Briefträgers vor der Wohnungstüre ein. Gerade diese schauspielerische Leistung bewirkte den großen Heiterkeitserfolg bei dieser sonst trockenen Szene.

Sofort nach dem Sketch meldeten sich die Mitschüler. Der Lehrer meinte, sie meldeten sich, um ebenfalls zu spielen. Statt dessen äußerten sie sich differenziert (in der Muttersprache) über das Rollenspiel ihrer Mitschüler.

Gerade im Anfangsunterricht, wenn die Schüler noch nicht zu einer eigenen sprachlichen Abwandlung des Sketches fähig sind, gibt es eine Möglichkeit, ihre Freude am Rollenspiel in der Fremdsprache zu fördern. Falls dies vom Inhalt her vertretbar ist, fordert der Lehrer die Schüler auf, ihre Rolle nach gegensätzlichen non-verbalen Interpretationsformen verschieden zu interpretieren: zufrieden / verärgert, mutig / ängstlich, froh / traurig, ruhig / aufbrausend. Dadurch, daß die Schüler der Klasse ihre beabsichtigte non-verbale Interpretationsform mitteilen, wird auch das Interesse der Mitschüler an ihrer Darstellung erhöht.

Im fortgeschrittenen Unterricht kann die Wahl der Interpretationsform auch dazu führen, daß die Schüler eigene, der Interpretation entsprechende Dialogteile spontan selbst hinzufügen.

I. Dietrich (1974, S. 216 ff.) hat einen weiteren Vorschlag zum lernergelenkten interaktiven Rollenspiel gemacht. Die Schüler sollten sich Konflikte, wie sie bei einer Frankreich-Fahrt entstehen könnten, ausdenken und dann jeweils sechs unterschiedliche soziale Verhaltens- und Reaktionsweisen, die zur sozialen und sprachlichen Bewältigung dieses Konflikts möglich sind, finden. Die Schüler werden so befähigt, die ihren eigenen Bedürfnissen und eigenen Stellungen entsprechende Rolle zu wählen und in der Fremdsprache zu realisieren. Als erstes von acht Beispielen, die die Schüler selbst ausgewählt hatten, nennt sie folgende Situation: „Le père de ton ami français vous oblige à rentrer chaque soir à dix heures." Nun folgen die unterschiedlichen sozialen Verhaltensweisen und ihre sprachliche Realisierung.

A. Eigene Bedürfnisse äußern:
„Monsieur, on ne pourrait pas rentrer une ou deux heures plus tard?"

B. Eigene Bedürfnisse verteidigen:
„Pour une fois que je suis à Paris, je voudrais bien aller au cinéma ou au théâtre, et puisque toutes les séances commencent à neuf heures, il est impossible de revenir avant onze heures et demie ou plus tôt."

C. Auf eigene Wünsche verzichten:
„Je sais bien qu'on ne peut pas sortir tous les soirs."

D. Bedürfnisse anderer anerkennen:
„On vous dérange en rentrant trop tard. Et puis, vous vous faites du soucis à cause de nous."

E. Bedürfnisse anderer akzeptieren:
„On restera donc à la maison demain soir."

F. Kompromisse schließen:
„Mais est-ce qu'on ne pourrait pas sortir samedi pour voir le film X sur les Champs-Elysées?"

Durch diese Form des selbständigen Erarbeitens werden sich die Schüler nicht nur der unterschiedlichen Arten des sprachlichen Handelns und der kommunikativen Absichten bewußt, sondern sie werden auch befähigt, sprachlich frei über ihre sozialen Rollen zu entscheiden.
Für die Unterrichtspraxis, die man bei so hochgesteckten Zielen nicht aus den Augen verlieren darf, muß aber gesagt werden, daß dies ein anderes als das üblicherweise geforderte einsprachige Verfahren voraussetzt. Sogar im fortgeschrittenen Unterricht wird der Lehrer in den meisten Fällen erst auf deutsch mit den Schülern die Konfliktsituationen und die unterschiedlichen Rollenrealisierungen erörtern müssen. Dann können die Schüler mit seiner

intensiven Hilfe – eventuell auch mit Hilfe zweisprachiger Wörterbücher – die entsprechenden Versprachlichungen in der Fremdsprache finden.

Für die Schulpraxis ist schon sehr viel erreicht, wenn die Schüler bestimmte Situationen ohne sozial differenzierte Aussagen versprachlichen können. Damit soll keineswegs gesagt werden, daß hierbei der Inhaltaspekt nicht im Vordergrund stehen sollte. Problematische Inhalte, die unterschiedliche soziale Verhaltensweisen zulassen, motivieren die Schüler in viel stärkerer Weise zum selbständigen Verfassen von Dialogen. Hierbei genügt, daß die Schüler nach dem sozial am ehesten akzeptablen Rollenverhalten suchen und gegebenenfalls hierüber in der Fremdsprache diskutieren. Ideal wäre eine Zusammenarbeit mit dem Deutschlehrer. Im Deutschunterricht, für den es entsprechende Materialien seit langem schon gibt (Hebel, 1972, S. 40 ff.) könnten die Schüler ausführlicher unterschiedliche Rollenverhalten diskutieren und ausagieren.

Einige Anregungen zum Rollenspiel seien hier genannt:

Supposons que tu sois un étudiant noir et que tu veuilles louer une chambre.

Dans un bar, tu mets de l'argent dans un flipper pour faire un jeu. Mais l'appareil ne fonctionne pas. Il ne rend pas non plus l'argent. Le patron du bar décline toute responsabilité. Il déclare que le propriétaire de l'appareil est responsable.

Tu te plains du repas auprès du garçon.

Tu veux changer les chaussures que tu as achetées il y a deux jours, mais la vendeuse refuse de les reprendre.

Tu dis à tes parents que tu veux épouser un(e) étudiant(e) noir(e). Ceux-ci ne sont pas d'accord.

Tu demandes plus d'argent de poche à tes parents, mais ceux-ci refusent.

Tu demandes à tes parents la permission de rentrer après minuit.

Toi et ton frère vous demandez à vos parents de regarder un film à la télé après huit heures. Vous avez déjà vu un film l'après-midi.

Tu t'es foulé le pied pendant le cours de gymnastique. Dans l'autobus, tu ne te lèves pas pour offrir ta place à plusieurs personnes agées qui sont montées après toi. Ils te critiquent.

Tu roules au milieu d'une large rue tout en cherchant une place pour te garer. Tu en vois une de l'autre côté de la rue. Tu freines pour faire demi-tour. Une autre voiture te rentre dedans.

Die bereits erwähnten, von Dietrich geäußerten Beispiele stellen Konfliktsituationen dar, die ein Schüler, falls er ins Zielland fährt, erleben könnte. Die hier genannten haben im Gegensatz zu diesen nur den direkten Bezug zum Leben der Schüler. Je direkter und aktueller jedoch eine Situation für einen Schüler ist, desto eher kann diese ihn motivieren und desto eher handelt es sich um einen interaktiven Fremdsprachenunterricht.

Das Erfinden solcher Rollenspiele ermöglicht einerseits, daß der Lehrer sich selbst einbringt, andererseits steht dem – wie bereits erwähnt – eine nicht ausreichende sprachliche Kompetenz mancher Lehrer und die mangelnde Kreativität einiger Schüler entgegen. Beides kann überwunden werden. Der Lehrer kann ein Wörterbuch zu Rate ziehen, und die Schüler werden um so kreativer agieren, je mehr sie Gelegenheit zum Rollenspiel geboten bekommen. Selbstverständlich ist es auch in sprachlich und kreativ leistungsfähigen Gruppen möglich, daß der Lehrer oder ein Schüler einen Konflikt in der Fremdsprache schildert und daß die Schüler dann sofort mit Hilfe des Lehrers als „Ghostspeaker" in der Art eines Souffleurs zu spielen beginnen. Die Zuhörer sind dabei wahrscheinlich auf den Inhalt gespannt, andererseits wird der spontane Redefluß hierbei öfter unterbrochen werden, auch wenn der Lehrer als „Double" (vgl. S. 34; 107) mitspielt. Falls die Darstellung aber gelingt und inhaltlich den Mitschülern gefällt, kann der so spontan gefundene Rollentext zur erneuten Darstellung und zur Erlernung neuer Sprachbestände genutzt werden.

Wenn Lehrer wie Schüler aber an einer ausgearbeiteten Vorlage festhalten wollen, ist ein interaktives Rollenspiel selbstverständlich trotzdem möglich. Müller, H. (1975) hat seiner Sammlung von Rollenspielen eine originelle Idee zugrunde gelegt. Ausgangspunkt war das bekannte Lernziel, daß die Schüler sich in *Alltagssituationen* sprachlich behaupten sollen. Hinzu kam die Erkenntnis des Pädagogen, daß es ziemlich langweilig ist, sich in diesen altbekannten normierten Rollen zu bewegen. Welchen Anreiz gibt es eigentlich, diese Rollen, die man tagtäglich praktiziert, nun noch zu spielen? Wenn man nun aber einen Verfremdungseffekt dadurch hineinbringt, daß der Lerner im Fremdsprachenunterricht Gelegenheit bekommt, aus dieser normierten Rolle auszubrechen, dann wird er zum Spielen motiviert sein. Wie recht Müller mit dieser Überlegung hat, kann man an der Freude sehen, mit der die erwachsenen Lerner diese nonkonformistischen Rollen spielen. Dies ist auf Film aufgezeichnet worden. (Siehe Wortprotokoll und Besprechung S. 224 ff.)

Es gibt wohl kein besseres Beispiel für normiertes – und zweifellos auch gerechtfertigtes – Rollenverhalten als das des Verkehrsteilnehmers. Müller (1975, S. 10 f.) hat dieses Verhalten nun nonkonformistisch ausgestaltet:

Der eine:	Halt – es ist Rot.
Der andere:	Wie bitte?
Der eine:	Es ist Rot. Sie müssen warten.
Der andere:	Ich muß warten? Warum?
Der eine:	Weil Rot ist. Bei Rot müssen Sie warten.
Der andere:	Bei Rot muß ich warten? Warum?
Der eine:	Das ist so.
Der andere:	Ich möchte aber gehen!
Der eine:	Gehen können sie bei Grün.
Der andere:	Bei Rot muß ich warten und bei Grün kann ich gehen? Das verstehe ich nicht.
Der eine:	Es ist aber so.
Der andere:	Einen Moment! Sie sagten: bei Rot muß ich warten.
Der eine:	Ja.
Der andere:	Und bei Grün kann ich gehen?
Der eine:	Ja.
Der andere:	Heißt das: bei Grün muß ich gehen? usw.

Wenn man die Bedürfnisse des Lerners für ein interaktives Rollenspiel benutzen will, liegt es nahe, Konflikte aus der Schulsituation auszuwählen. So soll der Schüler lernen, Probleme, die ihn beschäftigen, kommunikativ in der Fremdsprache zu bewältigen. Gleichzeitig ist es eine konsequente Weiterführung des einsprachigen Unterrichts. Obwohl die einsprachige Methode von Anfang an die Kommunikation zwischen Lehrer und Schüler in der Fremdsprache als wesentliches Ziel ansah, blieb doch der Bereich Konflikte hiervon in der Praxis völlig ausgespart. Lob wurde zwar vom Lehrer noch in der Fremdsprache gespendet, sobald es aber zu Konflikten kam, bedienten sich beide Sozialpartner der Muttersprache, falls der Schüler überhaupt zu Wort kam.

Diesen Bereich bezeichnen Black und Butzkamm (1977a, 118 f.) als „mitteilungsbezogene" Kommunikation und unterscheiden ihn von der „sprachbezogenen" Kommunikation, die allein auf das Erlernen der Fremdsprache ausgerichtet wird. Da diese beiden Formen meist gemischt auftreten, unterteilen sie sie jeweils in eine „reine" und eine „primäre" gemischte Form. Die mitteilungsbezogene machen sie in Form von 30 empirisch gesammelten „Klassengesprächen" (Black u. a., 1977b) zum Lernziel ihres Englischunterrichts. Somit wird dieser Bereich auch für die einsprachige Unterrichtsführung erschlossen. Die Methode zum Erlernen dieser vorgegebenen Klassengespräche ist aber gemäß der kritischen Haltung der Autoren gegenüber dem einsprachigen Verfahren zweisprachig.

Als Beispiel für eines dieser Klassengespräche sei hier genannt:

A compromise

Teacher:	All right, quiet now. I want you to read the sentences you had for homework.
Roger:	But can't we do our plays instead? The homework was boring.
Philip:	It was a bit stupid.
Teacher:	Do you all agree?
Stella:	I don't. It was easy and I liked it.
Teacher:	Let me suggest a compromise. Stella will read her sentences and then you can present your plays. O.K.?
Pupils:	That's a good idea.

Wie schon gesagt, beziehen sich diese vorgegebenen Klassengespräche auf Interaktionsprobleme und sind somit durch ihren Inhalt interaktiv. Hier werden Redemittel mit dem Ziel der „Mitbestimmung im Unterricht" eingeübt: „Can't we . . . instead" (Gegenvorschlag) – „I don't agree." (Ablehnung/Zustimmung) – „I liked it, because it was . . ." (Begründung) – „. . . is boring/stupid" (Kritik) (Black u. a., 1977a, S. 123).

Ferner gibt der Lehrer den Schülern während der Einübungsphase alternative Wörter und Ausdrücke, die es ihnen erleichtern, in der Anwendungsphase eine eigene Version des Klassengesprächs zu finden. Hier können die Schüler dann möglicherweise ihre persönlichen Erfahrungen und die Probleme des Schulalltags einbringen und im anschließenden Rollenspiel ausdrücken. Eine Englischstunde mit einem „Klassengespräch" wird im letzten Kapitel besprochen.

Zweifellos ist damit noch nicht gesagt, daß die Schüler sich dann auch im tatsächlichen Konfliktfall der Fremdsprache bedienen werden, vor allem dann nicht, wenn sie sprachliche Überlegenheit als Defizit bei der Verteidigung ihrer Interessen empfinden. Zumindest ist aber die *sprachliche* Voraussetzung hierfür geschaffen worden, wenn auch die pädagogische sicherlich durch die Vorgabe dieser Dialoge nicht im gleichen Maße gegeben ist. Dies hängt eng mit der bereits erörterten sozialen Interaktion in der Klasse zusammen (vgl. S. 37 ff.).

4.7. Projektunterricht und Simulation

Projektunterricht ist die vorbereitende Ausrichtung des Fremdsprachenunterrichts während eines längeren Zeitraums auf eine zu einem bestimmten Zeitpunkt von der ganzen Klasse zu erbringende Leistung. Das kann die

Vorbereitung eines Auslandsaufenthaltes, die Erstellung eines Kurzfilmes, die Aufführung eines Theaterstücks, die Erstellung eines Hörspiels aufgrund einer Klassenlektüre, das Verfassen und Besprechen eines „klingenden Briefes" für eine Partnerklasse im Zielland (Moehl, 1975), eine Diskussion oder Debatte u. ä. sein.

Fast jedes Projekt ist eine interaktive Unterrichtsform, soweit es auf Selbständigkeit, Kreativität, lernergelenkte Kommunikation und Kooperation der Schüler innerhalb der Lerngrupppe bzw. -gruppen aufbaut. Diese interaktiven Faktoren sind in einem Projekt eigentlich eo ipso gegeben, falls der Lehrer diese nicht durch zu geringe Berücksichtigung der Schülerwünsche und durch minutiöse Arbeitsanweisung – aus der Angst heraus, das Projekt könne andernfalls scheitern – unterbindet.

Projektarbeit hat im deutschen Bildungswesen seit Kerschensteiner eine lange Tradition. Noch stärker wurde sie in den amerikanischen Schulen durch die Ideen Deweys (Dewey u. a., 1935) gefördert. Der Fremdsprachenunterricht scheint damals – wie auch heute noch mit wenigen Ausnahmen – von diesen Tendenzen unberührt ein Eigendasein geführt zu haben.

Die Diskussion in einer Klasse über ein bestimmtes Thema ist ein bereits besprochenes (vgl. S. 102 ff.) interaktives Verfahren, das glücklicherweise in der Praxis des Fremdsprachenunterrichts seinen festen Platz hat. Walter (1978), der Textmaterialien für solche Diskussionen vorgelegt hat (Walter u. a., 1977), wendet sich strikt gegen „Stegreifdiskussionen" und beschreibt ausführlich, wie solche Debatten in Form eines Projekts sprachlich und inhaltlich vorbereitet werden können. Das interaktive Moment des Projekts wird durch eine originelle Idee besonders gefördert. Die Lehrer zweier Klassen vereinbaren, daß ihre Klassen zu einem bestimmten Zeitpunkt gegeneinander zu einer Debatte über ein Thema antreten, das von beiden Klassen mehrheitlich aus einer Vorschlagsliste der Lehrer ausgewählt worden ist. Bei differierenden Wünschen beider Klassen wird das eine der Themen durch Los für das „Rückspiel" vorgesehen. Grundsätzlich wird beiden Klassen dasselbe Textmaterial vorgelegt, doch sollen die Schüler eigenes Material, auch in der Muttersprache, in die Projektarbeit miteinbringen. Während des Projekts dürfen die Klassen untereinander Beobachter als „Werkspione" austauschen, die ihrer Klasse über neues Material oder Vorgehensweisen der gegnerischen Klasse berichten. Vor der Debatte findet die „Generalprobe" innerhalb der Klasse statt. Die Debatte selbst wird nach der ersten „Halbzeit" unterbrochen und die Beteiligung der Schüler überprüft, um so zu erreichen, daß im weiteren Verlauf auch die passiveren Schüler einen Beitrag leisten. Die Beiträge jedes Schülers werden nach Qualität und Quantität mit Punkten versehen. Die siegreiche Mannschaft wird anhand der Summe dieser Punkte ermittelt. Den Beweis für die interaktive Wirkung eines solchen Projekts liefert die Beobachtung der Lehrer: „. . . eine für die Klasse motivationsfördernde Osmose innerhalb der Schüler (findet) statt." Eine andere Möglichkeit ist die Aufteilung beider Klassen in eine Pro- und Kontragruppe und die Ermittlung des Siegers nach demselben Verfahren.

Solche Diskussionen können aber gerade dann Probleme aufwerfen, wenn sie vom Inhalt her interaktiv sind, d. h. die Schüler zur Formulierung eigener Meinungen anregen. Zweifellos sind entgegengesetzte Meinungen der Motor jeder Diskussion. Doch erlaubt es die erzieherische Aufgabe des Lehrers, auch dem schulischen Erziehungsziel entgegengesetzte Meinungen zu dulden? Bertrand (1978 b) setzt sich anläßlich einer Diskussion über die Rassenfrage mit diesem Problem auseinander. Er kommt zu dem Schluß, daß keine Meinung unterdrückt werden dürfe, daß der Lehrer aber durch eigene Diskussionsbeiträge die Gegenseite stützen und mit dem betreffenden Schüler außerhalb des Unterrichts in der Muttersprache weiter diskutieren solle.

Eine weitere interaktive Ausformung des Projektunterrichts ist durch Simulation möglich. Simulation bedeutet die möglichst realistische Darstellung von Kommunikationssituationen, die für den Schüler relevant sein können. Bertrand (1974) versteht unter Simulation ein Vorgehen, das in der deutschen Didaktik meist mit dem Wort „situativ" bezeichnet wird. Hinzu kommt noch die kreative Selbständigkeit der Schüler, z. B. durch die Dialogisierung von Lesetexten, die Versprachlichung von Bildern, die Erstellung von Kleinanzeigen, Rollenspiel usw. bis hin zur „simulation généralisée", wo auch der äußere Rahmen möglichst dem Zielland angepaßt wird.

Bertrand (1978) berichtet aus seiner Erfahrung, daß Kinder, Jugendliche in der Pubertät und Erwachsene mit Engagement und Ernst so zum Rollenspiel motiviert werden konnten. Diese Erfahrung steht im Gegensatz zu der Auffassung vieler Lehrer, daß Jugendliche nicht mehr zum Spielen zu bewegen seien. Bertrand sieht die Gründe dafür weniger in den Hemmungen der Schüler als in denen der Lehrer.

Roß und Walmsley (1976) haben eine Simulation als Projekt im Englischunterricht einer 10. Hauptschulklasse durchgeführt. Für sie ist der Begriff „Simulation" nur dann gerechtfertigt, wenn „die Rückkoppelung (‚Feedback') über die Leistung der Teilnehmer eine zentrale Rolle spielt" (S. 40). Deshalb halten sie die abschließende Reflexionsphase, in der alle Teilnehmer einschließlich des Lehrers ihre Meinung zur Durchführung der Simulation äußern, für einen „unerläßlichen Bestandteil einer jeden Simulation" (S. 40). Dieses Moment wurde schon bei der Erörterung des Rollenspiels als ausschlaggebend für die interaktive Unterrichtsgestaltung dargelegt.

Das besondere Verdienst der Autoren ist es, eine so schwierige Aufgabe wie die der Simulation im Projektunterricht in einer Hauptschulklasse durchgeführt zu haben. Ohne diese vorliegende Erfahrung würden wohl viele Lehrer einen Projektunterricht – auch für andere Schulformen – für undurchführbar halten.

Die Simulation „Hotel" wurde aus dem Bereich Tourismus gewählt. Die Schüler hatten die Rolle des Hotelpersonals und der Touristen zu spielen. Für das Projekt standen 15 Unterrichtsstunden zur Verfügung. Zuerst wurde die Durchführung des Projekts vom Lehrer erläutert. Dann wurden Pläne für drei Hoteltypen und eine Liste der zur Simulation nötigen Materialien erstellt und in der Gesamtgruppe besprochen. Lehrer und Schüler stellten gemeinsam eine Liste des zur Simulation nötigen lexikalischen Materials auf, das nach Arbeitsbereichen aufgegliedert war und durch Frage und Antwort eingeübt wurde.

Anschließend erhielten die Schüler verschiedene Dialoge und Fragen zu den Aussagen und zum Verhalten der auftretenden Personen. Es folgte die Thematisierung, Erarbeitung und das Einüben der Dialoge. Zwei Drittel der vorgesehenen Zeit wurde hierauf verwendet. Die praktische Vorbereitung der Simulation wie das Anfertigen der Schilder usw. und die endgültige Rollenverteilung schlossen sich an.

Zur Durchführung wurden drei zusammenhängende Schulstunden benötigt. Die ersten 20 Minuten dienten der Umgestaltung des Klassenzimmers nach den Plänen, dann erfolgte die Simulation während einer Stunde. Nach einer längeren Pause stand ca. 1 Stunde zur Besprechung und zum „Feedback" zur Verfügung. Während der Simulierung wurde ausschließlich englisch gesprochen. (In anderen Schularten müßte es möglich sein, mit Hilfe des Lehrers als „Ghostspeaker" alle Phasen des Projektunterrichts einsprachig durchzuführen). Die Spieler hatten Bettenpläne, Reservierungsbücher, Preislisten, Umrechnungstabellen und Telefone zur Verfügung. Die Bettenpläne waren so berechnet, daß die Wünsche der Gäste nicht ohne weiteres befriedigt werden konnten. So mußten diese von Hotel zu Hotel gehen, Telefonate mußten geführt werden usw. Schüler, die ihre Aufgabe erfüllt hatten, konnten sich in das Hotelfoyer zurückziehen und dort englische Zeitungen oder Illustrierten lesen, Postkarten schreiben oder auf die Familie bzw. den Geschäftsfreund warten.

Der Lehrer hatte die Aufgabe, die Rollen zu verteilen, die vorher nicht festgelegt worden waren. Weiterhin unterhielt er sich mit den Schülern über die Erfüllung ihrer Arbeiten oder gab ihnen „Überraschungskarten", um Probleme zu lösen, z. B. die Mitteilung, daß Frau X ihre Reservierung zurückziehe, wodurch das dringend benötigte Zimmer frei wurde, oder Aufträge, sobald einige Schüler mit ihrer Rolle fertig waren. Das Spiel war beendet, nachdem alle Gäste ein Zimmer gefunden hatten.

Die anschließende Besprechung ergab, daß die Schüler es als vorteilhaft empfanden, realistische Rollen zu spielen und diese in einer Spielsituation, in der sie *alle* mitwirken konnten, selbständig zu gestalten. Weiterhin empfanden sie es als positiv, daß das traditionelle Bezugsschema Lehrer-Einzelschüler oder Lehrer-Gesamtklasse zugunsten einer Interaktion der Schüler untereinander aufgehoben wurde. Als Kritik wurde vorgebracht, daß die Vorbereitung länger und gründlicher hätte sein müssen und daß die Schüler eingehender ihre Rollen hätten üben müssen. Das Problem derjenigen, die schnell mit ihrem Auftrag fertig gewesen waren, hätte durch vorher eingeplante Eigentätigkeit oder durch ein Mehr an „Überraschungskarten" gelöst werden können. Der Lehrer und sein Kollege sahen den großen Vorteil in der sprachlichen Verbesserung, die durch die interaktive Teilnahme an der Simulation erzielt wurde. Sie meinten, daß bei einer Wiederholung des Projekts der erforderliche Arbeitsaufwand stark reduziert würde, da alle Beteiligten die Arbeitstechniken und Ziele um so besser kennen würden, je öfter eine solche Simulation praktiziert würde.

Die kritischen Gedanken der Schüler zeigen implizit, wie sehr sie darauf erpicht waren, es das nächste Mal besser zu machen. Die Erfahrung, in der Simulation des englischen Alltags Kommunikationsschwierigkeiten gehabt zu haben, führte zu einer intrinsischen Motivation, wie sie nach Auffassung der Autoren sonst nur selten zu finden ist.

Wenn nun diese Simulation noch gefilmt oder vor den Eltern aufgeführt worden wäre, dann wären die Schüler möglicherweise noch motivierter gewesen. Hier wird auch ein Weg deutlich, wie durch Simulation Motivation auf die Dauer gefördert werden kann.

Einschränkend ist zu bemerken, daß durch die Darstellung des bloßen Alltags die Motivation auf längere Zeit nicht aufrechterhalten werden kann. Überraschungen, Humor und Pointen müssen zur Auflockerung des Alltags hinzukommen. So hätten z. B. schon die Konflikte einiger Gäste mit ihren Partnern oder die Ankunft einer Filmdiva inkognito mit einem neuen Verehrer genügt, um die Simulierung des Hotelalltags amüsanter zu gestalten.

4.8. Interaktiver Lektüreunterricht

Die interaktiven Prinzipien der Selbständigkeit, Selbstentscheidung, Mitbestimmung und Kooperation scheinen oft auch im fortgeschrittenen Unterricht, wenn fiktionale und nichtfiktionale Texte gelesen werden, wegen beträchtlicher Sprachbarrieren undurchführbar. In der Praxis wird dann die Schullektüre, d. h. gekürzte Auswahltexte, mühevoll anhand der Vokabelverzeichnisse erarbeitet oder übersetzt. In vielen Fällen kommt der Schüler niemals zu einem Überblick über das ganze Werk und somit auch nicht zu einer eigenständigen Interpretation. Sein Interesse beschränkt sich darauf, die nächste aufgegebene Textpassage so zu beherrschen, wie es von seinem Lehrer gefordert wird.

Einige interaktive Alternativen sollen im folgenden erörtert werden. Die erste besteht darin, daß die Lektüre mit den Schülern gemeinsam ausgewählt wird. Junger (1971) hat eine solche „kooperative Lektüreauswahl in Klasse 10" erprobt. Dabei stellte er den Schülern acht verschiedene Autoren in Schulausgaben vor. Während vier Wochen befaßten sich nun die Schüler mit den verschiedenen Autoren und trugen ihre Ergebnisse in Form einer Inhaltsangabe auf französisch, einer Erörterung der sprachlichen Schwierigkeiten und eines abschließenden Urteils, beides auf deutsch, vor. Manche Schüler waren von der Inhaltsangabe auf französisch überfordert. Die Schülerberichte wurden von den Mitschülern mit Interesse aufgenommen. Danach ergab die Abstimmung, daß 16 Schüler für „Matéo Falcone" (Mérimée) und 7 Schülerinnen und 3 Schüler für „La vie d'une hôtesse de l'air" waren. Trotz dieser Überstimmung der Mädchen arbeiteten die Schüler laut Aussage des Lehrers ohne Verdruß an dem gemeinsamen Vorhaben. Die Vorbereitungsarbeiten aller Schüler wurden zensiert.

Zu dieser Form der Mitbestimmung läßt sich Positives und Negatives anmerken. So könnte statt der einengenden Vorauswahl durch den Lehrer den Schülern eine umfassende Liste mit französischen Autoren, nach Epochen gegliedert, gegeben werden. Die Schüler hätten nun die Aufgabe, sich innerhalb von 2–3 Wochen in deutschen Bibliotheken nach ihrem Belieben diese *oder andere* französische Autoren auszuleihen und zu lesen. Der Verzicht auf die französische Sprache mag von dem einen oder anderen als Nachteil angesehen werden, doch nur in dieser Form wird gewährleistet, daß die Schüler sich selbständig einen Überblick verschaffen, aufgrund dessen sie eine kompetente Auswahl treffen können. Die Lektüre ihrer Wahl stellen sie dann ihren Mitschülern auf deutsch oder französisch vor. Eine solche Arbeit sollte selbstverständlich nicht zensiert werden.

Wenn nun die Entscheidung auf einen Autor fällt, für den keine Schulausgabe vorhanden ist, werden lediglich von Schülern und Lehrer gemeinsam ausgewählte Schwerpunkte des Textes gelesen. Nach Möglichkeit sollten alle Schüler den gesamten Text auf deutsch gelesen haben. Dieser Überblick befähigt sie zu einer genaueren Interpretation der Auszüge, das Interesse für die einzelne Textstelle kann hierdurch leichter geweckt werden. Das Argument, die Spannung werde durch die Kenntnis des Gesamtinhaltes genommen, ist in vielen Fällen nicht gerechtfertigt. Wenn die Schüler Shakespeare oder andere englische oder französische Klassiker lesen, sind die sprachlichen Schwierigkeiten meist so groß, daß die Schüler niemals zu einem kursorischen Lesen kommen, das allein eine vom Inhalt erzeugte Spannung entstehen lassen kann.

W. Arnold (1971) hat in ähnlicher Weise die Schüler aufgefordert, zwei klassische französische Dramen, die im Unterricht behandelt werden sollten, vorher auf deutsch zu lesen und die zu interpretierenden Schwerpunktszenen auszuwählen. Von diesen Szenen wurden kurze Inhaltsangaben auf französisch und ein „commentaire linguistique et matériel" angefertigt. Die Schüler übernahmen, in Gruppen aufgeteilt, durchlaufende Untersuchungsaufträge wie z. B. die Beziehung des Harpagon (L'Avare, Molière) zu den übrigen Personen der Komödie.

In den beiden aufgezeigten Unterrichtsbeispielen kommt beim ersten mehr die selbständige Entscheidung über die Lektüre, beim zweiten mehr die über den Unterrichtsverlauf zu ihrem Recht. Letzterer Punkt könnte aber noch stärker interaktiv gestaltet werden.

Im Lektüreunterricht ist es üblich, daß die Interpretation durch Fragen und Aufgaben, die der Lehrer stellt, geleistet wird. Diese „gelenkte Interpretation" geht davon aus, daß der Lehrer aufgrund seines Fachstudiums die zu leistende Interpretation kennt und dem Schüler hilft, diese mehr oder weniger selbständig nachzuvollziehen. Dieses Verfahren ist durchaus gerechtfertigt, vor allem wenn es in Form der Gruppenarbeit geschieht. Ein Beispiel hierfür schildert Dussel (1968).

Anstelle der vom Lehrer gegebenen Arbeitsaufträge kann der Lehrer zuerst alle Schüler auffordern, individuell oder in Gruppen selbst *Fragen („questions révélatrices") zu finden,* mit deren Hilfe sie die ausgewählte Lektüre oder Schlüsselszene interpretieren. Vor der eigentlichen Interpretation werden dann alle Fragen, seien sie auch nur solche zum sprachlichen oder inhaltlichen Verständnis, gesammelt. Anschließend kann der Lehrer noch seine „Schlüsselfragen" hinzufügen. Diese Fragen stellen die eigentliche, von den Schülern erstellte Leitlinie der Textinterpretation dar. Zu ihnen werden dann gemeinsam *Antworten* mit *Belegstellen* im Text gesucht. Vorteilhaft ist es, soweit die Interpretation nicht in Gruppenarbeit geleistet wird, wenn die Antworten in einem übersichtlichen Tafelbild zusammengefaßt werden.

Ein weiterer interaktiv zu nennender, die lernergelenkte, kreative Kommunikation fördernder Vorschlag wurde von Bertrand (1974, S. 184 f.) gemacht. Falls die Schüler den genauen Verlauf einer Lektüre oder das Ende eines Textes nicht kennen, können sie, sobald die Lektüre an einem dramatischen Höhepunkt angelangt ist, aufgefordert werden, den weiteren Verlauf der Handlung bzw. die Entscheidungen der Hauptpersonen u. ä. selbst in der Fremdsprache weiterzuerzählen. Ihr Veständnis für Literatur und ihr persönlicher Zugang zu Texten kann hierdurch geweckt werden, so daß sie mit ganz anderem Interesse nun den Fortgang des Textes im Original verfolgen.

Lektüreunterricht kann auch dann interaktiv werden, wenn der Text als Ausgangspunkt und Voraussetzung für eine selbständige Arbeit der Schüler gesehen wird. So kann ein Text in ein Rollenspiel umgeformt werden oder in ein Drama, das auf einem Elternabend aufgeführt wird, oder zu einem Hörspiel, das einer anderen Klasse vorgespielt werden soll. Voraussetzung ist hierfür immer, daß die Texte den Schülern gefallen und nach diesem Kriterium von ihnen ausgewählt worden sind.

Billows (1973, S. 110) ist wohl der erste Fachdidaktiker, der unter ausdrücklichem Hinweis auf Moreno (1954) und die gruppenpsychotherapeutischen Wirkungen des Rollenspiels solche selbsterstellte „Dramen" in verschiedenen Varianten für den Fremdsprachenunterricht empfohlen hat:

„An einem Beispiel aus meiner eigenen Unterrichtserfahrung läßt sich das verdeutlichen. Ich hatte mehrere Klassen an einem Nachmittag zu betreuen. Die Jungen waren zwischen elf und vierzehn Jahren alt. Nachdem wir zunächst ohne viel Interesse ein paar Scharaden hinter uns gebracht hatten, begannen wir einige Passagen aus Caesars Bellum Gallicum, den die älteren Jungen gerade gelesen hatten, szenisch umzusetzen. Es blieb nicht beim reinen Rollenspiel. Monologe und Gesänge kamen alsbald hinzu, die wir aus dem Stegreif gedichtet hatten. Am Ende der Stunde war bei allen der Funke übergesprungen; sie wollten weitermachen, täglich wollten sie eine Stunde darauf verwenden, neue Texte zu erstellen und neue Szenen einzuüben. In den folgenden Tagen war das Engagement groß: Szenenbilder wurden hergestellt, im Werkraum wurden Waffen aller Art hergestellt, nach Originalbildern aus Büchern, die sich in der Schulbücherei fanden; in der Englischstunde wurden Texte erstellt, von denen die besten für das neue Stück ausgewählt wurden. Ich selbst war verblüfft, welche Energien hier plötzlich freigesetzt worden waren, und welch ausgeprägter sozialer Zusammenhalt sich aus diesem kooperativen Projekt entwickelte."

Billows berichtet dann, daß dieses Unternehmen auf Anweisung der Schulleitung abgebrochen werden mußte, die sich für das „sinnlose Auswendiglernen und Vorspielen eines wertlosen Theaterstücks" entschieden hatte.

Wie er schwierige Theaterstücke durch engagiertes Rollenspiel den Schülern nahebrachte, schildert er an einem anderen Beispiel:

„Also sagte ich den Schülern, daß wir Shakespeare lesen würden, und daß sie keinerlei Fragen bezüglich der Bedeutung einzelner Wörter stellen dürften, es sei denn, daß der rote Faden verloren ginge. Wir spielten die meisten Szenen, so daß auch dadurch Verständnisschwierigkeiten ausgeräumt werden konnten: Falstaff erschien mit einem Kissen unter dem Pullover und wurde von seinen Freunden aufgelauert, die sich mit Linealen bewaffnet hatten – auf großartige Kostümierung oder Regiearbeit legten wir keinen Wert. Unser Hauptziel war, mit der Lektüre rasch voran zu kommen, und wir lasen acht

Dramen in einem Jahr. Am Ende glaubte ich, daß wohl keiner dieser Jungen je mehr vor Shakespeare zurückschrecken würde, hatten wir es doch vermieden, schulmeisterlich jedes Drama respektvoll nach Wort und Sinn zu sezieren, und dem Meister die ihm gebührende Hochschätzung widerfahren lassen."

Sicherlich ist nicht jedem Lehrer soviel dramaturgisches Talent gegeben, daß er diese Vorschläge Billows ohne Schwierigkeiten nachvollziehen kann. Wenn der Lehrer aber die Mitentscheidung, die persönliche Meinungsäußerung und die Selbständigkeit der Schüler durch seine Haltung diesen gegenüber fördern will, dann wird er weitere interaktive Formen des Lektüreunterrichts finden. Diese ermöglichen sowohl die Auswahl von motivierenden Inhalten als auch eine Motivation durch die Art der Lektürebehandlung.

5. Interaktive Gruppenarbeit im Fremd-sprachenunterricht

5.1. Was ist interaktive Gruppenarbeit?

Interaktive Gruppenarbeit ist die *gemeinsame Arbeit* von drei bis fünf *unterschiedlich leistungsstarken Schülern in Gruppen,* die mit Hilfe des Soziogramms unter größtmöglicher Berücksichtigung der Schülerwünsche *nach sozialtherapeutischen Kriterien* zusammengestellt wurden. Sozialtherapeutische Kriterien sind alle Gesichtspunkte, die zu einer Verbesserung der sozialen Interaktion in der Klasse führen können.

Die interaktive Gruppenarbeit verfolgt primär dieses soziale Lernziel, das sekundär auch zu einer Leistungsverbesserung im Fremdsprachenunterricht führen kann. Diese Leistungsverbesserung wird sich wahrscheinlich weniger auf die leistungsstarken Schüler auswirken, sondern vielmehr dazu führen, daß mehr Schüler die Lernziele des Fremdsprachenunterrichts erreichen.

Der interaktiven Gruppenarbeit liegt die Hypothese zugrunde, daß die zufällige Bildung von Gruppen und die Zusammenarbeit der Schüler in ihnen, wie dies in der Schule üblicherweise praktiziert wird, keineswegs den bestmöglichen Weg zur Verbesserung der sozialen Interaktion darstellt. Vielmehr ist die o.a. Zusammenstellung der Gruppen und die gemeinsame Arbeit in solchen Gruppen ein wirksamerer Weg zur Verbesserung der sozialen Interaktion.

Voraussetzungen für interaktive Gruppenarbeit sind:

1. Ein *interaktives Lehrerverhalten.*
2. *Inhalte,* die die Zusammenarbeit, die lernergelenkte Kommunikation, die Selbständigkeit und die Interaktion in der Gruppe ermöglichen.
3. Das soziale Lernen durch Partnerschaft in „verantwortlicher Partnerschaft". (Vgl. S. 108)

Vor Beginn der Gruppenarbeit sollte die Zusammenarbeit in Form der „verantwortlichen Partnerschaft", bei der jeweils zwei Schüler zusammenarbeiten, eingeübt werden.

Auch nach dieser Phase der Einübung in Zusammenarbeit sollte je nach Lernziel entweder lehrergelenkter Unterricht oder im Wechsel Gruppenarbeit oder „verantwortliche Partnerarbeit" stattfinden.

Die Arbeit in „verantwortlicher Partnerschaft" ist deshalb eine so wichtige Voraussetzung für die interaktive Gruppenarbeit, weil die Schüler hierdurch

136

lernen, neben der fremdsprachlichen auch eine soziale Aufgabe zu bewältigen. In einer auf Konkurrenz aufbauenden Leistungsgesellschaft ist die soziale Aufgabe den Schülern nicht von vornherein einsichtig. Es obliegt dem
Lehrer, hierfür Verständnis zu wecken und den Schülern in Form der „verantwortlichen Partnerschaft" Gelegenheit zu geben, diese soziale Aufgabe zu
üben.

Die positiven sozialen Beziehungen, die durch die „verantwortliche Partnerschaft" geschaffen worden sind, können dann durch die interaktive Gruppenarbeit auf die gesamte Lerngruppe ausgedehnt werden.

5.2. Empirische Untersuchungen zur Leistungs-
effektivität und zur sozialen Auswirkung
der Gruppenarbeit

Untersuchungen zur Leistung

Eine auflistende Übersicht ohne wertende Interpretation über die Forschungen zur Kleingruppenarbeit seit 1900 umfaßt 1400 Einzeltitel (Stodtbeck
u. a., 1954). In einer weiteren Übersicht ist der lobenswerte Versuch gemacht worden, 2155 Untersuchungen zu diesem Thema nach den verschiedenen Untersuchungsvariablen zu ordnen (Altmann u. a., 1960 und Terauds
u. a., 1960). Bei einer solch großen Zahl von Versuchen ist es nicht verwun-
derlich, daß man auf widersprüchliche Ergebnisse stößt. Eine Auswertung
nach der Häufigkeit von positiven und negativen Ergebnissen muß zwangsläufig bestimmte Variablen unterschlagen und kann nicht im einzelnen auf
die Qualität der Versuchsdurchführung eingehen. So haben auch diejenigen,
die eine umfassende Auswertung der Forschungsergebnisse anstrebten, entweder kein eindeutiges Urteil gefällt oder ihr Urteil blieb nicht ohne Widerspruch. Z. B. haben Kelley und Thibaut (1954) die aus über 35 Jahren vorliegenden experimentellen Untersuchungen zur Frage, ob allein arbeitende Individuen oder ob Gruppen wirksamer *Probleme* lösen können, ausgewertet
und kamen zu dem Ergebnis, daß bisher noch keine eindeutige Antwort auf
diese Frage gegeben werden könne.

Später kamen auch Lorge, Fox und Brenner (1958, S. 337 ff.) bei einer entsprechenden Auswertung zu einem fast gleichlautenden Urteil, nämlich daß
eine eindeutige Überlegenheit der Gruppe bzw. einer Gruppenform nicht ge-
folgert werden könne. Correll (1965, S. 235) kritisiert an diesem Urteil zu
Recht, daß die Untersuchungen sich nicht auf Gruppen bezogen, die schon

bestanden hatten, sondern auf sogenannte Ad-hoc-Gruppen, die meist erst zum Zweck der Untersuchung gebildet wurden.

Eine weitere Folgerung läßt sich an diese Kritik anschließen. Im Gegensatz zu Ad-hoc-Gruppen kann sich in bereits seit einiger Zeit bestehenden Gruppen ein Interaktionsgefüge gebildet haben, das – je nach der Art und der Intensität seiner Ausbildung – der gestellten Aufgabe förderlich sein kann. Es ist also möglicherweise *weniger die Tatsache der Gruppenbildung* für eine Leistungssteigerung verantwortlich als vielmehr die Möglichkeit der *Zusammenarbeit in der Gruppe aufgrund einer eingespielten Interaktion.*

Die Frage, wie es zu einer solchen günstigen Zusammenarbeit kommt und welche Auswirkungen die Gruppe auf das Verhalten des einzelnen haben kann, ist also die wesentlichste Frage, die die Forschung vorrangig beschäftigt hat und die weiter unten erörtert werden soll. Zur Frage der Effektivität der Gruppenarbeit soll hier auf die bekannten frühen Untersuchungen in den USA eingegangen werden, bei denen es darum ging, Ernährungsgewohnheiten zu ändern. Lewin (1943) untersuchte, ob nach fünf Tagen Frauen tatsächlich ihren Speisezettel geändert hatten, nachdem sie teils durch einen Vortrag und durch Informationsschriften, teils durch Gruppendiskussion über die Vorteile bestimmter Speisen informiert worden waren. Die Frauen, denen Gelegenheit zur Diskussion der Informationen in der Gruppe gegeben worden war, hatten das neue Wissen zu 32% angewandt, die anderen nur zu 3%. Eine spätere Untersuchung von Radke und Klisurich (1947) zeigte, daß auch noch nach vier Wochen eine vergleichbare Überlegenheit der Gruppendiskussion nachzuweisen war. In einer weiteren Untersuchung konnten dieselben Forscher feststellen, daß die Gruppendiskussion sogar der Einzelinformation durch einen Fachmann überlegen war.

Bei den bisher erörterten Untersuchungen ging es vor allem um die Verhaltensänderung durch Überzeugen. Die Übertragbarkeit solcher Ergebnisse auf das intellektuelle Lernen ist selbstverständlich nicht ohne Einschränkung gegeben. Diese Form des Lernens war hingegen das Ziel einer Untersuchung von Perlmutter u. a. (1952). Sie ließen die eine Hälfte der Probanden sinnlose Silben in Dreiergruppen lernen, die andere einzeln, anschließend umgekehrt. Die Ergebnisse zeigten nicht nur die Überlegenheit des Lernens in der Gruppe, sondern auch, daß die Probanden, die zuerst in der Gruppe gelernt hatten, anschließend beim individuellen Lernen effektiver arbeiten konnten. Offensichtlich profitierten sie von Lerntechniken, die sie beim Lernen in der Gruppe erworben hatten. Die aus Gründen der Eindeutigkeit der Variablen oft gewählte Methode des Erkennens von sinnlosen Silben ist typisch für Laborexperimente. Sie trifft nur bedingt für das schulische Lernen zu. Außerdem wird die Versuchsanlage dieser Untersuchungen von den Versuchsleitern der im folgenden geschilderten Experimente kritisiert.

Es liegt nahe, daß auch die Art der Aufgabe entscheidend dafür ist, ob die Gruppe eine höhere Leistung erzielt als der Einzellernende. Vor allem bei Suchaufgaben müßte die Gruppe sich als effektiver erweisen. Dies wird auch durch die bekannte „Twenty-Questions-Study" von Taylor und Faust (1952) bestätigt, in der ein bestimmter Gegenstand mit einer bestimmten Anzahl von Fragen erraten werden mußte. Die Vierer- und Zweiergruppen errieten dabei den Gegenstand schneller, mit weniger Fragen und mit weniger Irrtümern als die Individuen. Zwischen Zweier- und Vierergruppen ergaben sich keine signifikanten Differenzen.

In dem gleichen Bereich des Schätzens und Suchens gehören die „Statistischen Utopien" von Hofstätter (1971, S. 32 ff.). Er faßt die von den Individuen abgegebenen Schätzwerte (bezüglich des Flächeninhalts von Figuren, Alter eines Rundfunksprechers usw.) rechnerisch zusammen. Die Ergebnisse dieser „synthetischen Gruppen" kommen dem richtigen Ergebnis wesentlich näher als die Einzelergebnisse. Selbstverständlich sieht Hofstätter selbst, daß dies kein Beleg für die tatsächlichen Leistungen von realen Gruppen ist.

Für einen beträchtlichen Teil des schulischen Lernens trifft die Informationsvermittlung in der Art eines Vortrags oder einer Vorlesung zu. Die Übersicht von Travers u. a. (1963) und McKeachie (1967) über Untersuchungen, die die Informationsvermittlung durch Vortrag mit der Diskussionsmethode in Gruppen verglichen, kommt zu dem Ergebnis, daß die Diskussionsmethode keine Leistungssteigerung hinsichtlich der Kenntnisse bringt, wohl aber signifikante positive Ergebnisse hinsichtlich der sozialen Faktoren. Zu ähnlichen Ergebnissen kommt Stovall (1958), der aufgrund der Auswertung von 27 Untersuchungen zur Frage der Wirksamkeit der Gruppendiskussionsmethode gegenüber der Vortragsform zu dem Urteil kommt, daß die Gruppendiskussion eher das Problemverständnis und das kritische Denken fördere als der Vortrag. Auch Cronbach (1971, S. 564 f.) kommt bei einer Auswertung der Zusammenfassung von Forschungen in den Jahren 1949 bis 1959 zu dem Urteil, daß zwischen lehrerkontrollierten Klassen und solchen mit Gruppenkontrolle keine Unterschiede bezüglich der Aneignung des Lernstoffs nachzuweisen seien, daß aber in den Klassen mit Gruppenkontrolle das Lernen dadurch gefördert werde, daß die emotionellen Reaktionen überprüft und die Ideen frei geäußert würden.

In einer sehr ausführlich dargestellten Untersuchung geht Dietrich (1969) der Frage nach, ob in einer Experimentierklasse mit durchgehender Gruppenarbeit ein Leistungsvorteil nachzuweisen ist im Vergleich zu zwei Kontrollklassen, die beide hinsichtlich der Mittelwerte beim Intelligenztest mit der Versuchsklasse vergleichbar waren. Die verschiedensten Hypothesen wurden mittels dieser Klassen verifiziert. So konnte Dietrich feststellen, daß Gruppen- wie Partnerarbeit in gleicher Weise der Einzelarbeit überlegen sind, daß die Gruppenarbeit auch hinsichtlich der kritischen Beurteilung bei Denkaufgaben vorteilhafter ist und daß in ihr mehr sprachlich sinngebundene Wörter produziert werden, auch wenn die Kontrollklasse nicht in Einzelarbeit, sondern lehrergeleitet unterrichtet wird. Weiterhin konnte er nachweisen, daß die höhere Leistung der Klasse mit Gruppenarbeit auch eindeutig bei den einzelnen Schülern zu finden war, also nicht auf dem Ergebnis einiger besonders leistungsstarker Schüler der Experimentiergruppe beruhte. Ebenso war die Versuchsklasse hinsichtlich des Behaltens dessen, was in der Gruppe gelernt wurde, überlegen.

So gründlich die Untersuchungen auch durchgeführt wurden, fällt doch auf, daß die Verifizierung aller Hypothesen auf der ständigen Überlegenheit der einen Klasse beruhte. Hier wäre durch eine Umdrehung der Versuchsanordnung, bei der die Kontrollgruppe zur Versuchsklasse gemacht worden wäre, eine genauere Verifizierung möglich gewesen, die vielleicht die unabhängige Überlegenheit der jeweiligen Versuchsklasse gezeigt hätte. Auch wenn die Parallelisierung stichhaltig war, könnte der sogenannte „Hawthorne-Effekt", nämlich die Besonderheit der Versuchssituation im allgemeinen und die besondere Zuwendung, die die Versuchsklasse genoß, oder auch andere Faktoren eine besondere Leistungsmotivation bei der Versuchsklasse bewirkt haben.

Abschließend sollen hier noch zwei Dissertationen erwähnt werden, von denen die von Schell (1956) experimentell wesentlich fundierter ist. In ihr geht es um die Frage der Überlegenheit der Partnerarbeit gegenüber der Einzelarbeit und weiterer wesentlicher Hypothesen in Verbindung mit der Partnerarbeit. Bereits früher war in einer Untersuchung (Hirzel, 1961) die Partnerarbeit – außer bei besonders schwierigen Aufgaben – bei der Arbeit mit einem Mathematikprogramm der Einzelarbeit überlegen gewesen. Ausgehend von dieser Arbeit wählte Schell ebenfalls ein Mathematikprogramm als Versuchsmaterial, da dies individuell und in Partnerarbeit von zehn Klassen der Stufe 8 unter Aufsicht der Versuchsleiterin bearbeitet werden konnte, so daß die Lehrervariable entfiel. Die Überlegenheit der Partnerarbeit konnte hierbei, außer bei schwierigen Aufgaben, nicht gesichert nachgewiesen werden. Es konnte aber nachgewiesen werden, daß der Wechsel von Partner- und Einzelarbeit signifikant der Einzelarbeit überlegen ist. Die positive Einstellung zur Partnerarbeit stieg mit der entsprechenden Lernerfahrung der Schüler.

In der Untersuchung von Komleitner (1972) standen 19 Klassen der Stufe 2 für den Vergleich von Gruppenarbeit mit Frontalunterricht im Fach Deutsch (Orthographie) zur Verfügung. Wesentlich ist, ebenso wie bei den Versuchen von Dietrich (1969), daß es sich hier nicht um ein Labor-, sondern um ein Feldexperiment, also um eine Untersuchung in der tatsächlichen Schulsituation handelt und daß die 19 Versuchsklassen von der 1. Klasse an mit gruppenunterrichtlichem Verfahren vertraut waren, während die Kontroll-Klassen nur Frontalunterricht kennengelernt hatten. Die Gruppenarbeit erwies sich in den Untersuchungen als hochsignifikant überlegen. Die Autorin weist zwar selbst auf die mangelnde Konstanz der Lehrerpersönlichkeit hin, da sie selbst in allen Klassen den zu kontrollierenden Experimentalunterricht mit Gruppenarbeit übernahm, erkennt aber nicht, daß gerade ihr Engagement für den Gruppenunterricht für die Kontroll-Klassen mit dem stark lehrerabhängigen Frontalunterricht eine unvermeidbare Verfälschung der Arbeit zugunsten der Hypothese bedeutete. Hätte man die Lehrer in den Experimentierklassen belassen, wäre die so günstige Ausgangssituation unverfälscht erhalten geblieben und aufgrund der relativ hohen Anzahl von Lehrern eine Kontrolle der Lehrervariablen auf statistischem Weg möglich gewesen.

Von Tausch und seinen Mitarbeitern sind in den letzten Jahren mehrere empirische Forschungen zu verschiedenen Fragen der Gruppenarbeit in der Schule durchgeführt worden, die aber alle keine Langzeitstudien sind. So untersuchten Langer u. a. (1973) in einer Voruntersuchung (ohne Verteilung der Probanden nach Zufall) mit 164 Schülern die Wirksamkeit der Diskussion in kurzzeitiger Gruppenarbeit hinsichtlich des Verständnisses eines sozialkundlichen Textes. Die Verständnisleistungen der Schüler mit Gruppenarbeit waren im allgemeinen tendenzmäßig, bei leistungsschwachen Schülern im speziellen signifikant größer. Eine vorherige Untersuchung hatte aber gezeigt, daß bei schwer verständlichen Texten Frontalunterricht wirksamer ist.

Bel-Born u. a. (1976) hatten in einer Untersuchung mit 889 Schülern in Erdkunde, Biologie und Physik nachgewiesen, daß die in *Einzel*überprüfung sofort *und* eine Woche nachher gemessenen Leistungen der Schüler, die in (leistungsheterogenen) Gruppen gearbeitet hatten, größer waren.

Beek u. a. (1977) konnten in einer Untersuchung mit 664 Schülern nachweisen, daß Gruppenarbeit bei kreativen Denkaufgaben bessere Leistungen erbringt und zwar bei konvergenten Aufgaben besonders bei leistungsschwächeren, bei divergenten besonders bei leistungsstärkeren Schülern.

Außer Erfahrungsberichten wie die von Howgego (1972) und Rowlands (1972) u. a. m. liegen keine empirischen Untersuchungen zur Gruppenarbeit im Fremdsprachenunterricht vor. Nach den so zahlreichen heterogenen und nicht immer eindeutigen Ergebnissen zur Gruppenarbeit auf anderen Gebieten läßt sich wohl kaum – auch durch neue Experimente nicht – eine Leistungsüberlegenheit der Gruppenarbeit für den Fremdsprachenunterricht nachweisen. Vom Stand der empirischen Forschung in diesem Bereich und von den spezifischen Anforderungen des Fachs her ist ein Fremdsprachenunterricht, der *ausschließlich* auf Gruppenarbeit beruht, nicht zu vertreten. Laboruntersuchungen und Felduntersuchungen, die sich nur auf eine oder mehrere Versuchsstunden erstrecken, können keine gültige Aussage über die Effektivität eines Verfahrens machen, das kontinuierlich während mehrerer Schuljahre angewandt werden soll und nur in dieser Form deutliche Erfolge zeigen kann. Die Probleme, die bei solchen interessanten Langzeitstudien zum vorliegenden Thema auftreten, werden im folgenden erörtert.

Nach den vorliegenden Untersuchungen spricht alles dafür, daß in einem Fremdsprachenunterricht, in dem Gruppenarbeit im *Wechsel* mit anderen Unterrichtsformen eingesetzt wird, zumindest dieselben Leistungen erzielt werden wie in einem ausschließlich frontal organisierten Unterricht. Diese vorsichtige und bescheidene Schlußfolgerung rechtfertigt selbstverständlich noch nicht die Gruppenarbeit im Fremdsprachenunterricht, falls nicht andere wichtige soziale Lernziele durch die Gruppenarbeit erreicht werden können, die auf die Dauer gesehen auch auf das Erlernen einer Fremdsprache außerordentlich wesentlichen Einfluß haben können. Untersuchungen, die sich mit den sozialen Beziehungen in Gruppen und sozialen Auswirkungen von Gruppenarbeit befassen, werden aus diesem Grund im folgenden ausführlich diskutiert.

Untersuchungen zur sozialen Auswirkung

Als einer der ersten erforschte Moreno (1934) das Sozialverhalten in der Gruppe und schuf mit Hilfe des ‚Soziogramms' die Möglichkeit, die dynamischen Strukturen von Gruppen zu erfassen. Angeregt durch seine Arbeit mit Gruppen entwickelte er eine psychotherapeutische Heilmethode in Form von Psycho- und Soziodramen (Rollenspiele aus dem Leben der Beteiligten). Wie entscheidend sich das soziale Klima in einer Gruppe auswirkt, ist durch die bekannte Hawthorne-Studie (Name des untersuchten Industrieunternehmens) von Mayo (1933) und seinen Mitarbeitern nachgewiesen worden. Die Gruppe, die untersucht wurde, entwickelte aufgrund ihrer Sonderstellung als Experimentiergruppe ein gutes Gruppenklima. Dieses Gruppenklima erwies sich als ausschlaggebender Faktor für die Leistungssteigerung – entscheidender als Akkordarbeit, höhere Entlohnung oder Arbeitsplatzbedingungen wie Beleuchtung usw. Der Konsensus in der Gruppe, der durch die Sonderbehandlung entstanden war, wirkte sich sogar auf die Arbeitsleistung des einzelnen aus, wenn es sich um *Einzel*akkordarbeit handelte.

Die frühen Untersuchungen von Sherif (1953, S. 238 ff.) sollen im folgenden eingehender geschildert werden, da sie Möglichkeiten zeigen, die auf den Schulunterricht übertragbar sind. Seine Untersuchungen weisen nach, wie die Sozialstruktur einer Gruppe unabhängig vom Erzieherverhalten beeinflußt werden kann. Sherif experimentierte mit 24 Jugendlichen, die ein Sommerlager veranstalteten. Wesentlich war, daß die zwei Betreuer sich jeder Führerrolle enthielten und daß der Versuchsleiter den Jungen als der Besitzer des Geländes vorgestellt wurde, eine Rolle, die seine Anwesenheit rechtfertigte, ohne daß daraus eine Führungsposition abgeleitet werden konnte. Die Untersuchung bestand aus 4 Phasen, die jeweils ca. vier Tage dauerten. In der ersten Phase hatten die Jungen Gelegenheit, spontane Freundschaftsgruppen zu bilden. Nach Erfassung der soziometrischen Struktur der Gruppe wurden hieraus zwei getrennte Gruppen gebildet, und zwar so, daß sich jeweils 65 % der soziometrischen Wahlen einer Gruppe auf Jungen erstreckten, die in der anderen, neuen Gruppe waren, und nur 35 % auf Mitglieder der eigenen neuen Gruppe. Dies stellte eine ziemlich unpädagogische Maßnahme dar, die auch zu beträchtlicher Mißstimmung führte, aber eine ausgezeichnete Ausgangslage bedeutete, um den Nachweis für die Möglichkeit einer positiven Gruppenbeeinflussung zu erbringen, die nicht auf schon vorhandene Sympathie zurückgeführt werden konnte. Die beiden Gruppen wohnten in der zweiten Phase in getrennten Lagern. Durch den engen Gruppenkontakt entwickelte sich schon nach kürzester Zeit ein „Wir-Gefühl" mit einer hohen Selbsteinschätzung (Autostereotyp). Die dritte Phase begann mit dem Interesse an anderen Gruppen, das gekennzeichnet war von einer niedrigen Einschätzung der anderen „out-group" (Heterostereotyp). Durch sportliche Wettkämpfe, die in Streitigkeiten ausarteten, wurde diese Tendenz verstärkt. In der vierten Phase setzte nun die positive Beeinflussung der Gruppenstruktur ein:

1. durch einen gemeinsamen Gegner (ein sportlicher Wettkampf beider Lager mit Jugendlichen aus einem Nachbarort),
2. durch eine gemeinsame Notlage (absichtlich hervorgerufenes Versagen der Wasserversorgung, die durch eine mühsame Aktion in den Bergen behoben werden mußte),
3. durch einen gemeinsamen Vorteil (aus der Gruppenkasse wurde das Entleihen eines Spielfilms finanziert),
4. durch eine gemeinsame Freude (die umfangreichen gemeinsamen Vorbereitungen für einen interessanten Ausflug).

Nach diesen Aktivitäten ergaben die soziometrischen Untersuchungen, daß das hohe Autostereotyp zwar nur geringfügig gesunken war, aber daß das Heterostereotyp so sehr gestiegen war (hohe Anerkennung der anderen Gruppe), daß es sich nicht mehr wesentlich vom Autostereotyp unterschied. Aus der Fülle weiterer Untersuchungen sollen hier noch einige hervorgehoben werden.

Deutsch (1951) hat eine Untersuchung durchgeführt, deren Ergebnis eines der wesentlichen Merkmale unserer schulischen Erziehung, nämlich die individuelle Zensur, in Frage stellen sollte.

Experimental- wie Kontrollgruppe arbeiteten beide in Gruppen, nur daß die Probanden der Experimentalgruppe gesagt bekommen hatten, sie erhielten eine gemeinsame Note für die in der Gruppe geleistete Arbeit, während die übrigen ihre übliche individuelle Zensur erhalten sollten. Wie die Ergebnisse zeigten, unterschieden sich beide Gruppen nicht, aber die Experimentalschüler arbeiteten sachinteressiert und ruhig, während bei den Kontrollschülern durch ihr Bestreben, eine bessere Note als der Nachbar zu erzielen, eine deutliche Verunsicherung und Verängstigung nachzuweisen war.

Wenn das Individuum innerhalb der Gruppe und mit ihrer Hilfe eine Lernleistung vollbringen muß, werden Spannungen reduziert, die bei dem „Auf-sich-allein-Gestelltsein" vorhanden sind. Diese Spannungen können sicherlich in Einzelfällen auch aufgrund der speziellen Veranlagung des Betreffenden lernfördernd sein; in einer Untersuchung von Flanders (1951) aber und in einer weiteren von Festinger u. a. (1952) zeigte sich, daß sich die Reduzierung dieser Spannungen durch die Gruppe überwiegend leistungsfördernd auswirkte.

In einer neueren Untersuchung hat Dietrich, G. (1969) zusätzlich zur Leistungseffektivität der Gruppe auch die sozialen Auswirkungen der Gruppenarbeit empirisch äußerst differenziert und gründlich untersucht. Die Versuchsklasse mit Gruppenarbeit wurde bezüglich der Aktivität der Mitarbeit, der Gewissenhaftigkeit der Arbeit, der verständnisvollen und zweckmäßigen Arbeitsplanung, der Verhaltenssteuerung, des Kontaktverhaltens, der sozialen Einordnung und der sozialen Aktivität am Anfang und am Ende des Versuchsjahres gemessen. Die Schätzskalen zur Beobachtung der Persönlichkeitsvariablen waren außerordentlich genau. Die Beobachter wurden geschult und ihre Zuverlässigkeit statistisch überprüft. Die Versuchsklasse zeigte in allen Punkten am Ende des Versuchsjahres einen signifikanten Fortschritt gegenüber der Anfangsmessung. Ebenso war sie in fast allen Punkten den Kontrollklassen überlegen. Hinsichtlich des Vergleichs mit den Kontrollklassen trifft auch hier die oben geäußerte Kritik zu (S. 140), nicht aber hinsichtlich der Untersuchungen *innerhalb* der Versuchsklasse. Ein vergleichbarer Fortschritt hinsichtlich des Sozialverhaltens konnte innerhalb der Kontrollklassen nicht nachgewiesen werden.

Die ebenfalls besonders große Aktivität der *Mitarbeit* war in der Versuchsgruppe von allen beobachteten Verhaltensformen am meisten gestiegen. Es ist naheliegend, daß dieses Verhalten durch Gruppenarbeit am ehesten gefördert werden kann. Die ebenfalls besonders große Steigerung hinsichtlich der Hilfsbereitschaft und des Verantwortungsbewußtseins (Sozialaktivität) interpretiert Dietrich, G. (S. 146 ff.) als Bestätigung des „alten Theorems, demzufolge die Persönlichkeitsformung des Schülers um so besser gelingt, je mehr die pädagogische Stilform der leistungsmäßigen und sozialen Aktivität des Schülers Spielraum gibt . . .'' Die geringste, aber trotzdem noch signifikante Steigerung erfuhr die Kontaktfähigkeit und die Kontaktbereitschaft. Diese Steigerung ist insofern erstaunlich, als sie in der Pubertät, in die die Klassen im Untersuchungsjahr eintraten, oft abnimmt, was auch in den Kontrollklassen nachgewiesen werden konnte.

Bel-Born u. a. (1976) konnten in ihrer Untersuchung aufzeigen, daß sich die Gruppenarbeit nicht nur leistungsmäßig, sondern auch emotional und sozial günstig auswirkt.

Die bisher gegebene Übersicht über die empirische Forschung zur Kleingruppenarbeit ist angesichts der großen Anzahl an Untersuchungen notgedrungen eine subjektive Auswahl. Da schon mehrere Forscher sich um eine umfassende Auswertung dieses Forschungsbereichs bemüht haben, sollten vor allem ihre Urteile hier genannt werden, die leider ebenso wenig ein endgültiges Urteil darstellen wie die Einzeluntersuchungen selbst. In der hier getroffenen Auswahl wurde versucht, das Pro und Contra zu Worte kommen zu lassen, auch wenn der Verfasser selbst grundsätzlich für die Gruppenarbeit eintritt. Wenn keine Versuche referiert wurden, die durchgehend gegen Gruppenarbeit sprechen, so deswegen, weil unter den gründlichen und anerkannten Versuchen solche durchgehend negativen Ergebnisse nicht auftraten. Wohl gab es Ergebnisse, die die Gruppenarbeit einschränkten oder keine Überlegenheit der Gruppenarbeit nachweisen konnten, wie gezeigt wurde. Die vielen Untersuchungen mit günstigen Ergebnissen für die Gruppenarbeit lassen auch das Eintreten vieler Forscher für diese Sozialform des Lernens verständlich erscheinen. So spricht Roeder (1964, S. 243) von dem ,,erdrückenden Beweismaterial für die Überlegenheit des Gruppenunterrichts''. Ebenso kommt Correll (1970, S. 129 ff.) nach der Schilderung mehrerer Experimente zu dem Urteil, ,,daß grundsätzlich soziales Lernen günstigere Resultate zeitigt als das individuelle'', setzt aber dieser Arbeitsform gleichzeitig präzise Grenzen. Er weist auf die Abneigung gegen Gruppenarbeit bei Schülern hin, die durch das in der Schule gepflegte Konkurrenzdenken sozusagen gegen Gruppenarbeit erzogen wurden, auf Mitschüler, die einen anderen in der Gruppe nicht akzeptieren, obwohl dieser sich akzeptiert glaubt, auf besonders intelligente Schüler, die schon die fertigen Ergebnisse im Kopf haben und sich deshalb in einer Gruppe unwohl fühlen oder sich langweilen, und schließlich weist er darauf hin, daß die einzelnen Lerngegenstände und die verschiedenen Lernphasen sich nicht in derselben Weise für Gruppenarbeit anbieten. So eignen sich nach Allport (1920) die *Anfangsphasen* eher für Gruppenarbeit als die Endphasen eines Lernprozesses. Zweifellos trifft der

Hinweis auf die unterschiedlich geeigneten Lerngegenstände und Lernphasen zu, doch ist es schwerlich einzusehen, warum die genannten Schwierigkeiten, die zweifellos existieren, als Argumente gegen die Gruppenarbeit gesehen werden sollten. Falls die Gruppenarbeit tatsächlich positive soziale Auswirkungen hat, sind doch auch gerade die geschilderten Negativfälle ein Argument für Gruppenarbeit, da diese neben der interaktiven Einflußnahme des Lehrers die einzige Möglichkeit darstellt, den geschilderten Schwierigkeiten zu begegnen und pädagogisch auf solche Problemschüler einzuwirken. Die oben aufgezeigten Untersuchungen berechtigen zumindest zu der Forderung, auch im Fremdsprachenunterricht *in allen hierzu geeigneten Lernphasen* Gruppenarbeit einzusetzen, vor allem auch in der Form der Partnerarbeit, nicht unbedingt, um *sofort* einen effektiveren Unterricht zu erreichen, was auch möglich ist, sondern um eine andere Lernhaltung zu erzielen.

5.3. Die erziehungswissenschaftliche Konzeption der Gruppenarbeit

In der Erziehungswissenschaft werden die Termini „Gruppenpädagogik" und „Gruppenerziehung" ohne genaue Abgrenzung voneinander gebraucht. Ebenso findet man den Begriff „Gruppenunterricht" neben dem der „Gruppenarbeit". In diesem Buch wurde bisher nur der Terminus „Gruppenarbeit" verwendet, um hierdurch den „lernenden" Aspekt hervorzuheben, während im Terminus „Gruppenunterricht" – als Gegensatz zum „Frontalunterricht" konzipiert – doch mehr der „lehrende" Aspekt mitschwingt.

Noch schwieriger ist es, wenn man nach einheitlichen Kriterien und Kategorien zur Bestimmung von Gruppen sucht. Statt verschiedene Definitionen auszuführen, soll hier nur ein einfaches Beschreibungsmodell von McGrath (1964, S. 69 ff.) aufgezeigt werden. Er unterscheidet drei Aspekte zur Bestimmung einer Gruppe:

1. *Die Rollenstruktur*

a) Arbeitsstruktur: Die Rollen sind durch die jeweilige Arbeit festgelegt.
b) Machtstruktur: Die Rollen werden durch den sozialen Einfluß bestimmt.
c) Kommunikationsstruktur: Die Rollen ergeben sich durch die Position im Kommunikationsnetz.
c) Freundschaftsstruktur: Die Rollen werden durch affektive Beziehungen bestimmt.

2. *Interaktionsstruktur*

Die Interaktion einer Gruppe wird durch die Art ihrer Kommunikation bestimmt. Diese kann entweder:

a) eine informative Kommunikation oder
b) eine affektive Kommunikation

sein.

3. *Gruppenprozeß*

Er kann sich auf drei Ebenen entwickeln und Veränderungen herbeiführen:

a) auf der Ebene der Arbeit,
b) auf der Ebene der Rollen,
c) auf der Ebene der Einstellungen der Gruppenmitglieder.

Eine umfassende Übersicht über die unterschiedlichen erziehungswissenschaftlichen Konzeptionen von Gruppenarbeit bei Slotta, Radler, Fuhrich und Frey hat Walz (1968, S. 20 ff.) zusammengestellt. Aus diesem Überblick geht hervor, daß es allen Konzeptionen vorrangig um die sozial-erzieherischen Möglichkeiten der Gruppenarbeit zu tun ist.
Demgegenüber nennt Walz (1968, S. 35 ff.) fünf Gelegenheiten von Gruppenarbeit in der Schule, die sie als „mehr oder weniger gelungene Übertragungen in die Praxis" (S. 35) ansieht:

1. Gruppenarbeit nur als neue Organisationsform und geschickter Kunstgriff zur methodischen Abwechslung.
2. Gruppenarbeit als „Abteilungsunterricht" zur Entlastung des Lehrers bei zu großen Klassen.
3. Gruppenarbeit als eine bessere Möglichkeit zur Stoffbewältigung, falls dieser sich gerade dazu eignet.
4. Gruppenarbeit als ein Mittel zum Zweck der vollen Durchgestaltung des Gesamtunterrichts, der die beherrschende Sozialform des Unterrichts bleibt.
5. Gruppenarbeit, in sinnvoller Begrenzung, mit dem Ziel, „die mitmenschlichen Beziehungen in einer Klasse erzieherisch produktiv zu gestalten" neben den selbstverständlichen Zielen der Wissensvermittlung und der Leistung.

Das letzte Beispiel sieht Walz als die eigentlich richtige Übertragung in die Praxis an. Die Darstellung der erzieherisch weniger relevanten Zielsetzungen der Gruppenarbeit ist deshalb so wichtig, weil diese Varianten wahrscheinlich häufiger in der Praxis anzutreffen sind als die von Walz angestrebte. Andererseits ist auch bei Walz das richtige Ziel der Gruppenarbeit so klar definiert, daß daraus Kriterien gewonnen werden können, um in der Praxis zu unterscheiden, ob es sich im konkreten Fall um eine „richtige" Übertragung der erziehungswissenschaftlichen Gruppenarbeitskonzeption handelt oder nicht. Klarer könnte es möglicherweise folgendermaßen gesagt werden. Gruppenarbeit kann nur dann erzieherische Wirkung haben, wenn sie

1. als gleichgewichtige Sozialform des Unterrichts neben anderen praktiziert wird,
2. in Verbindung mit einem entsprechenden Erziehungsstil des Lehrers,
3. und in Verbindung mit Inhalten, die sich für Gruppenarbeit eignen.

Andererseits sollte man für die Schulpraxis nicht zu hohe Anforderungen stellen und auch die übrigen von Walz genannten Einsatzmöglichkeiten der Gruppenarbeit gelten lassen. Wenn ein Lehrer die Konzeption optimaler Gruppenarbeit kennt und anzustreben versucht, dann kann jede Form von Gruppenarbeit durchaus ein Weg hin zur besten Form von Gruppenarbeit sein. Ebenso sehr ist ein Lehrer anzuerkennen, der aus der kritischen Erkenntnis seines überwiegend lenkenden Erziehungsstils Gruppenarbeit praktiziert. Auch wird es im Fremdsprachenunterricht nicht immer möglich sein, Inhalte zu finden, die sich für Gruppenarbeit eignen.

5.4. Vor- und Nachteile von Gruppenarbeit im Fremdsprachenunterricht

Im folgenden werden die Vorteile wie auch die möglichen Nachteile der Gruppenarbeit allgemein und vor allem in Hinblick auf den Fremdsprachenunterricht aus psychologischer Sicht und aus der Sicht des Praktikers erörtert werden.

Vorteile der Gruppenarbeit

☐ Entwicklungspsychologisch gesehen hat „jedes Individuum eine natürliche Affinität zu irgendeinem gruppenbildenden Prinzip" (Bauer, 1956, S. 3). Für den Schüler ist es sehr wesentlich, daß er sich als Mitglied einer Gemeinschaft fühlen kann, auch wenn er von der Institution her zur Einzelarbeit verpflichtet wird. Dieses Gefühl, nicht isoliert zu sein, wird in ganz besonderer Weise gestärkt, wenn er dazu angehalten wird, mit einem oder mehreren Partnern gemeinschaftlich zu arbeiten.

☐ Durch die Rolle, die der Schüler in der Gruppe bei der Gemeinschaftsarbeit übernehmen kann, kann seine Motivation entscheidend beeinflußt werden. Er kann die Erfahrung machen, daß er einen wesentlichen Beitrag zum Erfolg der Gruppenarbeit leisten kann.

☐ Schüler, die dem Lehrer als „Schweiger" bekannt sind – oft nicht die leistungsschwachen, sondern nur introvertierte, vorsichtige, die sich nur nach reiflicher Überlegung und bei zweifelsfrei richtigen Antworten melden – werden in den Kleingruppen aktiv und tragen wesentlich zur Gruppenarbeit bei. Auch der mehr passiv veranlagte Schüler wird in der Gruppe zur selbständigen Arbeit veranlaßt, falls diese entsprechend klein ist.

☐ Falls die Schüler in der Gruppenarbeit Ergebnisse erzielt haben, die sich als richtig erweisen oder die sie selbst und die Klasse als anerkennenswerte Leistung ansehen, stärkt dies die Bindungen innerhalb der Gruppe und schafft ein besseres affektives Klima.

☐ Aufgrund der Kenntnis der bereits oben erörterten Auswirkungen der Gruppenarbeit und der Sozialstruktur der Klasse kann der Lehrer sozialtherapeutische und lernfördernde Maßnahmen ergreifen, indem er auf die Gruppenbildung Einfluß nimmt und bestimmte Rollen innerhalb der Gruppenarbeit bestimmt. Hierbei ist ein sehr überlegtes Vorgehen angebracht, das bei der Frage der Gruppenbildung weiter unten erörtert wird.

☐ Die Schüler können in der Gruppenarbeit selbständiges Arbeiten unter der Kontrolle der Mitarbeitenden, selbstkritische Haltung und das Annehmen und Verwerten von Kritik lernen.

☐ Die Gruppenarbeit führt zur *Kräfteaddition*. Die gemeinsame Arbeit kann durchaus dazu führen, daß das Ergebnis der Gruppenarbeit besser ist als das eines jeden einzelnen Teilnehmers der Gruppe gewesen wäre, wenn er auf sich allein gestellt gearbeitet hätte. In der Praxis des Fremdsprachenunterrichts ist dies z. B. anhand der selbsterstellten Texte häufig zu beobachten.

☐ Die Gruppenarbeit führt zu Fehlerausgleich. Die Wahrscheinlichkeit, daß in der gemeinsamen, in der Fremdsprache abgefaßten Arbeit weniger sprachliche und orthographische Fehler vorkommen als in der Arbeit eines jeden einzelnen Gruppenmitglieds, ist sehr hoch.

☐ Die Korrektur durch den Mitschüler statt durch den Lehrer und ohne daß der Lehrer vom Fehler Kenntnis erhält, kann die nachteiligen Wirkungen auf die Leistungsmotivation, die ein Mißerfolg auf bestimmte Schüler hat, verhindern (vgl. Fokken, 1966, S. 54 ff.). Die nichtöffentliche Korrektur durch den Mitschüler trifft den betreffenden affektiv weniger als die Korrektur durch den Lehrer.

☐ Der Lehrer entscheidet im Frontalunterricht allein über die Richtigkeit eines jeden Lernschrittes. Oft kommt es vor, daß die Mitschüler erst dann auf den Fehler eines Mitschülers aufmerksam werden, wenn der Lehrer sie dazu auffordert. Daraus wird ersichtlich, daß in vielen Fällen die Schüler das Mitentscheiden und Mitdenken dem Lehrer überlassen bzw. es nur dann praktizieren, wenn der Lehrer sie dazu auffordert. In der Gruppenarbeit ist eher die Voraussetzung dazu gegeben, daß die Schüler sich zu einem ständigen Mitdenken und Mitentscheiden aufgefordert fühlen

☐ Ein guter Fremdsprachenunterricht besteht in hohem Maße aus den verschiedensten Übungsfragen. Dadurch, daß in Gruppen geübt wird, kann eine viel intensivere Übung erzielt werden, als wenn mit der ganzen Klasse geübt wird und nur ein Schüler jeweils aktiv beteiligt ist.

☐ Solange es im Fremdsprachenuntericht um die Ausbildung von Kommunikationsfähigkeit geht, ist das Gespräch mit einem oder mehreren Partnern eine notwendige Übungsform. Durch Partner- und Gruppenarbeit mit entsprechendem Arbeitsauftrag kann die Übungsgelegenheit intensiviert werden.

☐ Wenn es im Fremdsprachenunterricht um die Förderung sprachlicher Kreativität geht und der Schüler selbständige neue Übungsvarianten oder neue Situationen erfinden soll, können seine eigenen Ideen in einer Kleingruppe eher verwirklicht werden als in der Gesamtklasse.

☐ Die informelle Kommunikation – auch in der Muttersprache –, die beim Frontalunterricht meist als Unaufmerksamkeit gewertet und somit unterbunden wird, ist in der Kleingruppe sehr stark. Sie ist aber kein Störfaktor, sondern wirkt sich bei allen Aufgaben, bei denen es um Suchen, Forschen und um Kreativität geht, positiv aus.

☐ Im Fremdsprachenunterricht kommt es in der Mehrzahl der Fälle auf ein Richtig oder Falsch an, das auch meistens klar entschieden werden kann. Durch das Bereitstellen von geeigneten Hilfsmitteln und Übungsmaterial wie Wörterbücher und Grammatiken ist es durchaus möglich, daß die Gruppe selbst diese Entscheidung trifft. Die Schüler lernen dabei den selbständigen Umgang mit diesen Hilfsmitteln.

☐ Der Lehrer wird tatsächlich als „Helfender" benötigt. Im Frontalunterricht hat meistens weder der Schüler noch der Lehrer das Gefühl, daß der Lehrer diese Rolle ausübt. Der Lehrer ist derjenige, von dem alle Lernstimuli ausgehen, die in vielen Fällen zu Fehlern beim Schüler führen. Ohne es zu wollen, scheint der Lehrer dem Schüler mit seinen Fragen dauernd Fallen zu stellen.

In der Gruppenarbeit wird der Lehrer meist erst dann gerufen, wenn die Gruppe – auch mit Hilfsmitteln – nicht mehr weiter weiß. Sein Rat wird von beiden Seiten tatsächlich als notwendige Hilfe empfunden.

□ Gruppenarbeit bedeutet im Vergleich zum Frontalunterricht Individualisierung der Arbeit und Rücksichtnahme auf den Lernrhythmus; denn vor der Kleingruppe wird der einzelne es eher wagen, seine Mitschüler auf seine noch ungelösten Lernschwierigkeiten hinzuweisen als vor der Gesamtklasse. Bezeichnend ist die Erfahrung, daß es im Frontalunterricht meist die leistungsstärkeren Schüler sind, die sich melden oder zum Lehrer kommen, um ihm zu sagen, daß sie etwas noch nicht verstanden haben.

□ Leistungsstarke Schüler, die in der Klasse oft unterfordert sind und durch ihre Überlegenheit, ohne es zu wollen, in eine Außenseiterrolle gedrängt werden, können durch eine entsprechende Integrierung in die Kleingruppen sich ihrer sozialen Rolle als Helfende bewußt werden. Die Gruppenarbeit gibt ihnen die Möglichkeit, ihre Leistungsüberlegenheit so einzusetzen, daß ihre Mitschüler diese als Vorteil für sich ansehen. So wird verhindert, daß sie durch das Vorurteil ihrer Kameraden (self-fulfilling-prophecy) in die Rolle des egozentrischen „Strebers" gedrängt werden. Die Bildung von „verantwortlichen Partnerschaften", die weiter oben näher erläutert wurden, kann dies besonders wirksam verhindern.

□ Sobald der fortgeschrittene Fremdsprachenunterricht sich übergreifenden Themen widmen kann, ist eine Verteilung der Arbeit nach bestimmten Schwerpunkten auf die einzelnen Gruppen möglich. Ein Themenkreis kann dadurch arbeitsökonomischer und zeitsparender bearbeitet werden. Gleichzeitig hat die Gruppe durch die besondere Aufgabe das Gefühl, etwas Eigenständiges zu erarbeiten und einen wesentlichen Beitrag für das Lernen der übrigen Schüler zu leisten.

Mögliche Nachteile der Gruppenarbeit

Der Lehrer muß die Nachteile der Gruppenarbeit ebenso kennen wie die Vorteile, denn nur so kann er sie vermeiden, ohne die Gruppenarbeit insgesamt aufzugeben. Aus diesem Grund sollen im folgenden auch gleichzeitig Möglichkeiten aufgezeigt werden, wie diese Nachteile vermieden oder eingeschränkt werden können.

□ Bei einer Gruppenbildung auf freiwilliger Basis oder nach Soziogramm werden durch die Tendenz, daß die Gruppen sich nach Freundschaftsbeziehungen zusammensetzen, in vielen Fällen leistungshomogene Gruppierungen entstehen. Da die Freiwilligkeit bei der Gruppenbildung ausschlaggebend für die gute Zusammenarbeit in der Gruppe sein kann, ist es verständlich, daß viele Lehrer es den Schülern überlassen, die Gruppen zu bilden. Aber es gibt durchaus Gründe, die den Lehrer veranlassen sollten, auf den Gruppenbildungsprozeß Einfluß zu nehmen. Einer der Gründe ist dann gegeben, wenn das Wir-Gefühl einer Gruppe, das sicherlich solidaritäts- und arbeitsförderlich ist, sich – vor allem bei leistungsstarken Gruppen – zu einem Gruppenhochmut und zu einem Sich-Absetzen von den anderen führt. Eine Neubildung der Gruppen kann hier Abhilfe schaffen. Sie muß keineswegs als Strafe erkennbar sein, sondern als sinnvolle pädagogische Maßnahme, da nach einiger Zeit regelmäßig die Gruppen neu gebildet werden sollten, damit der einzelne zur Zusammenarbeit mit möglichst vielen seiner Mitschüler kommen kann. Diese Absicht müßte den Schülern verständlich gemacht werden.

☐ In der Gruppe kann es vorkommen, daß ein oder zwei Schüler führend die gesamte Arbeit der Gruppe erstellen und die anderen in ihrer Passivität verharren. Je größer die Gruppe ist, desto eher kann das der Fall sein. Dies kann dadurch vermieden werden, daß die Gruppen auf nur zwei oder drei Partner beschränkt werden.
Noch wirksamer ist es, die Gruppenarbeit so zu planen, daß jeder eine bestimmte Arbeitsrolle erhält oder daß – bei Übungsphasen – eine bestimmte Reihenfolge im Kommunikationsverlauf festgelegt wird.
☐ Selbstverständlich können durch die Zusammenarbeit in der Gruppe auch Konflikte entstehen, zu denen es nicht gekommen wäre, wenn der Frontalunterricht und die Einzelarbeit beibehalten worden wären. Gegensätzliche Meinungen sollen in der Gruppe erörtert werden. Da die Gruppenarbeit gerade die Möglichkeiten bietet, bestehende Spannungen abzubauen, ist es nicht gerechtfertigt, nur immer die miteinander arbeiten zu lassen, die sich sowieso schon verstehen. Falls sich trotzdem eine Zusammenarbeit als unmöglich erweist, kann der Lehrer eine Interaktionsübung einsetzen (s. Interaktionstraining in der Lerngruppe, S. 87 ff.). Falls diese erfolglos ist, ist eine andere Zusammenstellung der Gruppe angebracht.

☐ In der Gruppenarbeit im Fremdsprachenunterricht bleiben viele Fehler unkorrigiert. Dies ist ein häufig angeführtes Argument gegen die Gruppenarbeit im Fremdsprachenunterricht. Sicherlich trifft es für phonetische Fehler zu. Beim mündlichen Üben in der Gruppe bleiben auch grammatische und lexikalische Fehler manchmal unkorrigiert. Nur in den seltensten Fällen wird die mündliche Gruppenarbeit auf Tonband aufgenommen, um so später objektiv korrigiert werden zu können. Die beste Möglichkeit, diese Fehler einzuschränken, ist eine gute Vorbereitung im Frontalunterricht und/oder die Arbeit mit *Übungsmaterial, das den Schülern die Möglichkeit zur Eigenkontrolle gibt.* Soweit die Gruppenarbeit zu einem schriftlich fixierten Ergebnis führt, ist nur wesentlich, daß die Fehler, die im Ergebnis vorkommen, auch grundsätzlich im Plenum durch die Mitschüler oder den Lehrer verbessert werden.

☐ Der arbeitsökonomische Vorteil der Gruppenarbeit, der durch die Verteilung der Erarbeitung eines Themas nach verschiedenen Schwerpunkten auf die einzelnen Gruppen im Fortgeschrittenenunterricht möglich ist, läßt sich in der Phase des Spracherwerbs nur sehr schwer realisieren. Erfahrungsgemäß bedeutet Gruppenarbeit in dieser Phase meist ein intensiveres Erarbeiten und Üben, das mit größerem Zeitaufwand verbunden ist. Auch die nachträgliche Kontrolle der Gruppenarbeit ist ein Verfahren, das meist mehr Zeit in Anspruch nimmt als ein gemeinsames Vorgehen unter der Leitung des Lehrers, bei dem jeder Fehler sofort verbessert wird. Aber durch das intensive und vor allem selbständige Erarbeiten und Üben in der Gruppe wird dieser Nachteil bei weitem ausgeglichen.

☐ Der am häufigsten vorgebrachte Einwand gegen Gruppenarbeit im Fremdsprachenunterricht ist das Argument, daß die Schüler in der Gruppe in der Muttersprache sprechen. Grundsätzlich ist dieses Argument nicht stichhaltig, denn die Kommunikation innerhalb der Gruppe fördert, auch wenn sie in der Muttersprache geführt wird, die Bewältigung der Aufgabe, soweit es sich um Suchen, Forschen und Kreativität handelt. Handelt es sich aber um festgelegte Übungsformen in der Gruppenarbeit, dann ist es auch im Anfangsunterricht durchaus zu erreichen, daß in der Gruppe nur die Fremdsprache benutzt wird.

Im Fortgeschrittenenunterricht, wenn es um die Erörterung der Meinungen, Hypothesen, Interpretationen o. ä. geht, sollten die Schüler fähig sein, auch in der Gruppe, soweit möglich, die Fremdsprache zu benutzen. Dies kann tatsächlich bei leistungsstarken und motivierten Schülern erreicht werden. Wenn es in leistungsschwachen Gruppen nicht durchgehalten wird, sollte der Lehrer sein Augenmerk eher auf die erbrachte Leistung der Gruppe richten als auf die Frage, in welcher Sprache die Beteiligten gesprochen haben, um diese Leistung zu erbringen.

☐ Ein gewichtiger Nachteil der Gruppenarbeit – und leider ein ausschlaggebender für die Frage, ob Gruppenarbeit praktiziert wird oder nicht – ist die Tatsache, daß gute Gruppenarbeit meist einer intensiveren Vorbereitung bedarf als Frontalunterricht. Meist muß den Schülern für die Gruppenarbeit besonderes Material an die Hand gegeben werden. Ebenso bedarf es meist mehr didaktisch-methodischer Reflexion, um den Schülern den Weg zur Selbsterarbeitung zu ebnen, als sich zu überlegen, wie man als Lehrer methodisch den Frontalunterricht erteilt. Die größte Schwierigkeit scheint aber darin zu liegen, die Gruppenarbeit so zu planen und zu organisieren, daß den Schülern in der zugemessenen Zeit eine Selbsterarbeitung und der Vortrag der Gruppenarbeitsergebnisse vor dem Plenum ermöglicht wird.

Ohne eine entsprechende Ausbildung fällt dies dem Lehrer am Anfang sehr schwer (s. „Die organisatorische Vorbereitung von Gruppenarbeit", S. 170ff.). Außerdem müssen sich Lehrer und Schüler in Gruppenarbeit üben. Wenn eine Klasse Gruppenarbeit gewohnt ist, setzt die Selbstverständlichkeit der Selbstorganisation und des selbständigen Lernens in der Gruppe den in Gruppenarbeit unerfahrenen Beobachter in Erstaunen.

5.5. Die Formen der Gruppenarbeit

In der Praxis kennt man drei Formen der Gruppenarbeit
(vgl. Kober, 1971, S. 14).

1. Die arbeitsgleiche Gruppenarbeit

In der arbeitsgleichen Gruppenarbeit haben alle Gruppen dieselbe Aufgabe zu bearbeiten. Sie ist die am leichtesten durchzuführende Form der Gruppenarbeit. Deshalb sollte sie auch gewählt werden, wenn eine Klasse im Fremdsprachenunterricht zum ersten Mal in Gruppen arbeitet. Da die Gruppenarbeit im Fremdsprachenunterricht meist in Übungsphasen eingesetzt wird, die zumindest themengleich sind, wird die arbeitsgleiche Gruppenarbeit auch die überwiegende Arbeitsform im Fremdsprachenunterricht sein. Im Fremdsprachenunterricht kommt es – vor allem beim Üben – darauf an, sich mündlich oder schriftlich ohne Fehler in der Fremdsprache zu äußern bzw. aus seinen Fehlern zu lernen. Die abschließende Arbeit vor dem Plenum der Klasse besteht größtenteils aus der Verbesserung der Fehler. Wenn die Gruppenarbeit weitgehend identisch ist, können die Fehler leicht von den Mitschülern korrigiert werden; die Korrektur einer Gruppenarbeit ist gleichzeitig für die anderen Schüler von Interesse zur Verbesserung ihrer eigenen Arbeit.

2. Die arbeitsgleiche-arbeitsteilige Gruppenarbeit

Die arbeitsgleiche Gruppenarbeit birgt die Gefahr, daß die Kreativität einiger Schüler nicht genügend angesprochen wird. Der Vorteil des arbeitsgleichen Verfahrens, nämlich die schnelle gemeinsame Überprüfung des Erarbeiteten, führt dazu, daß entweder nur die Leistung einer Gruppe im Plenum vorgetragen wird oder daß alle Gruppen nur Teile ihrer Arbeit vortragen. So ist die Gefahr gegeben, daß der Arbeitseifer absinkt, wenn die gemeinsame Arbeit der Gruppe zu selten eine Bestätigung findet.

Wenn der Lehrer eine solche Entwicklung vermeiden will, ist eine Mischform zwischen arbeitsgleichem und arbeitsteiligem Verfahren der beste Weg. Eine Gruppe oder mehrere bzw. die Hälfte aller Gruppen erhält eine gemeinsame Arbeit und verfährt also arbeitsgleich. Die übrigen Gruppen erhalten hingegen eine andere, gemeinsame Aufgabe, die sie ebenfalls arbeitsgleich bearbeiten. Die Klasse ist also von der Arbeitsteilung her gesehen nur zweigeteilt. Eine Drei- oder Vierteilung ist möglich.

Dieses gemischte Verfahren ist in vielen Fällen, vor allem bei größeren Klassen, die praktikabelste Form, arbeitsteiligen Unterricht überhaupt durchzuführen, da hierdurch die Besprechung der Gruppenarbeit auf zwei bis vier Plenumsvorträge beschränkt werden kann. Eine weitere Erleichterung besteht darin, daß die arbeitsgleichen Gruppen – soweit dies praktisch und zeitlich möglich ist – vorher ihre Arbeiten vergleichen.

Im Fremdsprachenunterricht wird das gemischte Verfahren aber auch zur Binnendifferenzierung des Unterrichts benutzt. Wenn z. B. bei leistungshomogener Gruppierung, die eine Ausnahme bleiben sollte, eine Gruppe von besseren Schülern die Übungen, die die anderen Gruppen arbeitsgleich erarbeiten, schon längst beherrscht, erhält diese Gruppe eine anspruchsvollere Aufgabe. Andererseits kann aber auch gerade eine leistungsschwächere Gruppe dadurch außerordentlich aufgewertet werden, daß sie mit Hilfe des Lehrers eine besondere Aufgabe bewältigt und ihr Arbeitsergebnis vor allen vorträgt. Solche Sonderaufgaben, die eine Hilfe für die Gesamtgruppe darstellen können, sind Auf- und Vorbereitung von neuen Lernabschnitten. Diese führt im herkömmlichen Unterricht der Lehrer ein. Interaktiv wirkungsvoller ist es aber, wenn er seine Kenntnisse einer Gruppe zur Verfügung stellt, die dann die Einführung übernimmt.

3. Die arbeitsteilige Gruppenarbeit

Beim arbeitsteiligen Verfahren hat jede Gruppe ihre eigene Aufgabe. D₁ Gruppenarbeit auf die Dauer nur dann erfolgreich sein kann, wenn jede ge meinsame Arbeit auch vorgetragen und überprüft wird, ist das arbeitsteilige Verfahren eigentlich für den Fremdsprachenunterricht nicht zu empfehlen. Gerade im Fremdsprachenunterricht sollte nämlich – wegen der Verbesserung der sprachlichen Fehler – eine Nichtbeachtung der Arbeit der einen oder der anderen Gruppe vermieden werden.

Andererseits läßt sich aber in bestimmten Unterrichtsphasen des Fremdsprachenunterrichts einfach keine andere Form der Gruppenarbeit als die arbeitsteilige wählen. Überall dort, wo es um Kreativität geht, meist in der Anwendungsphase, in der die Schüler zwar themengleich arbeiten, wird arbeitsteilig vorgegangen bzw. können keine gleichen Arbeitsergebnisse erzielt werden, die im Plenum anhand der Ergebnisse *einer* Gruppe überprüfbar und korrigierbar wären.

Gerade dieses Beispiel zeigt aber auch, daß der Fremdsprachenunterricht, wenn er tatsächlich seine Forderungen in die Tat umsetzen will, ohne Gruppenarbeit gar nicht auskommen kann. Wenn jeder Schüler nämlich in der Anwendungsphase allein arbeitete, entstünden 20 bis 40 unterschiedliche Arbeiten, die im Schulalltag von keinem Lehrer alle überprüft werden könnten. Eine Würdigung der Arbeitsergebnisse durch den Lehrer ist also in dieser Phase nur dann gegeben, wenn in Gruppen gearbeitet wird. Außerdem ist es unzweifelhaft, daß diese Phase den Schülern gerade wegen der dort geforderten Kreativität sehr schwer fällt. Nirgends sind aber die positiven Auswirkungen der Gruppenarbeit so offensichtlich, auch im Fremdsprachenunterricht, wie dort, wo es um Kreativität, um neue Ideen und deren sprachliche Ausformulierung geht.

5.6. Die Arten der Gruppenbildung

Gruppen können nach verschiedenen Gesichtspunkten gebildet werden. Im folgenden werden die Vor- und Nachteile der unterschiedlichen Arten der Gruppenbildung erörtert.

1. Der Lehrer bestimmt willkürlich die Gruppenzusammensetzung. Aus mangelnder sozialpsychologischer Reflexion und „weil es so am schnellsten geht", wird dies im Schulalltag oft praktiziert. Häufig treffen dadurch Schüler zusammen, die nicht miteinander arbeiten wollen. Spannungen in der Gruppe können aber die gesamte Gruppenarbeit zum Scheitern bringen und auf Jahre hinaus den Weg für eine richtig organisierte Gruppenarbeit versperren. Untersuchungen von Ausubel (1968, S. 449) haben die

„Blindheit" vieler Lehrer gegenüber der sozialpsychologischen Struktur ihrer Klasse gezeigt.

2. Der Lehrer bildet leistungshomogene Gruppen nach dem Kriterium der Zensuren. Die Gruppe mit den leistungsstarken Schülern wird zwar Hochleistungen vollbringen, doch dadurch wird nach kürzester Zeit die Klasse nicht nur leistungsmäßig, sondern auch von den sozialen Beziehungen her völlig auseinanderfallen.

3. Die Gruppen bilden sich bei arbeitsteiliger Gruppenarbeit nach dem jeweiligen Thema bzw. Interessenschwerpunkt. Dies kann einen ständigen Wechsel der Gruppenzusammensetzung verursachen, wodurch bei den meisten Schülern das Gefühl der Isolierung und der Unsicherheit entsteht. Stabile soziale Beziehungen, die die Grundlage für ein gutes soziales Klima sind, können sich nicht bilden oder zerbrechen.

4. Der Lehrer läßt die Schüler die Gruppenführer wählen oder bestimmt diese selbst, die ihrerseits ihre Gruppenmitglieder wählen (Walz, 1968, S. 178). Hierbei haben nur die Gruppenführer freie Wahl, alle übrigen Schüler werden gewählt. Die weniger beliebten Kinder und Außenseiter werden bei diesem Verfahren allen offenkundig, was ihrer späteren Integrierung keineswegs förderlich ist.

5. Der Lehrer überläßt der Klasse, Gruppen zu bilden. Diese häufigste Art der Gruppenbildung ist nicht die beste. Hierbei werden die „Stars" umworben, und die Außenseiter werden sich erst recht ihrer Rolle bewußt. Möglicherweise werden sie dann gegen ihren Willen und den der Gruppe vom Lehrer einer Gruppe zugewiesen, wenn sie sich nicht bereits vorher zu einer Außenseitergruppe zusammengefunden haben. Welche Folgen dies hat, wird später noch erörtert. Außerdem schließen sich meistens die Leistungsstarken und die mit sozial hohem Status in Cliquen zusammen, die nichts mit den übrigen Schülern zu tun haben wollen. Unerfreuliche Rivalitäten und Aggressionen sind die Folgen.

6. Der Lehrer veranlaßt, daß die Schüler sich nach der bestehenden Sitzordnung zu Gruppen zusammenschließen, indem immer zwei oder drei Tische eine Gruppe bilden. Dies hat den Vorteil, daß wahrscheinlich Paare nicht auseinandergerissen werden, da Banknachbarn sich häufig gegenseitig wählen. Ansonsten können aber alle Nachteile, die bei der erstgenannten Art der Gruppenbildung erwähnt wurden, auftreten.

7. Die letzte Möglichkeit, nämlich die *Bildung der Gruppen nach Soziogramm,* gibt dem Lehrer die Möglichkeit, *unter größtmöglicher Berücksichtigung der Schülerwünsche die Gruppe nach sozialpsychologischen und*

sozialtherapeutischen Kriterien so zu bilden, daß nicht nur für die Gruppenarbeit selbst, sondern auch *für die gesamte Klasse ein lernförderndes soziales Klima geschaffen wird.* „Nicht nur das Zusammenwirken der Schülerindividualitäten innerhalb der Arbeitsgruppen ist für den Erfolg der Gruppenarbeit ausschlaggebend, sondern auch das Zusammenspiel der Arbeitsgruppen im gesamten Klassenverband." (Schell, 1956, S. 131). Die bloße Sitzordnung in der Frontalklasse ist nämlich für das soziale Gefüge einer Klasse entscheidend, wie in einer Felduntersuchung von Herzog nachgewiesen werden konnte (vgl. Zillig, 1934, S. 123 ff.). In wieviel stärkerem Maße ist dann die Sitzordnung für das soziale Klima entscheidend, wenn die Schüler in der Klasse nicht nur still nebeneinander sitzen, sondern in Kleingruppen miteinander kommunizieren und zusammen eine gemeinsame Arbeit vollbringen.

5.7. Die Bedeutung des Soziogramms für die interaktive Gruppenarbeit

Wie bereits bei der Erörterung der empirischen Untersuchungen zur Gruppenarbeit erwähnt wurde, hat diese vor allem eine positive soziale Auswirkung. Im folgenden soll dargelegt werden, daß diese positiven sozialen Auswirkungen auf die Interaktion in der Lerngruppe – die Aufgabe des interaktiven Fremdsprachenunterrichts – nicht sozusagen von selbst durch Gruppenarbeit eintreten. Vielmehr ist es für die Verbesserung der sozialen Interaktion von besonderer Bedeutung, *welche Schüler miteinander arbeiten.*

Die Zusammenstellung der Gruppen sollte also vorrangig nach sozialtherapeutischen, gegebenenfalls zusätzlich auch leistungsbezogenen Gesichtspunkten geschehen. Hierzu dient dem Lehrer neben seinen nicht zu gering zu achtenden subjektiven Beobachtungen das objektivere Instrumentarium des Soziogramms.

Wie jedes wissenschaftliche Instrumentarium ist dies nur dann einigermaßen exakt, wenn es auch *richtig angewendet* wird. Aus diesem Grund werden im folgenden auch die *Voraussetzungen für die Durchführung* und die *Durchführung des Soziogramms* so detailliert wie möglich geschildert.

Zuerst aber einige kritische Worte zum bisher üblichen Einsatz des Soziogramms in den Schulen.

Das Anfertigen von Soziogrammen ist in der Lehrerausbildung erstaunlich weit verbreitet, wahrscheinlich mit aus dem Grund, weil ein Soziogramm sich leicht mittels eines kurzen Fragebogens erstellen läßt. In pädagogischen

Examensarbeiten kann der Kandidat durch das Erstellen eines Soziogramms leicht nachweisen, daß er sich mit der „Klasse als Gruppe" befaßt habe. Meist sucht man aber in denselben Arbeiten vergebens nach den unterrichtsorganisatorischen Konsequenzen, die sich zwangsläufig aus diesen soziographischen Untersuchungen ergeben müssen. Die Diskrepanz zwischen ausgetüftelten Graphiken in Verbindung mit langen Listen und den fehlenden pädagogischen Folgerungen aus den Ergebnissen dieser Aufstellungen ist oft eklatant. Wenn Folgerungen wie die Zusammenstellung von Gruppen und die Durchführung von Gruppenarbeit ausbleiben, dann ist das Soziogramm in den meisten Fällen überflüssig.

So ist es auch verständlich, daß die Mehrzahl der Lehrer, sobald sie ihre Ausbildung abgeschlossen hat, das Soziogramm nicht mehr anwendet, da sie dessen pädagogischen Sinn während der Ausbildung nicht durch einen entsprechenden sinnvollen Einsatz kennengelernt hat.

Hinzu kommt noch, daß durch eine Befragung nach den Freundschaftsbeziehungen, die auch noch nach Rangstufen geordnet angegeben werden sollen, und erst recht, wenn nach den Ablehnungen von Mitschülern gefragt wird, nicht nur Beziehungen festgestellt werden, sondern diese durch die Befragung auch beeinflußt und verändert werden können. In vielen Fällen haben sich die Schüler vor der Befragung noch nie Gedanken darüber gemacht, wer ihr zweit- oder gar drittbester Freund ist und wen sie auf keinen Fall zu einem Geburtstag einladen würden. Aus diesem Grund bezeichnet auch Heningsen (1970, S. 150 f.) die Soziogramme als „Errungenschaften in den Wissenschaften Psychologie und Soziologie, . . . in der Pädagogik (aber als) . . . gefährliche Spielerei". Ähnliche Überlegungen haben anscheinend auch dazu geführt, daß in einigen Schulbezirken durch Erlasse die Erstellung von Soziogrammen untersagt wurde.

Das Urteil von Henningsen ist zwar durch das eingangs geschilderte sinnlose Erstellen von Soziogrammen verständlich, aber seine entschiedene Ablehnung des Soziogramms im Bereich der Pädagogik ist unhaltbar, da das Soziogramm das geeignetste Mittel zur gezielten Verbesserung der sozialen Kontakte in der Klasse sein *kann*.

In der Praxis kennt der Lehrer nach einer längeren Zeit des Unterrichtens seine „Problemschüler", die ihm durch Störungen oder durch schwache Leistungen aufgefallen sind. Es kommt auch oft vor, daß dieselben Schüler in der Klasse tonangebend sind. Um sich den „Problemschülern" besonders zu widmen, braucht er eigentlich kein Soziogramm, aber es kann ihm z. B. Aufschluß darüber geben, ob der leistungsschwache Schüler auch in der Gruppe isoliert ist oder abgelehnt wird, ob der Schüler seine soziale Position überschätzt usw. Außerdem täuscht sich der Lehrer oft selbst, wenn er trotz hoher Schülerzahlen glaubt, über die affektiven Beziehungen in der Klasse Bescheid zu wissen und die von der Gruppe isolierten Schüler zu kennen. (Vgl. die Untersuchungen von Ausubel, 1968, S. 449). Kennt er aber nun die affektiven Beziehungen durch ein Soziogramm, so kann er *durch die Zusammenstellung der Gruppen* – unter größtmöglicher Berücksichtigung der im Soziogramm ebenfalls sichtbaren Schülerwünsche – Außenseiter, abgelehnte und leistungsschwache Schüler integrieren. Nur so kann die Gruppenarbeit interaktive Funktion erhalten. Sicherlich handelt es sich dabei immer nur um Versuche, die selbstverständlich auch fehlschlagen können. Doch hat der Lehrer jederzeit die Möglichkeit, die Zusammensetzung der Gruppen in diesen Fällen zu korrigieren.

Die sozialtherapeutische Zusammensetzung von Gruppen mit Hilfe des Soziogramms ist nicht leicht. Auf sie wird weiter unten genauer eingegangen.

5.8. Die Durchführung des Soziogramms

Die Voraussetzungen zur Durchführung

In Anlehnung an Jennings (1956), Engelmayer (1958, S. 21 ff.) und Cappel (1974, S. 22 ff.) werden im folgenden die Bedingungen genannt, die der Lehrer erfüllen muß, wenn er ein Soziogramm erstellen will:

1. Der Lehrer soll den Schülern offen sagen, wofür er das Soziogramm gebrauchen will. Er sagt ihnen also, daß er mit Hilfe des Soziogramms Arbeitsgruppen bilden will, die gut zusammenarbeiten. Ebenso offen sagt er, daß die Zusammenstellung der Gruppen auch dazu dienen soll, die Kontakte der Schüler untereinander zu intensivieren und den Schülern, die bisher kaum oder keinen Kontakt zu ihren Mitschülern hatten, zu ermöglichen, diesen zu erhalten. Aus diesen und organisatorischen Gesichtspunkten sei es aber nicht möglich, in allen Fällen die im Soziogramm geäußerten Wünsche der Schüler zu erfüllen.

2. Der Lehrer soll den Schülern die Vorteile des gemeinsamen Arbeitens und des Soziogramms erklären, so daß sie in der Befragung einen Sinn für ihre weitere Arbeit sehen und an ihr mit Interesse teilnehmen. Gerade gegen diese Forderung wird in all jenen Fällen verstoßen, in denen das Soziogramm ohne Konsequenzen für Lehrer und Schüler bleibt.

3. Der Lehrer muß ausdrücklich darauf hinweisen, daß die Befragung geheim ist und daß er keinem anderen Einblick in die Auswertung gewäh-

ren wird außer Kollegen, nachdem er die Schüler vorher um Erlaubnis gefragt hat. Aus diesem Grunde sollten die Schüler es auch vermeiden, voneinander „abzugucken". Weiterhin sollte der Lehrer selbstverständlich jede Beeinflussung der Schüler vermeiden, obwohl es nicht zu verhindern ist, daß die Schüler, die als dem Lehrer sympathisch gelten, aus diesem Grund eher genannt werden als andere, deren Verhältnis zum Lehrer weniger günstig eingeschätzt wird. Sofern Ablehnungen genannt werden sollen, können diese aus demselben Grund verschwiegen werden.

4. Es ist wichtig zu betonen, daß die Wahl sich ebenso auf Mädchen wie auf Jungen beziehen kann und auch auf Abwesende.

5. Ferner muß der Lehrer darauf hinweisen, daß *keine zahlenmäßige Beschränkung der Nennungen* gefordert wird, auch wenn sich eine solche indirekt durch die Vorinformation, nämlich die Bildung von kleinen Arbeitsgruppen, ergibt. Die Beschränkung der Nennungen ist zwar ein Vorteil, weil viele Nennungen die Auswertung sehr erschweren. Aber die Nennungen sollen deshalb nicht eingeschränkt werden, weil es sozialpsychologisch sehr aufschlußreich ist, ob der Schüler zu vielen Mitschülern Kontakt wünscht oder nur zu einem oder zu überhaupt keinem. Aus diesem Grund müssen die Schüler auch darauf hingewiesen werden, daß es ihnen freisteht, keinen Namen hinzuschreiben.

6. Da es zweifelhaft ist, ob der Schüler sich darüber im klaren ist, wen er am meisten, am zweitmeisten usw. seiner Mitschüler schätzt, sollte es vermieden werden, ihn zu einer Rangeinteilung seiner Freunde aufzufordern. Da es andererseits wichtig ist, ausgeprägte Freundschaftsbeziehungen zu berücksichtigen, sollte der Schüler die Möglichkeit haben, die *Namen von einem, zwei oder drei Mitschülern,* mit denen er unbedingt zusammenarbeiten will, zu *unterstreichen.*

7. Den Schülern muß ausreichend Zeit zur Verfügung stehen. Sie sollen aber auch darauf hingewiesen werden, spontan zu entscheiden. Vor allem bei negativen Wahlen sollen sie nur dann einen Namen nennen, wenn er ihnen sofort einfällt.

8. Wir kommen hier zu dem schwierigsten Punkt des Soziogramms, nämlich zu der negativen Wahl. Sie ist, außer der eingangs erwähnten Folgenlosigkeit des Soziogramms, der Grund, warum viele Pädagogen das Soziogramm ablehnen. Sie geben zu bedenken, daß der Schüler sich durch die Befragung über seine Antipathien Gedanken macht und sie schriftlich fixiert, wodurch diese für ihn zweifellos noch an Gewicht gewinnen können. Für die negativen Wahlen gibt es jedoch gute Gründe: Erfahrungsgemäß fällt es vielen Schülern leichter, spontan den oder die

unerwünschten Mitschüler zu benennen als die erwünschten. Demnach sind Antipathien in einer Klasse oft eindeutiger ausgeprägt als Sympathien. Es geht aber bei dieser Befragung weniger um die abgelehnten Schüler als um diejenigen, die die Ablehnungen aussprechen. Spricht ein Schüler nämlich mehrere Ablehnungen aus, so gehört er zu den eigentlichen Problemkindern, um deren Integrierung der Lehrer sich vorrangig kümmern muß. Ohne die Möglichkeit der negativen Wahlen lernt der Lehrer diese Schüler nur schwer kennen. Ferner läuft er Gefahr, aus Unkenntnis einen Schüler mit einem anderen derselben Gruppe zuzuordnen, obwohl dieser den Mitschüler strikt ablehnt oder von diesem abgelehnt wird.

Um aber negative Begleiterscheinungen einer solchen Befragung möglichst auszuschließen, sollten die Schüler gesagt bekommen, daß sie nicht zur Beantwortung dieser Frage verpflichtet sind und nur dann Namen nennen sollten, wenn sie mit einem oder mehreren Schülern auf keinen Fall zusammenarbeiten wollen.

9. Eine große Hilfe für den Lehrer ist es, wenn er den Schülern sagt, daß sie, *wenn sie es wollen,* bei positiven wie negativen Wahlen in Stichpunkten die Gründe für ihre Wahl angeben dürfen. Der Lehrer muß auch diesen Wunsch begründen. Er erklärt ihnen, daß er so die Wünsche der Schüler besser verstehen könnte und ihnen möglicherweise auch leichter helfen könnte. Zweifellos ist dies tatsächlich der Fall. Der Lehrer erfährt dadurch Beweggründe, die ihn zum richtigen Handeln veranlassen können.

10. Eine weitere Möglichkeit besteht darin, die Schüler zum sogenannten Ratespiel aufzufordern. Sie sollen die Schüler nennen, von denen sie als Arbeitspartner gewählt oder abgelehnt zu werden erwarten. Um den Schülern zu helfen, ist es wichtig, daß der Lehrer weiß, ob sich der Schüler über seine soziale Position in der Klasse klar ist oder ob er sich Illusionen hingibt. Wenn der Schüler einen Wunsch zur Zusammenarbeit mit einem Mitschüler ausspricht, ist es wesentlich, ob er glaubt, daß dieser Wunsch entgegnet wird oder ob er weiß, daß er von dem anderen nicht beachtet oder sogar abgelehnt wird. Das Kind, das seine soziale Stellung überschätzt, sollte der Lehrer besonders berücksichtigen.

Die Durchführung

Nachdem der Lehrer den Schülern diese Erklärung gegeben hat, sollte er nach Möglichkeit einen vorgefertigten Fragebogen austeilen. Die Fragen müssen verständlich, situations- und zweckgebunden formuliert werden.

Vor- und Zuname:

Klasse:

Mit wem möchtest Du in der Gruppe zusammenarbeiten, wenn wir in den nächsten Monaten Gruppenarbeit machen werden?
Du kannst soviele Mitschüler nennen, wie Du willst. (*Wenn Du möchtest,* schreibe eventuell hinter den Namen in Klammern, *warum* Du mit ihm/ihr in der Gruppe sein willst.) Falls Du mit einem oder zwei Mitschülern unbedingt in einer Gruppe zusammenarbeiten willst, dann unterstreiche deren Name.

Wenn Du nicht willst, brauchst Du die folgende Frage nicht zu beantworten.

Mit wem möchtest Du keinesfalls in einer Gruppe zusammenarbeiten? (Wenn Du möchtest, schreibe bitte hinter den Namen in Klammer, warum Du nicht mit dem Mitschüler zusammenarbeiten willst. Du kannst so viele nennen, wie Du möchtest; nenne aber nur solche, von denen Du sicher bist, daß Du auf keinen Fall mit ihnen zusammenarbeiten willst.)

Mach bei diesem Ratespiel nur mit, wenn Du möchtest:

Wer wünscht nach Deiner Ansicht, mit Dir zusammenzuarbeiten?

Wer wünscht nach Deiner Ansicht, *nicht* mit Dir zusammenzuarbeiten?

Die erste Frage sollte lauten:

„Mit wem möchtest Du gerne in einer Gruppe zusammenarbeiten, wenn wir in den nächsten Monaten Gruppenarbeit machen werden?"

Da diese Frage zweckgebunden ist und im Fremdsprachenunterricht gestellt wird, werden zweifellos nicht nur Sympathien für die Wahlen ausschlaggebend sein, aber wahrscheinlich doch zum überwiegenden Teil. Die übliche Frage nach den Mitschülern, die der Betreffende zum Geburtstag einladen würde, zeigen zwar sicherlich genau die affektiven Beziehungen in der Klasse, lassen sich aber mit den geforderten wahrheitsgemäßen Informationen über den Zweck der Befragung nicht vereinbaren.

Der ausgearbeitete Fragebogen sieht dann folgendermaßen aus. (Vgl. S. 163f.) Kein Schüler sollte bei der Beantwortung dieser Befragung in Zeitbedrängnis kommen. Den Schülern soll von vornherein gesagt werden, daß, wenn sie es wollen, ihnen die gesamte Schulstunde zur Verfügung gestellt wird.

Die Darstellung der soziometrischen Daten

Soziomatrix

Gewählte:	1	2	3	4	5	6	7	8	9	10	11	12	13	Abgegebene Wahlen	Ablehnungen
Wähler															
1											+			3	0
1 (col 7)							|					+	|		
2				+				+	+	+				4	0
3														0	0
4			|		+		+							3	0
5		+							+	|				3	0
6			|	+				+		−	=			3	2
7														0	0
8	|		|	+		+	|			+	−			6	1
9		+		|						+				3	0
10		+			+			+	+		−			4	1
11		+				=				|				2	1
12	+						|						|	3	0
13														0	0

Erhaltene	Wahlen	2	4	3	2	3	2	3	3	2	5	2	1	2
	Ablehnungen	0	0	0	0	0	1	0	0	0	1	3	0	0

Zeichenerklärung:
\| = Wahl
+ = gegenseitige Wahl
− = Ablehnung
= = gegenseitige Ablehnung

Aus der Soziomatrix ist z. B. sofort zu erkennen, daß Schüler 1 die Mitschüler 7, 12 und 13 wählt und von 12 wiedergewählt wird. Ebenso ist aus der untenstehenden Summe zu erkennen, daß er zweimal gewählt und von keinem abgelehnt wird. Stars (z. B. mit 5 Wahlen) und schwarze Schafe (z. B. mit 3 Ablehnungen) sind in den unteren Summenspalten sofort abzulesen.

Um die gewonnenen Daten für jeden Schüler individuell zu erfassen, ist es eine Hilfe, eine Verteilungstafel zu erstellen, die zeigt, wen jeder Schüler positiv oder negativ gewählt hat und vom wem er positiv oder negativ genannt wurde.

Die von den Schülern durch Unterstreichungen als besondere Wahlen hervorgehobenen Mitschüler können in der Tabelle durch Fettzeichnung gekennzeichnet werden, falls man sich nicht wegen der Fülle solcher Wahlen darauf beschränken will, nur solche zu verzeichnen.

Bei Cappel (S. 76 f.) findet man Tabellen, in denen gleichzeitig vermerkt wird, ob der Schüler seine Wahl erwartet hat. Die angeführte Tabelle genügt aber, um Arbeitsgruppen zusammenzustellen. Vor allem bei größeren Klassen ist es schwierig, eine weitere Hilfe, nämlich die graphische Verdeutlichung der Beziehungen in Form des Soziogramms, zu erstellen. Um bei größeren Gruppen ein übersichtliches Soziogramm zu zeichnen, muß man sich auf die Darstellung der unterstrichenen Wahlen beschränken.

Eine sehr praktische Hilfe, ohne soziographische Darstellung Gruppen zusammenzustellen, ist die sogenannte Kästchenmethode (Erl, 1967, S. 32 f.). Jede Wahl eines Schülers wird in ein Kästchen gezeichnet, das ausgeschnitten wird. In diesem Kästchen steht sein Name mit einem Pfeil auf den Namen des gewählten Freundes.

$$\boxed{\text{Karl} \rightarrow \text{Timm}}$$

Ein dicker Pfeil bedeutet eine unterstrichene Wahl, ein mit Querstrichen durchkreuzter Pfeil bedeutet Ablehnung. Diese Kästchen auf Papierstreifen erlauben dem Lehrer, die Namen der Schüler mit ihren Wünschen so lange zu verschieben, bis er die ihm geeignet erscheinende Gruppe erstellt hat.

Folgende Hilfe ermöglicht eine übersichtliche graphische Darstellung des Soziogramms. Man beginnt mit den Schülern, die die meisten Wahlen erhalten haben und ordnet sie um das Zentrum des Blattes herum. Um diese „Stars" ordnet man die Schüler, die von den „Stars" selbst gewählt werden. Die Verbindungslinien sollen bei gegenseitigen Wahlen sehr kurz sein. Die übrigen Verbindungslinien sollen nach Möglichkeit gerade sein und sich so wenig wie möglich überschneiden.

Die graphische Darstellung in Form eines Soziogramms ist in übersichtlicher Form nur bis zu einer Klassengröße von ca. 25 Schülern zu zeichnen. In größeren Gruppen ist meist eine Unterteilung in Untergruppen zu erkennen, die wenig oder keine Verbindung untereinander haben. Man kann dann versuchen, diese Untergruppen gesondert darzustellen.

In größeren Gruppen ist es angebracht, die Wahlen und Ablehnungen getrennt darzustellen. Wenn dann die Ablehnungen in anderer Farbe auf eine

Overheadfolie so gezeichnet werden, daß dieselben Schüler jeweils dieselbe Position auf den beiden Soziogrammen haben, kann man durch Auflegen der Folie die Wahlen und Ablehnungen, die auf jeden Schüler entfallen und von wem sie ausgesprochen werden, erkennen. Es gibt bisher keinen übereinstimmenden graphischen Code in der Soziographie, doch wird der folgende überlicherweise gewählt:

| Junge | Dreieck | △ |
| Mädchen | Kreis | ○ |

Je mehr Wahlen bzw. Ablehnungen auf einen Schüler fallen, desto größer ist das Dreieck bzw. der Kreis zu zeichnen.

Wahl	(roter) Pfeil	
Unterstrichene Wahl	Pfeil mit zwei Spitzen	
Gegenseitige Wahl	Doppelpfeil	
Ablehnung	(schwarzer) oder durch- kreuzter Pfeil	
Gegenseitige Ablehnung	(schwarzer) oder durch- kreuzter Doppelpfeil	

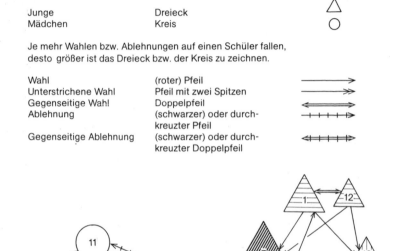

5.9. Die Zusammenstellung der Gruppen

Aus dem Soziogramm ist ersichtlich, daß sich drei Gruppen herausbilden, die untereinander nur geringe Kontakte haben. Die Jungengruppe rechts oben ist – wie in vielen Klassen – isoliert von den Mädchengruppen. Nur ein Mädchen (8) möchte mit ihnen Kontakt aufnehmen. Auch die Kontakte zwischen den beiden Mädchengruppen sind eher ablehnend, wenn nicht die gegenseitige Wahl zwischen den Schülerinnen 8 und 10 wäre.

Sicherlich wären die Schüler erfreut, wenn der Lehrer aus diesen drei Gruppen Arbeitsgruppen machte. Dann würde aber die informelle Abkapselung noch verstärkt. Die soziale Interaktion in der Klasse kann sicherlich dadurch verbessert werden, wenn

1. die Jungen und Mädchen zusammenarbeiten,
2. die Kontakte zwischen den beiden Mädchengruppen verbessert werden.

In diesem Fall sollte der Lehrer vier Gruppen bilden.

Das mit ihren sechs Wahlen außerordentlich integrationsbereite Mädchen (8) gibt dem Lehrer die Möglichkeit, mit ihr und den beiden untereinander befreundeten Jungen (1 und 12) eine gemischte Lerngruppe zu bilden (waagerechte Schraffierung).

Der Junge 13 und das Mädchen 3 haben keine Wahlen ausgesprochen, sind aber auch keineswegs Außenseiter. Sie dürften also nichts dagegen haben, neue Kontakte zu knüpfen und zusammen mit dem Freundespaar 9 und 10, letzterer der Star der Klasse, eine Vierergruppe zu bilden (senkrechte Schraffierung).

Die Dreiergruppe der Mädchen 11, 2 und 5 bleibt übrig, die sich alle untereinander gewählt haben (ohne Schraffierung). Durch diese Verkleinerung der ursprünglichen Fünfergruppe wird die selten vorkommende „unglückliche Liebe" (Wahl trifft auf Ablehnung) zwischen 10 und 11, meist die Quelle unerfreulicher Spannungen, entschärft, wenn auch keineswegs gelöst. Hierfür sei auf das entsprechende Kapitel (S. 87 ff.) hingewiesen.

Da die interaktive Gruppenarbeit das Ziel hat, die soziale Interaktion in der Lerngruppe zu verbessern, erfolgt die Zusammenstellung der Gruppen vorrangig unter den aufgezeigten sozialtherapeutischen Gesichtspunkten. Aus dieser Zielsetzung heraus ergibt sich, daß eine „innere Differenzierung" in einer Klasse nach Leistungsstand im Fremdsprachenunterricht zum Zweck der Bildung von leistungshomogenen Gruppen für eine interaktive Gruppenarbeit nicht in Frage kommt. Das Leistungsgefälle in einer jeden Klasse führt sowieso schon zu sozialen Spannungen. Diese sollten mit Hilfe von Partnerarbeit in „verantwortlicher Partnerschaft" (vgl. S. 108 ff.) gemildert werden. Eine Zusammensetzung der Gruppe nach dem Kriterium des gleichen Leistungsniveaus führt dazu, daß die Diskriminierung der Mitschüler und das Konkurrenzdenken noch verstärkt werden. Zweifellos leidet hierunter das soziale Klima der Lerngruppe beträchtlich.

Leistungshomogene Gruppenbildung sollte also die Ausnahme bleiben. Eine solche Ausnahme kann z. B. sein, wenn der Lehrer vom Lernziel her annimmt, daß eine Gruppe von lernschwachen Schülern die gestellte Aufgabe meistern wird, und er die Arbeit dieser Gruppe dann sachlich begründet hervorhebt, dann kann dies eine positive sozialtherapeutische Maßnahme darstellen, nämlich die Stärkung des Wir-Gefühls dieser Gruppe. In der Regel entspricht die leistungsheterogene Zusammenstellung der Gruppe eher der interaktiven Gruppenarbeit. Bisher wurde aber nur gezeigt, wie die Gruppen aufgrund von soziographischen Erhebungen zusammengestellt werden können.

Die soziographischen Erhebungen dienen aber nicht dazu, daß der Lehrer sich ausschließlich nach den Wünschen der Schüler richtet, sondern zu einer sozialtherapeutischen Zusammenstellung der Gruppen. Wie die Erfahrung zeigt, führt die Zusammenstellung nach diesem Gesichtspunkt meist zwangsläufig zu leistungsheterogenen Gruppen. Wenn nun zufällig eine leistungshomogene Gruppe entstanden ist, dann sollte der Lehrer die Gruppen entsprechend – wiederum anhand des Soziogramms – verändern. Grundsätzlich ist es vorteilhaft, wenn in jeder Gruppe zumindest ein leistungsstärkerer Schüler ist, der aber nicht zwangsläufig und auf viele Monate die dominante Rolle des „Gruppenleiters", wie es Matthes (1969, S. 31) vorschlägt, innehaben sollte. Gruppenarbeit muß zu einem Helfersystem (Nuhn 1975, S. 110) und somit zu einem Abbau von Leistungsunterschieden (Erdmenger, 1975) führen.

Erst im fortgeschrittenen Unterricht, wenn verschiedene Themen zur Auswahl gestellt werden können, können Gruppen auch nach den gemeinsamen thematischen Interessen gebildet werden.

Die positiven sozialen Auswirkungen werden selbstverständlich dann am ehesten eintreten, wenn die Gruppen in derselben Zusammensetzung auch in anderen Fächern arbeiten (vgl. die Erfahrungen der Gesamtschule Holweide in Köln: Affeldt u. a., o. J.). Die Kooperation in der Gruppe kann durch das Lob und die Kritik, die der Lehrer der Gruppe als Ganzes zukommen läßt, sicherlich stark gefördert werden.

Die einzelnen Gesichtspunkte, die zur Bildung der Gruppen anhand des Soziogramms führen, werden nun genauer dargestellt.

Die deutlich erkennbaren Zweier-, Dreier-, Vierer- und Fünfergruppen können als Arbeitsgruppen erhalten bleiben. *Paarbildungen* (gegenseitige Wahl) *sollten nach Möglichkeit niemals gelöst werden.* Falls Paare sich aber nach außen so isolieren, daß sie weder Wahlen noch Ablehnungen gegenüber anderen zeigen, sind sie für das soziale Klima der Klasse nicht vorteilhaft. Trotzdem sollten sie nur im äußersten Fall getrennt werden; besser ist es, wenn sie durch die Gruppenarbeit dazu gebracht werden können, einen oder mehrere Schüler in ihre Partnergruppe zu integrieren.

Vierer- und Fünfergruppen können so aufgeteilt werden, daß Zweier- bzw. Dreiergruppen erhalten bleiben, aber als Grundstock für neue Gruppen dienen. Zu ihnen sollten isolierte Schüler kommen, vor allem, wenn diese isolierten Schüler sie in ihren einseitigen Wahlen genannt haben.

Falls zwischen zwei Vierer- oder Fünfergruppen in der Klasse Rivalität besteht, diese Gruppen sich also gegenseitig ablehnen, sollten sie auf jeden Fall in der beschriebenen Weise aufgelöst werden, da es sich hierbei um für das Klassenklima ungünstige Cliquen handelt. Da sie nur Binnenkontakte haben, besteht die Gefahr, daß sie sich mehr und mehr von der übrigen Klasse absondern.

Isolierte Kinder sollten auf keinen Fall in einer Gruppe zusammengeschlossen werden. Als Außenseitergruppe – oft sind es Wiederholer – bilden sie die Oppositionsecke und terrorisieren die Arbeitswilligen, diffamieren die Leistung und übertragen ihre Werthaltung auf die gesamte Klasse (vgl. Cappel, 1974, S. 53). *Außenseiter müssen unbedingt auf die übrigen Gruppen verteilt werden.* Hierbei sollten auf jeden Fall ihre Wahlen nach Möglichkeit berücksichtigt werden.

Außenseiter sind oft diejenigen, die entweder schwächer, unfreundlicher oder zu selbständig sind (vgl. Koskenniemi, 1936, S. 111). Letzteren sollte man keine Freundschaften aufdrängen wollen. Die Schüchternen oder wegen ihres sozial niedrigeren Status *abgelehnten Schüler sollten mit den besten und vernünftigsten Schülern* der Klasse in einer Gruppe zusammenarbeiten können.

Der leistungsstärkste und der beliebteste Schüler sollten zusammenarbeiten, müßten dann aber die Aufgabe haben, einen oder zwei der schwierigen Schüler in ihrer Gruppe zu integrieren.

„Stars" sollten grundsätzlich nicht nur mit ihren Anhängern zusammen sein, sondern *mit isolierten Mitschülern.* Falls zwei „Stars" in der Klasse mit zahlreichen Anhängern vorkommen, ist eine Konkurrenzsituation zu befürchten. Die Gruppe sollte dann so gebildet werden, daß in den Gruppen jeweils Anhänger des einen *und* des anderen „Stars" zusammenkommen.

Wenn man bei der Befragung die Zahl der Wahlen nicht eingeschränkt hat, kann man leicht anhand der positiven Wahlen, die ein Schüler ausspricht, erkennen, wie integrationsbereit er ist. Das Gegenteil kann man dann feststellen, wenn man auch die Ablehnungen in der Zahl nicht beschränkt hat. Der sogenannte „Igel" nennt eine Vielzahl von Ablehnungen. Die eigentliche Aufgabe des Lehrers bei der Zusammenstellung der Gruppe ist es, darauf zu achten, daß die „*Problemschüler*", nämlich isolierte und „Igel" *mit integrationsfreudigen und beliebteren Schülern zusammenarbeiten,* so daß die schwierigeren Schüler die doppelte Chance haben, in eine Gruppe integriert und gleichzeitig in ihrer sozialen Stellung aufgewertet zu werden.

5.10. Die organisatorische Vorbereitung der Gruppenarbeit

Sicherlich kann dem Lehrer, der mit einer Klasse Schwierigkeiten hat, nicht empfohlen werden, in dieser Klasse Gruppenarbeit zu machen. Gruppenarbeit ist zweifellos kein Mittel gegen Disziplinprobleme oder gegen mangelnde Arbeitshaltung der Schüler. Solche Schwierigkeiten sind Interaktionsprobleme, die weiter oben (S. 37 ff.) ausführlich erörtert wurden. Solange solche Probleme den Lehr- und Lernprozeß beeinflussen, sollte der Lehrer von Gruppenarbeit Abstand nehmen. Wenn er trotzdem diese Sozialform versuchsweise einsetzt, dann sollte er das eventuelle Scheitern nicht der Gruppenarbeit anlasten.

Zuhören, den anderen – nicht nur den Mitschüler, sondern auch den Lehrer – ausreden lassen, nicht unterbrechen, keine Nebengespräche führen, das sind alles soziale Fähigkeiten, die die Schüler mit Hilfe des Lehrers und der Mitschüler erst *lernen* müssen. Wenn in einer Klasse eine ständige, nicht arbeitsbedingte Unruhe, wie z. B. bei der Gruppenarbeit, herrscht, dann wird hierdurch das Lehren und Lernen zweifellos beeinträchtigt.

Die Angst bzw. sogar die persönliche Erfahrung des Lehrers, daß durch Gruppenarbeit eine zu große Unruhe hervorgerufen wird, hält viele Lehrer davon ab, Gruppenarbeit zu praktizieren.

Folgende Schwierigkeiten tauchen bei Gruppenarbeit in fast jeder Klasse auf. Sie können aber durch die Kenntnis der Probleme und eine entsprechende Vorbereitung vermieden werden. In der Klasse entsteht ein höherer Geräuschpegel. Die Schüler müssen lernen, in ihren Gruppen nur so laut zu sprechen, daß sie sich innerhalb ihrer Gruppe verstehen können. Die eigentliche Schwierigkeit liegt dabei darin, daß die Schüler meist so auf ihre Arbeit konzentriert sind, daß sie eine Mitteilung des Lehrers an alle während der Gruppenarbeit – die bei guter Vorbereitung nur in seltenen Fällen vorkommen sollte – nicht hören. Schwerwiegender ist es, daß die Schüler auch dann noch miteinander sprechen, wenn in der Plenumsphase die Gruppenarbeitsergebnisse besprochen werden. Oft muß dann der Lehrer mit Stimmgewalt für Ruhe sorgen. Hierfür ist die Stimme des Lehrers eigentlich zu schade. Je kontrollierter ein Lehrer seine Stimme einsetzt, desto wirksamer ist sie. So haben mehrere Lehrer schon mit Erfolg – ähnlich wie in einigen Parlamenten üblich – eine kleine Glocke eingesetzt. Das Klingen dieser Glocke bedeutet vollkommene Ruhe und Konzentration auf die Information für alle. Der Lehrer sollte nicht sprechen, bevor nicht vollkommene Ruhe eingetreten ist. Die zweite, größte Schwierigkeit ist die Arbeitsanweisung (vgl. Erdmenger, 1975, S. 102). Häufig ist es vielen Schülern nicht genau klar, was sie in der

Gruppenarbeit machen sollen. Der Lehrer muß die Arbeitsanweisung einfach und präzise, am besten mit einem Beispiel an der Tafel, in der Fremdsprache und gegebenenfalls mit einer Wiederholung in der Muttersprache geben. In manchen Fällen ist es vorteilhaft, wenn ein Schüler die Anweisung wiederholt. In jedem Fall sollte die Information redundant sein, d. h., die Arbeitsanweisungen sollten auf den Arbeitsbögen wiederholt werden. In dieser Form sind sie meist wirksamer als die mündlichen Anweisungen des Lehrers. Vor allem muß der Lehrer darauf achten, daß die Gruppen sich erst dann bilden, wenn die Arbeitsanweisung vollständig mitgeteilt worden ist. Stühlerükken und gleichzeitige Arbeitsanweisung sind der schlechtestmögliche Anfang einer Gruppenarbeit.

Die dritte Schwierigkeit ist die Zeiteinteilung. Wenn Gruppenarbeit noch in derselben Unterrichtsstunde abgeschlossen werden soll, darf ihr keine lange Lehrerphase vorausgehen. Ferner muß der Lehrer genau die erforderliche Zeit zur Gruppenarbeit und zur Plenumsphase festsetzen. Diese richtig abzuschätzen gelingt meist erst nach längerer Schulpraxis und etlicher Erfahrung mit Gruppenarbeit. Arbeitsaufträge und Arbeitsverfahren (arbeitsgleich bzw. arbeitsteilig) müssen so gewählt werden, daß die dafür angesetzte Zeit ausreicht. In vielen Fällen ist es zeitlich nicht möglich, Gruppenarbeit und anschließende Plenumsphase in einer Unterrichtsstunde durchzuführen.

Lernpsychologisch ist es durchaus günstig, eine Gruppenarbeit bis zum Stundenschluß auszudehnen. Hierbei ist darauf zu achten, daß der Lehrer die Hausaufgabe schon vor der Gruppenarbeit verteilt, bzw. noch besser ist es, wenn die Gruppenarbeit als Hausaufgabe fortgesetzt werden kann. Die Schüler bringen dann ihre häusliche Arbeit in die Gruppenarbeit ein, die zu Beginn der nächsten Stunden kurz zur Auswertung der häuslichen Einzelarbeit wieder aufgenommen wird. Anschließend steht für die Plenumsphase ausreichend Zeit zur Verfügung.

In der Lernpsychologie ist der „Zeigarnik-Effekt" (Zeigarnik, 1927), nämlich daß unerledigte bzw. abgebrochene Handlungen besser behalten werden als abgeschlossene, eine durch wiederholte Experimente abgesicherte Erkenntnis. Hieraus läßt sich die Vermutung extrapolieren, daß sich der Abbruch von Gruppenarbeit und seine Wiederaufnahme in der folgenden Stunde günstig auf die Lernleistung auswirken kann.

Die vierte Schwierigkeit besteht in der Organisation der Plenumsphase. In ihr müssen

1. die Arbeitsergebnisse der Gruppen allen mitgeteilt werden und/oder
2. die sprachliche Korrektur der Gruppenarbeit vorgenommen werden.

Hierzu muß der Lehrer auf drei Dinge achten:

1. Einer in der Gruppe muß die Verantwortung für die Mitteilung der Ar-

beitsergebnisse im Plenum tragen. Dieser Gruppensprecher muß *zu Beginn* der Gruppenarbeit von der Gruppe bestimmt werden. Wenn der Lehrer nicht dafür sorgt, daß dies zu Anfang geschieht, leidet die Plenumsarbeit darunter beträchtlich. Selbstverständlich sollte nach einem bestimmten Zeitablauf, von z. B. einer oder zwei Wochen, ein anderer Gruppensprecher gewählt werden.

2. Ferner müssen die Anweisungen zur Gruppenarbeit entweder eine genaue Lenkung beinhalten, oder es muß ein Rahmen gesetzt werden, der es gestattet, in der zur Verfügung stehenden Zeit die Ergebnisse der Plenumsphase allen mitzuteilen.

3. Hierzu gehört als letzter, aber wichtigster Punkt, daß der Lehrer die praktischen Voraussetzungen zur Vermittlung der Arbeitsergebnisse schafft. Die genaueste Mitteilung ist sicherlich die schriftliche. Das Anschreiben der Ergebnisse an die Tafel nahm früher meist zuviel Zeit weg, und die übrigen Schüler mußten beschäftigt werden. Heute ist das unverzichtbare Hilfsmittel jeder Gruppenarbeit der Overhead-Projektor. Der Lehrer muß dafür sorgen, daß in jeder Gruppe mindestens der Gruppenprotokollant eine Folie hat, so daß das Arbeitsergebnis sofort allen über den Projektor sichtbar gemacht werden kann. In Ausnahmefällen kann dem Gruppensprecher auch eine Matrize gegeben werden, so daß in der Plenumsphase allen Schülern die Arbeitsergebnisse vervielfältigt vorliegen. Wenn Möglichkeit zum Fotokopieren besteht, dann sollten die Gruppensprecher versuchen, ihre Arbeitsergebnisse auf einem DIN A6-Bogen (Postkartengröße) zusammenzufassen, so daß anschließend vier Arbeitsergebnisse auf einer Fotokopie wiedergegeben und an alle verteilt werden können.

Die letzten beiden Vorschläge sind deshalb als Ausnahmefälle bezeichnet worden, weil das Problem der sprachlichen Korrektur hierbei nur schwierig zu lösen ist. Der Lehrer muß nämlich in diesen Fällen bereits während der Gruppenarbeit und gegebenenfalls während des mündlichen Plenumsvortrags dafür sorgen, daß alle Fehler korrigiert werden. Aber auch bei der Verwendung von Overhead-Folien ist es vorteilhaft, wenn der Lehrer schon während der Gruppenarbeit auf Fehler hinweist, so daß die Plenumsphase auch zur kritischen Würdigung der Arbeitsergebnisse genutzt werden kann.
Der wesentliche Vorteil des Overhead-Projektors ist es, daß mit seiner Hilfe die Fehlerkorrektur von allen Mitschülern vorgenommen werden kann. Diese Beteiligung an der Korrektur ist vor allem für die leistungsschwächeren Schüler ein pädagogisch wichtiger Prozeß. Er kann noch intensiviert werden, indem die Arbeitsergebnisse vorher unter den Gruppen zur sprachlichen

172

Korrektur ausgetauscht werden. Die Fehlerkorrektur im Plenum betrifft dann auch die Korrekturgruppe, soweit sie Fehler übersehen hat.
Die Korrektur auf dem Overhead-Projektor sollte nicht durch Anstreichen und durch Hinzufügen der Korrektur erfolgen, sondern das (mit wasserlöslichen Stiften geschriebene) fehlerhafte Wort sollte völlig entfernt und durch das korrekte ersetzt werden, so daß zum Schluß nur die korrekte Version allen Schülern sichtbar ist.

5.11. Die Gruppenarbeit in der Einführungsphase

Im Kapitel „Interaktive Formen des Fremdsprachenunterrichts" wurden zahlreiche Beispiele für einen Unterricht ohne Lehrbuch gegeben, wie er vor allem bei Fortgeschrittenen durchgeführt werden kann. Im Gegensatz hierzu sollen im folgenden vor allem der herkömmliche Anfangsunterricht mit Lehrbuch – das in der Praxis unangefochten seine Stellung behauptet hat – berücksichtigt und alternative Gestaltungsmöglichkeiten aufgezeigt werden. Es gibt fast keine Phase des Fremdsprachenunterrichts, in der Gruppenarbeit nicht möglich wäre. Im folgenden ist zu prüfen, welche Unterrichtsschritte zu welchem Zeitpunkt und bei welchen Schülern als Frontalunterricht oder in Partner- bzw. Gruppenarbeit ablaufen sollten.
Die Einführungsphase ist zweifellos die Phase, in der das sprachliche Vorbild des Lehrers von entscheidendem Einfluß ist. Im Anfangsunterricht, vor allem bei jüngeren Schülern, ist hier der lehrerzentrierte Unterricht angebracht. Aber schon im zweiten Lernjahr ist eine Übertragung der Lehrerfunktion auf eine Schülergruppe möglich. Der Lehrer stellt das Lehrerbegleitbuch oder seine persönlichen Notizen zur Verfügung, die er sich zur ein- oder zweisprachigen Semantisierung der neuen Vokabeln gemacht hat. In dem Lehrerbuch sind meist Hinweise auf Tafelzeichnungen, eventuell benötigte Gegenstände, Filztafelelemente usw. einschließlich der Fragen, die zur Verdeutlichung des Verständnisses der neuen Vokabeln gestellt werden können, enthalten. Die Schüler verteilen ihre Aufgaben und bereiten getrennt oder gemeinsam die Einführung der neuen Lektion vor. Sie entscheiden selbst, ob sie zuerst die neuen Vokabeln semantisieren und anschreiben werden, um anschließend in verteilten Rollen die Lektion vorzutragen, oder ob sie die Semantisierung in die Vorstellung der neuen Lektion einflechten.
Eine solche Einführung durch die Schüler ist von einer Klasse 8 (2. Jahr Französisch) eines Mädchengymnasiums während eines ganzen Jahres praktiziert worden. Das Interesse der Schülerinnen am Französischunterricht

wurde durch diese Aufgabe wesentlich gesteigert. Wahrscheinlich haben günstige Ausgangsbedingungen zum Erfolg dieses Vorgehens beigetragen, aber andererseits kann in vielen ähnlichen Fällen gleiches dadurch erreicht werden, daß der Lehrer den Schülern durch die Übertragung dieser Aufgabe zu verstehen gibt, wieviel er ihnen zutraut. Durch die Bildung von leistungsheterogenen Gruppen können auch die schwächeren Schüler an dieser Aufgabe beteiligt werden.

Wenn außer dem Buch noch andere Medien zur Einführung zur Verfügung stehen, wird hierdurch eine schülerzentrierte Einführung in Gruppenarbeit wesentlich erleichtert. Der Tonträger ist mit den Stimmen der „native speakers" zweifellos eine bessere Informationsquelle, wenn es um die Erlernung der *gesprochenen* Fremdsprache geht, als das Lehrbuch. In unseren Schulen wird der Tonträger zwar im Sprachlabor eingesetzt, aber keineswegs ist er zum festen und zentralen Bestandteil des Anfangsunterrichts geworden.

Um den Tonträger zur Gruppenarbeit zu verwenden, muß für jede Gruppe ein Kassettenrecorder vorhanden und die Lektionstexte auf eine entsprechende Anzahl von Kassetten überspielt sein. (Vgl. den Erfahrungsbericht von Peck, 1972.) Die Einführung der neuen Vokabeln kann dann durch den Lehrer oder durch die Schüler, wie oben beschrieben, geschehen. Auf diese Phase kann auch gänzlich verzichtet werden. Dann wird den Schülern das zweisprachige Vokabular schriftlich gegeben. Wahrscheinlich finden manche Lehrer dieses Vorgehen ein Sakrileg. Die einsprachige Semantisierung im üblichen Lehrbuchunterricht bleibt jedoch ohne den Einsatz von visuellen Medien meist so unzureichend, daß die Schüler nur mit Hilfe dieser Vokabellisten eine endgültige Klärung des Verständnisses erzielen können. Warum sollte der Lehrer nicht diese selbständige Vokabelerschließung durch die Schüler fördern? Das unterrichtliche Schwergewicht sollte statt dessen auf der auditiven Erlernung der Texte durch Tonträger liegen. Selbstverständlich kann dies auch im Sprachlabor geschehen. Die Gruppe bietet die Möglichkeit, daß viele phonetische Fehler von Mitschülern erkannt und korrigiert werden. Ferner ist gerade dann die Gruppe von Vorteil, wenn es um Suchaufgaben geht. Falls es nun bei der Arbeit mit dem Tonträger vorkommt, daß Lautgebilde nicht sofort auditiv richtig diskriminiert und verstanden werden oder bereits eingeführte Vokabeln vergessen worden sind, löst die Gruppe dieses Problem eher als der Einzelne. Die Lautkorrektur durch den Mitschüler in der kleinen Gruppe ist weniger peinlich als die durch den Lehrer vor der Klasse. Die psychisch entspannte Haltung ist aber gerade für das Erlernen der Phonetik von außerordentlicher Bedeutung (vgl. Curran, 1961; Schiffler 1977a). Schließlich ist es für den Schüler ein größerer Erfolg, wenn er vor seinen Mitschülern eine gute Leistung erbringt, als wenn diese nur von ihm selbst wahrgenommen wird, wie z. B. im Sprachlabor. Die auditive Arbeit mit den anderen in der Gruppe ermöglicht – soweit es sich um Dialoge handelt – daß die Schüler von Anfang an mit verteilten Rollen den Text einüben und somit das sprachliche Handeln möglichst realitätsnah simulieren. Im fortgeschrittenen Unterricht ist die Gruppenarbeit mit Recordern in der Einführungsphase besonders angebracht. So können die Schüler z. B. Nachrichten, Interviews und Chansons in der Gruppe gemeinsam erarbeiten. Diese gemeinsame auditive Erschließung ist psychologisch von Vorteil, denn „genaues Hörverstehen (wird zu Beginn) als Zumutung empfunden" (Hakkenbroch u. a., 1976, S. 30).

Wenn visuelle Medien zur Verfügung stehen, bietet sich Gruppenarbeit ohne organisatorische Schwierigkeit geradezu an. Visuelle Medien sind – speziell in Verbindung mit dem Tonträger – häufig wegen ihres manipulativen Charakters kritisiert worden. Die Schüler müßten dadurch Wort für Wort nachahmen bis hin zur völligen Imitation der Intonation des jeweiligen Sprechers. Es ist eine völlig falsche Sicht, audiovisuelle Medien nur nach diesem einen, zugegebenermaßen ausschließlich lenkenden Verfahren zu beurteilen. Sobald die Schüler nämlich über eigene Vorkenntnisse verfügen, d. h. schon nach einigen Monaten, sollte das Bild eine der Manipulation entgegengesetzte Funktion haben, nämlich die, den Anstoß zu eigenen kreativen Sprachäußerungen zu geben. Wenn also die Schüler zuerst versuchen, in Gruppenarbeit die Bilder einer Lektion zu versprachlichen, dann wird gleichzeitig ein Transfer des vorher Gelernten geübt, der sonst im Unterricht meist zu kurz kommt. In welch starkem Maße dies der Fall sein kann, ist aus einem Unterrichtsprotokoll zu ersehen, in dem die Lerner bis zu 44 Aussagen zu einem Bild gefunden haben (Argaud u. a., 1975, S. 181 f.).

Weiterhin handelt es sich hier wiederum um eine Suchaufgabe, bei der sich die Kooperation in der Gruppe leistungssteigernd auswirken wird. Wörter, die durch die Bildsituation evoziert werden, die dem Schüler aber noch nicht bekannt sind, werden diesem vom Lehrer auf Anfrage genannt. Die Unsicherheit und das Gefühl des Versagens – „was mag dieses Wort wohl bedeuten?", wie sie bei der üblichen einsprachigen Semantisierung durch den Lehrer auftreten, werden vermieden. Der Lernvorgang läuft vielmehr genau umgekehrt. Der Schüler kennt die Mitteilung und findet mit Hilfe der Gruppe oder des Lehrers das fremdsprachige Äquivalent. Hinsichtlich der Motivation ist diese Umkehrung von entscheidender Bedeutung. Das Bild ist nicht mehr eine mehr oder weniger gute Semantisierung der unbekannten fremdsprachigen Äußerung, sondern es weckt das Bedürfnis, neue Situationen in der Fremdsprache zu meistern. Diese Lernsituation entspricht der Situation des Lernens im Land der Zielsprache. Sie wurde bisher einseitig zugunsten derjenigen vernachlässigt, in der es darum geht, daß der Lerner seinen fremdsprachigen Kommunikationspartner verstehen muß. Diese wird dann simuliert, wenn den Lernern im Anschluß an die Gruppenarbeit Bild- und Tonteil synchron dargeboten werden. Durch die vorausgehende Gruppenarbeit sind sie aber ganz anders auf diese Lernsituation eingestellt, und in vielen Fällen wird sie zu einem Erfolgserlebnis statt zur Erfahrung anscheinend unüberwindlicher Lernschwierigkeiten.

Viele Lehrer lassen den Dialog einer Lektion auswendig lernen und mit verteilten Rollen spielen. Es ist unzweifelhaft, daß eine interaktive Gestaltung des Rollenspiels mit individuellen Varianten, wie sie bereits geschildert wurde, durch eine vorausgehende kreative Gruppenarbeitsphase, wie die eben geschilderte, wesentlich erleichtert wird. Ebenso ist eine Gruppenarbeit auch nur mit einigen Bildern, soweit diese Gesprächssituationen zeigen, möglich. Die persönlichen Erfahrungen des Verfassers haben gezeigt, daß solche Einzelbilder, die eigentlich belanglose Alltagssituationen zeigten, die sprachliche Phantasie einiger Schüler so angeregt haben, daß Dialoge mit überraschendem Inhalt – wie sie im Alltag wahrscheinlich gar nicht vorkämen – gefunden wurden (vgl. Schiffler, 1966). Wenn aber Bilder mit sozialkritischem Inhalt als Sprechanlässe zur Verfügung stehen, wie z. B. in dem Unterrichtswerk ,,C'est le printemps" (Montredon u. a., 1976) ist ein noch stärkeres sprachliches Engagement der Schüler wahrscheinlich.

Bilder, die nicht zu einem Unterrichtswerk gehören, sind aber eher für Fortgeschrittene zu empfehlen. Die Vorteile der Bilder eines audio-visuellen Unterrichtswerkes sind darin zu sehen, daß sie in eine grammatische und lexikalische Progression integriert sind. Dadurch benötigen die Schüler nur eine geringe Zahl von neuen Vokabeln und Strukturen, um die Bilder der neuen Lektion in der hier vorgeschlagenen Weise zu versprachlichen. Hierdurch wird ihr Vertrauen in ihre eigene Ausdrucksfähigkeit gestärkt.

Im Fortgeschrittenenunterricht kann auch die genaue Übersetzung eines Textes, z. B. eines Gedichtes oder eines komplizierten Fachtextes, erforderlich sein. Gerade diese Tätigkeit des Übersetzens mit dem Suchen nach dem richtigen Äquivalent für eine bestimmte Vokabel oder nach der stilistisch besten Wiedergabe eignet sich – mit verteilten Aufgaben – ausgezeichnet für Gruppenarbeit. (Vgl. das Unterrichtsbeispiel von Schiffler 1976b.)

5.12. Die Gruppenarbeit in der Sprachverarbeitungsphase

Die Sprachverarbeitungsphase ist die Unterrichtsphase, in der eine Fülle von Übungsmöglichkeiten in Form von Gruppenarbeit möglich ist. Aber ebenso ist sie die Phase, in der ein Wechsel von lehrerzentriertem Unterricht und Gruppenarbeit unbedingt angebracht ist.

Zimmermann (1976, S. 12f.) unterteilt die „Sprachverarbeitungsphase" in „Kognitivierungs-, Einübungs- und Transferphase". In der Kognitivierungsphase werden den Lernern zu grammatischen Erscheinungen *Lernsteuerungshilfen* gegeben. Für diese Phase eignet sich zweifellos der lehrerzentrierte Unterricht. Dort versucht der Lehrer mit verbalen Erklärungen, am besten in Verbindung mit graphischen Veranschaulichungen und Übungsbeispielen, diese Lernsteuerungshilfen zu vermitteln. Er muß entscheiden, ob dies in der Fremd- oder Muttersprache geschieht. Dies in der Fremdsprache zu tun zwingt den Lehrer eher dazu, es zuerst mit graphisch-visuellen Hilfen, mit Beispielparadigmata und Signalen (Zimmermann 1977, S. 123ff.), als Hilfen zu versuchen statt mit langen verbalen Erklärungen. In den meisten grammatisch leichten Fällen ist der Weg des Einübens im lehrerzentrierten Unterricht ohne überflüssige Erklärung der beste Weg. Sobald aber die ersten Schwierigkeiten beim Üben auftreten, ist der fruchtbare Moment gekommen, einsichtige Lernsteuerungshilfen, meistens in der Muttersprache (vgl. Zimmermann 1977, S. 105), zu geben. Aus diesem Grunde sollte die erste Einübungsphase lehrerzentriert ablaufen.

Aus demselben Grund kann es angebracht sein, die Transferphase zu *Anfang* lehrerzentriert zu gestalten. Nach Zimmermann (1976, S. 12ff.) liegt in der kurzen und weniger motivierenden Einübungsphase die besondere Bedeutung auf dem artikulatorischen Geläufigmachen von Strukturen und auf dem Einüben der phonetischen, morphologischen und syntaktischen Eigenschaften der Fremdsprache in Form von überwiegend formalen Strukturübungen. Hier, vor allem im phonetischen Bereich, ist die ständige Kontrolle des Lehrers vonnöten.

In der Transferphase wird jede Struktur in jeweils veränderten „Minimalsituationen" geübt, im Gegensatz zur Verwendung des Gelernten in einem insgesamt anderen situativen Rahmen bzw. einer neuen „Maximalsituation" in der Anwendungsphase. Diese letztere Phase nimmt zweifellos den größten Teil der Sprachverarbeitungsphase ein und sollte überwiegend schülerzentriert in Form der Gruppenarbeit gestaltet werden, wie im folgenden gezeigt wird.

Mündliche Gruppenarbeit

Das mündliche Üben sollte dem schriftlichen vorausgehen. Bei der Gruppenarbeit scheint die Fehlerkorrektur aber auf den ersten Blick ein Problem. Phonetische Übungen eignen sich deshalb nicht für die Gruppenarbeit. Trotzdem gibt es hierzu eine von Schmidt (1977) geschilderte Ausnahme.

Der Lehrer gibt den Gruppen „Terzettkartenspiele" zur Übung der korrekten Diskrimination und Aussprache der Nasale, die von vielen Schülern während der gesamten Schulzeit nicht einwandfrei unterschieden werden. So müssen bei diesem Gruppenspiel die Schüler durch gegenseitige Fragen wie z. B.: „Est-ce que vous avez un *banc*/bzw. *bon*/bzw. *bain?*" das betreffende Terzett zum *Phonem b* + den drei Nasalen zusammenstellen. Falsche Aussprache des Nasals führt dazu, daß der Gefragte die Karte nicht herauszugeben braucht und nun selbst mit Fragen dran ist. Wenn in jeder Gruppe ein Schüler mit guten und sicheren Phonetikkenntnissen ist, kann in den Gruppen auch eine kurze Lesephase eingeplant werden (vgl. Matthes, 1969, S. 34).

Die Fehlerkorrektur bei mündlichen Übungen zu grammatischen Strukturen ist aber mit Hilfe der Textbücher, die es zu den Sprachlaborprogrammen gibt, zu lösen (Schiffler, 1974 b; vgl. Matthes, 1969, S. 39). Jeder Gruppensprecher erhält ein Textbuch oder die Kopie der Übung. Er stellt die Fragen und korrigiert die Gruppenmitglieder anhand der vorgegebenen Antworten. Anschließend wechselt der Gruppensprecher. Schließlich gehen die leistungsstärkeren Gruppen dazu über, sich untereinander innerhalb der Gruppe selbstformulierte Übungen in Frage und Antwort zu stellen. Zweifellos ist es ein großer Vorteil, wenn die Übungen vom Inhalt her interaktiv sind. Das kann durch einen interessanten Kontext, durch humorvolle „Unsinn"-Dialoge oder andere Elemente erreicht werden. (Vgl. Tolle, 1969 und Göbel u. a., 1971.)

Interaktive Momente wirken sich hier, zumindest für den jeweiligen Gruppensprecher, günstig aus. Dieser erhält dadurch vorübergehend die Stellung eines sprachkompetenten Informanten. Sogar in sehr großen Klassen kann diese Arbeitsform durchgeführt werden. Das dabei entstehende Stimmengewirr stört nur Außenstehende, die Schüler selbst arbeiten konzentriert. Dieses Geräusch informiert die Mitschüler über die Arbeitsintensität der anderen und kann somit sogar lernfördernd sein. In der englischen Literatur spricht man vom „acceptable working noise" (Nuhn, 1975, S. 107).

Selbstverständlich geht hier ein wesentlicher Vorteil der Sprachlaborübungen, nämlich die auditive Information durch den *„native speaker",* verloren. Erfahrungen in Berliner Schulen haben gezeigt, daß es bei Klassen mit über 20 Schülern möglich ist, Gruppen von 5 Schülern zu bilden, die mit den Sprachlaborübungen auf jeweils einem Kassettenrecorder arbeiteten (vgl. die ähnlichen Erfahrungen von Hackenbroch u. a., 1976, S. 29). Ein Schüler bedient das Gerät gemäß der Lerngeschwindigkeit der Gruppe. Mit Hilfe der Pausentaste werden so in vielen Fällen die für die Antwort vorgesehenen Pausen etwas verlängert. In die erste Antwortpause spricht nur ein Schüler, in die zweite – nach Vorgabe der Antwort durch den Tonträger – versuchen alle übrigen Gruppenmitglieder zu sprechen, ohne daß die Kassette angehalten wird. Zur Vorbereitung auf diese Arbeit müssen selbstverständlich der Anzahl der Gruppen entsprechende Kopien mit Hilfe des Sprachlabors oder einer Schnellkopieranlage gezogen werden. Eine überspielte Kassette reicht aber in den meisten Fällen für viele Stunden Gruppenarbeit, so daß sich die Mehrarbeit auszahlt.

Der Kassettenrecorder in jeder Gruppe bietet eine weitere Möglichkeit der mündlichen Gruppenarbeit. Jede Gruppe erfindet im Anschluß an die geschilderte Arbeitsform eigene Übungen zur selben grammatischen Erscheinung und spricht diese – je nach Können – entweder sofort auf Band oder skizziert sie vorher schriftlich, um sie dem Lehrer vor der Aufnahme zur Kontrolle vorzulegen. Die auf Kassette gesprochenen Übungen werden anschließend unter den Gruppen ausgetauscht und zum mündlichen Üben genutzt. Ein leichteres Verfahren ist es, daß sich zwei Gruppen zusammensetzen und sich gegenseitig die Fragen der selbstgefundenen Strukturübungen stellen. Ferner können mit Hilfe von Bildmaterial zahlreiche Übungsmöglichkeiten für das schriftliche und mündliche Üben in Gruppen gefunden werden. Wegen der fehlenden Korrekturmöglichkeit ist das Bildmaterial zwar eher für die schriftliche Gruppenarbeit geeignet. Doch einige visuelle Medien gewährleisten auch eine ausreichende Korrektur durch die Mitschüler (vgl. Schiffler, 1976 a, 87 ff.): Die bildgesteuerten Mikrokonversationen, wie sie zum Beispiel in *Cours des base* (Erdle-Hähner u. a., 1972) verwendet werden, eignen sich für Gruppenarbeit, wenn die Modelle den Schülern schriftlich vorliegen, so daß sie selbst die Korrektheit in Zweifelsfällen überprüfen können. Nehmen wir als Beispiel folgende Mikrokonversation (S. 16).

A: Qu'est-ce que tu bois là?
B: Je bois un *café*. Et toi?
A: Je prends *un thé*.
B: Garçon, un thé, s'il vous plaît.

In dem Lehrbuch sind in einer Bildreihe verschiedene Getränke zu sehen, die in die obige Mikrokonversation nacheinander eingesetzt werden sollen. Wenn nun die Schüler auf kleinen Zetteln diese und eventuelle andere Getränke zeichnen oder fotokopiert erhalten, dann ist hiermit eine lebhafte Gruppenarbeit möglich. Jeweils zwei Schüler nehmen eine verdeckt liegende Karte auf und müssen nun die Mikrokonversation gemäß der gefundenen Abbildung simulieren. Wenn sie dies ohne Fehler können, dürfen sie die Bildkärtchen behalten. Im anderen Fall legen sie sie wieder unter den Stapel. In ähnlicher Weise können im Gruppenspiel zahlreiche Strukturen mit Bildkarten (Schiffler, 1976 a, S. 88), eingeübt werden, auf denen jeweils zwei gegensätzliche Handlungen oder Zustände zu sehen sind, wie z. B. eine regneri-

sche und sonnenbeschienene Landschaft; ein krankes Mädchen im Bett und dann beim Spiel; ein Mann, der keinen Appetit hat und dann mit Heißhunger ißt usw. Mit Hilfe der zuletzt beschriebenen gegensätzlichen Bilder soll ihre vielfältige Verwendung gezeigt werden. So. z. B. kann die Verneinung geübt werden: „He isn't hungry / now he's hungry" – „He doesn't eat at one o'clock / He eats at two o'clock". Zur Übung der *progressive form:* „He isn't eating / now he's eating" – zur Übung der Zeiten: „Yesterday he didn't eat at all / Today he's eating a lot" – „Today he isn't eating at noon – Tomorrow he will be eating at noon" – die Verwendung von *something* und *anything:* „Yesterday he didn't get anything to eat / Today he got something to eat" – die Verwendung von „become": „He wasn't hungry at all / now he has become hungry".
Ein Schüler nimmt die Karte auf, versprachlicht das erste Bild und gibt sie einem anderen Gruppenmitglied zur Versprachlichung des zweiten gegensätzlichen Bildes weiter. Wenn ein Bildpaar nicht korrekt versprachlicht werden konnte und Korrekturen durch die Mitschüler nötig wurden, dann wird die Bildkarte wieder unter den Stapel geschoben. Jeder der gegensätzlichen Strukturvarianten kann in so vielen Minimalsituationen geübt werden, wie Bildkarten vorhanden sind. Der spielerische Charakter dieser Übungen motiviert die Schüler so, daß sie diesen Unterricht gar nicht mehr als Grammatikunterricht empfinden.
Eine weitere visuelle Hilfe stellen die Haftelemente dar. Es ist vorteilhaft, wenn zwei vollständige Sätze pro Klasse vorhanden und an den Seitenwänden der Klassen sichtbar aufgehängt werden können. Wenn nun die Haftelemente, deren Bedeutung die Schüler schon kennengelernt haben, angeheftet werden, bilden sie ein „visuelles Glossar", das eine beträchtliche Gedächtnishilfe zum Finden von Minimalsituationen darstellt.
Ein Beispiel: Ein Gruppenmitglied fragt ein anders: „What does Susan do every day?" und zeigt das Haftelement Bus. Der Angesprochene muß dann antworten: „She takes the bus every day". Nun darf er fragen: „What does Bill do every week?" und zeigt einen Pfeil und ein Kino. „He goes to the pictures every week" usw.
Meist stehen nicht genügend Haftelemente für alle Gruppen zur Verfügung, wenn identische gebraucht werden. Dann können die Gruppen auf kleinen Zetteln die betreffenden Gegenstände skizzieren, wie z. B. Kleidungsstücke. Ein Gruppenmitglied nimmt dann einen verdeckt liegenden Zettel auf, zeigt das sich darauf befindliche Bild einem anderen und fragt: „Tu veux mettre ce manteau?" – Wenn nun der Angesprochene mit „Non, je ne veux pas", antwortet, sagt der erste: „Alors ne le mets pas" oder „Alors mets-le", falls die Antwort „Oui, je veux bien" lautet. Dieses Übungsbeispiel einer Gruppenarbeit ist auf Videoband (FU Berlin) aufgezeichnet.
Mengler (1972) hat in einem ebenfalls auf Videoband aufgezeichneten Un-

terricht gezeigt, daß schon im Anfangsunterricht mit Hilfe von Haftelementen eine durchgehend einsprachige Gruppenarbeit möglich ist. Die Schüler bildeten Vierergruppen, die der Reihe nach drankamen. Der erste Schüler legte die Haftelemente *Tür* und *Jacques* auf den Tisch. Hierbei machte er die Geste des Klopfens und Händeschüttelns. Der zweite Schüler der Gruppe versprachlicht dies: „Entrez. Bonjour, Jacques". Dann nimmt er die Haftelemente „Pfeil", richtet diesen auf das Haftelement *Geschäft* und legt ein Fragezeichen über den Pfeil. Gleichzeitig macht er die Geste des Mitkommens. Der dritte Schüler versprachlicht: „Tu vas au cinéma avec moi?" und wird von seinen Mitschülern verbessert: „Tu vas au magasin avec moi?" – Der dritte legt dann das Fragezeichen über den Pfeil und erhält vom vierten Schüler die Frage: „Pourquoi est-ce que tu vas au magasin?", der sich nun wieder an den ersten Schüler wendet.

Es gibt verschiedene Möglichkeiten, diese Gruppenarbeit zu kontrollieren. Entweder erstellen die Schüler in der Plenumsphase den gesamten Dialog mit den Figurinen an der Hafttafel und ihre Mitschüler versprachlichen ihn, oder sie spielen anschließend den gefundenen Dialog aus dem Gedächtnis. Wenn die Schüler dazu nicht fähig sind, können sie ihren Dialog protokollieren und nach der Korrektur durch den Lehrer vorspielen.

Schriftliche Gruppenarbeit

Soweit es sich in der Sprachverarbeitungsphase um schriftliches Üben handelt, bietet sich Gruppenarbeit ohne Schwierigkeiten an. Bei richtigem methodischen Vorgehen ist hier die Korrektur kein Problem. Richtig bedeutet, daß jedem Schüler seine eigene Lernzielkontrolle ermöglicht werden soll. Das scheint – wie die Erfahrungen in der Lehrerausbildung zeigen – nicht leicht zu erlernen zu sein.

Die zahlreichen Übungstexte, die in allen herkömmlichen Lehrbüchern zu finden sind, eignen sich fast alle für die Gruppenarbeit. Vielleicht spart der Lehrer, der diese Übungen lehrerzentriert behandelt, dadurch einige Minuten Zeit, daß er nach jedem Übungsschritt für die sofortige Korrektur sorgt. Der Nachteil ist aber, daß nur der jeweils korrigierte Schüler sich tatsächlich seines Fehlers bewußt wird und daß alle übrigen Schüler, sofern sie nicht gerade dran sind, mehr oder minder unaufmerksam sein können. Wenn diese Übung in Gruppen- und Partnerarbeit gemacht wird, ist durch die *Selbsttätigkeit* die Aufmerksamkeit eines jeden Schülers in Anspruch genommen. Ferner sieht er in der kurzen Kontrollphase, was er falsch gemacht hat, sofern der Lehrer dafür sorgt, daß die korrekten Lösungen auf Overhead-Folie den Schülern „vor Augen stehen" (Fotokopien der Übungen auf Folie sind möglich). Am wirksamsten ist es, wenn in dieser Phase die Hefte ausgetauscht werden, da man erfahrungsgemäß die Fehler des anderen eher erkennt als die eigenen.

In ähnlicher Weise können die Arbeitsbücher (work-books/cahiers d'exercices), die es mittlerweile zu den meisten Lehrbüchern gibt, eine große Hilfe zur Gestaltung der Gruppenarbeit darstellen. Selbstverständlich sind sie ursprünglich für (Einzel-)Stillarbeit bzw. für die Hausarbeit gedacht. Wenn der Lehrer sie aber im Unterricht einsetzt, ohne gleichzeitig die Interaktion in der Lerngruppe hierbei zu aktivieren, sieht er die Vorteile ihrer kooperativen Bearbeitung nicht. In den Gruppen arbeiten die Schüler mit diesen Büchern nicht nur selbständig, sondern gleichzeitig fragen und orientieren sie sich gegenseitig bei allen auftretenden Schwierigkeiten.

Wenn nun am Ende der Gruppenarbeit die ausgefüllten Übungen der Arbeitsbücher einer Gruppe insgesamt einer anderen Gruppe zur Korrektur gegeben werden, dann sollte sich der Lehrer nach der Anzahl der *richtigen Lösungen einer jeden Gruppe* erkundigen. Hierdurch wird wieder die Interaktion ins Spiel gebracht: Der einzelne Schüler wird bei geringer Leistung nicht diskriminiert, und die *Gruppe* bekommt *insgesamt* bei guter Leistung eine positive Bestätigung. Ihr Zusammenhalt und ihr Bemühen wächst, als *Gruppe* dafür zu sorgen, daß jedes Gruppenmitglied alles richtig hat.

Wenn die Arbeitsbücher zur Hausarbeit benutzt werden, kann die Überprüfungsphase am Anfang der Stunde in derselben Weise interaktiv genutzt werden.

Die Wirksamkeit der Gruppenarbeit hängt von der Vorbereitung, d. h. in diesem Fall von der Qualität der schriftlichen Unterlagen ab. Die Arbeitsbücher können den Lehrer in vielen Fällen zur Erarbeitung eigener Übungsformen anregen. Oft bemerkt der Lehrer, daß eine Gruppe eine grammatische Erscheinung sofort beherrscht und die entsprechende Übung fehlerlos bearbeitet. In anderen Fällen reichen die vorgegebenen Übungen keineswegs aus. Hier bietet sich in Abweichung von der im Anfangsunterricht üblichen arbeitsgleichen Gruppenarbeit ein arbeitsteiliges Verfahren mit Hilfe der vom Lehrer entwickelten Arbeitsbögen an. Sie können den Schülern gegeben werden, die noch Schwierigkeiten mit der betreffenden Struktur haben. Nur in seltenen Fällen sollten diese vom Lehrer selbstentworfenen Übungen dazu dienen, den besseren Schülern noch mehr Übungsmöglichkeiten zu bieten. Vielmehr sollten diese ihr schnelleres Arbeitstempo dazu nutzen, andere Gruppen zu unterstützen bzw. ihre Partner, denen sie durch die „verantwortliche Partnerschaft" verbunden sind.

Auf die Auswertung der (Labor-)Strukturübungen wurde bereits bei der Erörterung der mündlichen Gruppenarbeit eingegangen. Diese Übungen können aber auch der Ausgangspunkt zu einer gleichzeitigen intensiven schriftlichen Übung aller sein. (Vgl. Schiffler, 1978.) Am besten erhält jede Gruppe ein Strukturübungsmodell. Nun muß jeder Schüler nach diesem Modell einen Stimulus selbst finden, z. B. „Tu prends du café?" oder „If the weather hadn't been so bad . . .", dann gibt er sein Blatt dem Nachbarn weiter, der einen Response hinschreibt: „Merci, avec plaisir" oder „You might have got farther". Der Nachbar setzt diese Übung mit einem neuen Stimulus fort usw. Nach kurzer Zeit schon sind so viele Übungen gefunden worden, wie sich Schüler in der Gruppe befinden, ohne daß die Schüler untereinander gesprochen haben. Die Korrektur ist wegen der hohen Zahl an so gefundenen Arbeitsergebnissen nicht leicht. Um sie auf die Hälfte zu reduzieren, kann man auch immer zwei Partner in der Gruppe zusammen einen Übungsschritt formulieren lassen. Die Schüler korrigieren anschließend diese Übungen, zu denen jedes Gruppenmitglied einen gleichwertigen Beitrag geleistet hat. In Zweifelsfällen wenden sie sich an den Lehrer. Sicherlich können durch eine solche Gruppenkorrektur Fehler übersehen werden, aber viele finden die Schüler auch selbst. „Die von den Schülern selbst kaum bewußt wahrgenommene gegenseitige Kontrolle der gemeinsamen Arbeit (reduziert) die Anzahl der Fehler auf ein Mindestmaß" (Matthes, 1969, S. 34).

Stehen visuelle Medien zur Verfügung, können die Schüler in den Gruppen zu einem oder einigen projizierten, zu diesem besonderen Zweck ausgesuchten Bildern schriftlich Fragen formulieren. Die Kontrolle der Gruppenarbeit kann dadurch interaktiv gestaltet werden, daß sich die Gruppen nun untereinander die gemeinsam gefundenen Fragen stellen. Hierbei erfolgt die mündliche Korrektur. Während dieser kann der Lehrer von Gruppe zu Gruppe gehen und die Gruppenarbeit schriftlich korrigieren, ohne zu sprechen und den Dialog zwischen den Gruppen zu stören.

In derselben Weise können Fragen zu jedem fiktionalen (Lektions- bzw. Lesetexte der Lehrbücher) oder nicht-fiktionalen Text in der Gruppe erarbeitet und ausgewertet werden. Der Dialog zwischen den Gruppen gewinnt an Spannung für die Schüler, wenn er Wettbewerbscharakter erhält, ohne daß es zu einem eigentlichen Wettbewerb mit den bekannten negativen Auswirkungen kommt wie z. B. zur Diskriminierung des für den Punktverlust Verantwortlichen. Den Wettbewerbscharakter erhält der Gruppendialog dadurch, daß die antwortende Gruppe nur dann die nächste Frage stellen darf, wenn sie inhaltlich und sprachlich korrekt geantwortet hat. Wenn das nicht der Fall ist, kommt die Gruppe dran, die die richtige Antwort geben oder die Antwort der befragten Gruppe sprachlich korrigieren kann.

Je anspruchsvoller die Texte sind, desto mehr Möglichkeiten der schriftlichen Ausarbeitung ergeben sich. So kann zur Vorbereitung auf eine Textinterpretation den Gruppen die Aufgabe gestellt werden, einen Text in Abschnitte aufzuteilen und geeignete Überschriften dafür zu finden.

Zur Textinterpretation können in den Gruppen „Schlüsselfragen" erarbeitet werden. Diejenigen, die Schülern und Lehrer am meisten relevant erscheinen, werden in einer kurzen Plenumsphase ausgewählt und dann arbeitsgleich allen Gruppen oder arbeitsteilig den einzelnen Gruppen zugeteilt. Die Beantwortung der Fragen geschieht auf Overhead-Folie, um sie in der zweiten Plenumsphase zu diskutieren.

Auch die gesamte sprachliche Erarbeitung eines Textes kann den Gruppen nach genauen Arbeitsanweisungen überlassen werden. So hat Matthes (1969, S. 32 ff.) den Gruppen die Anweisung gegeben:

1. den Text zweimal (laut) zu lesen,
2. sieben vorgegebene Fragen, teils mündlich teils schriftlich, zu beantworten,
3. zu bestimmten im Text vorkommenden Verben die Stammformen zu finden und
4. vorgegebene Sätze in die Zielsprache zurück zu übersetzen.

Der Vorteil einer so durchorganisierten Gruppenarbeit ist zweifellos, daß sie in der Praxis funktioniert. Für eine Einführung in die Gruppenarbeit ist ein so genau gesteuerter Arbeitsgang vertretbar. Später sollte aber das in jeder Gruppenarbeit gegebene interaktive Moment der Selbständigkeit stärker betont werden, indem die Schüler z. B. selbst Fragen zum Text finden und ihre Arbeit dann zu einer Interaktion zwischen den Gruppen führt, wie es weiter oben bereits dargestellt wurde.

5.13. Die Gruppenarbeit in der Anwendungsphase

In der Anwendungsphase geht es um die wiederholende Verwendung der gerade oder vor längerer Zeit gelernten Sprachbestände in einer neuen (übergreifenden) Maximalsituation.

Diese Phase kommt im Unterricht – gerade beim Lehrbuchunterricht – meist zu kurz. In vielen Lehrbüchern fehlen auch Hinweise oder Hilfen zur Gestaltung dieser Phase. Da in ihr die sprachlichen Aktivitäten der Schüler möglichst kreativ und wenig gelenkt sein sollen, ist die Kontrolle der von den Schülern erbrachten Leistung zeitraubend, falls sie schriftlich fixiert wird. Eine so konzipierte Anwendungsphase läßt sich entweder in Einzel- oder in Gruppenarbeit durchführen. Vielleicht ist auch in dieser Voraussetzung ein Grund für die Vernachlässigung der Anwendungsphase in der Praxis zu sehen. Schriftliche Einzelarbeit bedeutet nämlich, daß der Lehrer außerhalb des Unterrichts alle Schülerarbeiten korrigieren müßte. Diese unzumutbare Mehrarbeit zu vermeiden, ist allein schon ein Grund, in dieser Phase Gruppenarbeit zu praktizieren. Bei der Aufteilung in vier bis sechs Gruppen könnte so zumindest ein Teil der Gruppenarbeit im Plenum vorgestellt und diskutiert werden, während die übrigen zwei bis vier vom Lehrer außerhalb des Unterrichts korrigiert würden.

Da die sprachliche Kreativität den Schülern nicht leicht fällt, sind im ersten Lernjahr Hilfen zur Anwendungsphase in Form von „key words", die den Gruppen über Overhead-Projektor vermittelt werden, gerechtfertigt, wie sie z. B. zu „Passport to English" (Gornall u. a., 1973, S. 203) vorgeschlagen werden:

Jane: I – (not) know – do – this – morning.
Bob: Aren't – friends coming to –?
Jane: No, – not –
Bob: You (not) – watch television?
Jane: – not feel – television – myself etc.

Aus diesen Angaben können die Schüler z. B. den Dialog erstellen:
J: I don't know what to do this morning.
B: Aren't your friends coming to play cricket with you?
J: No, they don't come this morning.
B: Don't you like watching television?
J:Yes, I do, but I don't feel like watching television by myself etc.

Diese gedanklich stark gesteuerte Sprachanwendung bedeutet eine fast arbeitsgleiche Gruppenarbeit, so daß in der Kontrollphase die Korrektur nur einer Gruppenarbeit über Overhead-Projektor unter mündlicher Berücksichtigung der Varianten der anderen Gruppe genügt.

Weitere Anwendungsübungen bestehen darin, einen Text auf Tonträger vorzuspielen. Die Gruppen müssen daraus ein „résumé" anfertigen. Oder sie erhalten einen Text, aus dem sie ein „précis" oder Hörspiel anfertigen (Erdmenger, 1975, S. 103). Statt dessen kann der Text auch zu einem Puppenspiel dramatisiert werden, das zuerst vor den anderen Gruppen, dann vor anderen Klassen vorgeführt wird (Nuhn, 1975, S. 8).

Eine andere Möglichkeit ist, den Gruppen genaue Anweisung über den Verlauf eines Dialogs zu geben (Gurwitsch, 1975, S. 11). Die Schüler hatten in der Lektion eine Sportveranstaltung behandelt. Nun wird ihnen die Anweisung gegeben, einen *Vereinbarungsdialog* zu finden, in dem zwei Freunde übereinkommen, in welche Sportveranstaltung sie gehen, wo und wann sie sich treffen, wer wen abholt und wer, wo und zu welchem Preis die Eintrittskarten besorgt.

Eine weniger gelenkte Hilfe zur Sprachanwendung sind (photographische) Bildreihen, wie sie z. B. zu *La France en direct* (Capelle u. a., 1969) existieren.

Wie es die Vorschläge zur Versprachlichung dieser Bildreihen zeigen, gelingt es nicht immer, die neuerlernten Sprachbestände zu verwenden (vgl. Schiffler, 1974 a, S. 68 f.). In anderen Fällen geht es aber erstaunlich gut. So haben die Schüler in der ersten Lektion des erwähnten Lehrwerks nur die beim Telefonieren üblichen Fragen zur Identifizierung von Anrufer und Angerufenen gelernt und die Ausdrücke: „Tu es prêt? – Oui, je suis prêt. – Viens vite" audio-visuell gelernt.

In den Photographien zum Transfer sehen nun die Schüler in einer dramatischen Bildreihe eine aufgeregte Hochzeitsgesellschaft ohne Bräutigam vor der Kirche, die telefonierende Braut und schließlich ihren Gesprächspartner, den Bräutigam, der halbangezogen mit ihr telefoniert. Wo anders als in einer solchen Situation wären die gerade gelernten Ausdrücke tatsächlich angebracht?

Ebenso können gezeichnete Bilder die Anwendung der gelernten Sprachbestände fördern. Zum Beispiel wird in dem Arbeitsbuch (Müller, S., u. a., 1972, S. 52) in 5 Zeichnungen gezeigt, wie der Clochard einem anderen erzählt, bei welcher Gelegenheit er einen günstigen Taschendiebstahl ausführen konnte und wie er mit diesem Geld in einem teuren Restaurant gespeist hat. Wenn nicht zu diesen Bildern der gesamte Dialog in dem Arbeitsbuch stünde, dann könnten diese Bilder als eine ausgezeichnete Möglichkeit des Transfers für die Sprachbestände dienen, die in der Lektion gelernt wurden, wo der Ablauf des Diebstahls auf dem Markt geschildert wird.

Ähnliche Funktion kann aber auch das Einzelbild haben (Schiffler, 1976 a, S. 95 f.). Haben die Schüler z. B. gerade die Orts- und Richtungsbestimmung gelernt, dann bekommen sie ein Bild gezeigt, auf dem ein Paar abgebildet ist, das vor einer Litfaßsäule diskutiert, in welches Theater oder Kino sie gehen sollen, oder das vor einem Kiosk mit Ansichtskarten steht, einen Stadtplan in der Hand, und berät, welche Sehenswürdigkeiten sie anschauen sollen.

Die visuellen Hilfen sind für den Anfangsunterricht gedacht. Wenn die Schüler von Anfang an zur kreativen Sprachanwendung angehalten werden, genügt ihnen später die Vorgabe einer Rahmensituation.

Es ist zweifellos eine Hilfe, wenn der Lehrer hierzu „strukturierte Situationen" (vgl. Schiffler, 1976 a, S. 106 f.) findet, die dem Schüler die Verwendung bestimmter Strukturen, die er gerade gelernt hat, nahelegt: Zum Beispiel haben die Schüler u. a. in der Lektion die Hilfsverben „pouvoir" und „devoir" gelernt. Der Lehrer gibt ihnen nun folgende Situation vor: Tu roules en voiture avec ton ami. Ton ami conduit. Tout à coup, une autre voiture qui n'a pas respecté le stop, vous rentre dedans. Tu dis à ton ami ce qu'il doit faire.

Die Schüler finden dann Ratschläge wie z. B.: Tu ne peux pas continuer – Tu dois t'arrêter – Tu dois appeler la police – On doit absolument l'attendre – On doit trouver des témoins – etc.

In vielen Fällen genügt es, eine ähnliche Rahmensituation wie die der Lektion zu finden, um der Gruppe zu ermöglichen, in ihren Dialogen fast alle Sprachbestände wiederzufinden. Als Unterrichtsbeispiel (Schiffler, 1974 a, 63 ff.) sei hier die Lektion 14 von *La France en direct* (Capelle u. a., 1969) geschildert.

In der Lektion 14 beklagen sich die Hausbewohner über die Studentenparty während der letzten Nacht:

Mme Legrand (la concierge): Bonjour, Monsieur Pottier. Comment allez-vous, ce matin?

M. Pottier: Mal, Madame Legrand. Quel bruit, la nuit dernière!

Mme Legrand: Eh oui, je sais: de la musique jusqu'à deux heures du matin.

M. Pottier: Ça ne fait rien, Madame Legrand. Ils sont jeunes.

Mme Legrand: Oui, mais tout le monde est fatigué dans la maison, ce matin.

M. Pottier: Et moi, j'ai cinq cents kilomètres à faire en voiture.

Mme Legrand: Ah, C'est vrai! Vous partez pour Lyon. Combien de temps est-ce que vous allez rester là-bas?

M. Pottier: Un peu plus d'une semaine.

Mme Legrand: Je vous garde votre courrier, comme d'habitude. Et si quelqu'un vous demande . . .?

M. Pottier: Je n'attends personne. Mais dites que je reviens jeudi prochain.

Der Lehrer gab der Gruppe die Aufgabe, einen Dialog zu Beginn dieser „Surprise-partie" zu finden, zu der jeder der Eingeladenen etwas beisteuert. Eine Gruppe fand folgenden Dialog (die kursiv gedruckten Strukturen sind die in der Lektion gerade neugelernten):

Nathalie: Bonjour, Jacques, *comment vas-tu?*

Jacques: Bonjour, Nathalie, *je vais bien, merci. Et toi, ça va?*

Nathalie: Merci, *ça va bien.* Voilà une bouteille de champagne et du jus d'orange.

Jacques: Oh, du champagne. Mais ça coûte cher. J'aime beaucoup le champagne.

Nathalie: Moi, je ne bois que du jus d'orange.

Jacques: Voilà les autres, Pierre et Yvonne.

Nathalie: Bonsoir, Pierre. Bonsoir, Yvonne. Pierre, tu as les disques?

Pierre: Oui. Voilà *tous* mes disques. Nathalie, tu danses avec moi?

Nathalie: Merci. Tu danses bien, Pierre. J'aime beaucoup tes disques.

Pierre: *Quand* je danse, j'ai toujours soif. Tu prends *un peu de* jus d'orange avec moi?

Nathalie: Oui, merci, mais pas *beaucoup.*
Pierre: Il y a *quelqu'un* à la porte. Je *vais ouvrir.* (C'est Mme. Legrand, la concierge.)
Pierre: Jacques, on te demande.
Mme Legrand: Bonsoir, Messieurs. *Tout le monde* veut dormir dans la maison. Vous faites beaucoup de bruit. Les Pottier viennent de me parler. Ils disent que la musique est trop forte. Demain, les autres *ont à travailler* et M. Pottier *a* cinq cents km *à faire.* Ils vont être très fatigués. *Jusqu'à quand est-ce que* ça va durer, votre surprise-partie?
Jacques: Seulement *jusqu'à minuit. Tout le monde va partir dans* une heure. Nous allons mettre la musique moins fort.
Mme Legrand: Merci, Monsieur. Bonsoir.

Diese Gruppenarbeitsergebnisse werden aber erst dann interaktiv genutzt, wenn sie von den Schülern auch gespielt und wenn anschließend der Dialog und das Spiel jeweils von den anderen Gruppen begutachtet wird, wie dies für das Rollenspiel (S. 120 ff.) dargelegt wurde. (Vgl. die Erarbeitung der Andungsphase derselben Lektion bei Bethke u. a., 1977.)

Zum Schluß soll noch einmal an einem anderen Beispiel verdeutlicht werden, wie nicht nur die Kooperation in der Gruppe gefördert, sondern auch die Gruppenarbeit interaktiv gestaltet werden kann.

Die Schüler lernen anhand einer Lektion, die sich in fast jedem Lehrbuch befindet, die Schulsituation und den Stundenplan ihrer Altersgenossen im Zielland kennen. Nun kann eine einfache Anwendung darin bestehen, daß die Schüler in Gruppenarbeit ein Interview mit einem Schüler des Ziellandes über seine Schulsituation erstellen, oder daß sie die Unterschiede zu ihrem eigenen Stundenplan herausarbeiten. Besser ist es aber, wenn jede Gruppe diese Schilderung z. B. in Briefform verfaßt und diesen eventuell sogar einer Partnerklasse im Zielland zuschickt. Tatsächlich interaktiv wird die Gruppenarbeit aber erst dann, wenn jede Gruppe zuerst nur die Fragen für ein Interview mit den Schülern der *eigenen* Schule bzw. der *eigenen* Klasse erarbeitet. Im Plenum wird aus den von den Gruppen vorgeschlagenen Fragen ein einziges Interview zusammengestellt. Anschließend bereitet ein jeder in den Gruppen unter Mithilfe der anderen Gruppenmitglieder seine Antworten zu diesem Interview vor. In einer Plenumsphase, die sich durchaus über eine Schulstunde erstrecken kann, wird dann jeder einzelne Schüler, soweit er dazu bereit ist und soweit die Zeit reicht, über sein Verhältnis zur Schule und zur Klasse realitätsgerecht mit Mikrophon und Tonbandgerät interviewt. Bei der Wiedergabe dieser Aufnahme können sprachliche Fehler korrigiert und bestimmte Äußerungen der Schüler – sei es in der Ziel- oder Muttersprache –

besprochen werden. Gegebenenfalls kann sich eine Aussprache zwischen Lehrer und Schüler oder ein kurzes Interaktionstraining auf deutsch anschließen.

Die bisher gemachten Vorschläge beschränken sich alle auf den Anfangsunterricht mit Lehrbuch. Interaktiver Unterricht ist aber keineswegs auf eine einzige Lern- oder Schulstufe beschränkt, sondern entwickelt sich bei fortgeschrittenen Lernern zu den *interaktiven Formen des Fremdsprachenunterrichts,* wie sie in diesem Buch weiter oben beschrieben wurden. So treten das Gespräch zwischen Lehrer und Schüler oder der Schüler untereinander, die *lernergesteuerte* Übung, der Projektunterricht, die Simulation und die Rollen- und Interaktionsspiele gleichgewichtig neben die Gruppenarbeit mit Unterrichtstexten.

6. Unterrichtsbeispiele und interaktive Alternativen

Zweifellos wäre es am besten, wenn hier eine Filmaufzeichnung besprochen werden könnte, die den interaktiven Unterricht modellartig zeigt.
Ein ebenso wirksames Verfahren kann jedoch auch darin bestehen, bereits existierende Unterrichtsaufzeichnungen unter dem Aspekt zu besprechen, inwiefern in dem betreffenden Unterricht interaktive Verfahren an die Stelle der dort praktizierten treten könnten bzw. inwiefern dort bereits interaktive Phasen zu finden sind. Der Vorteil dieses Verfahrens, das im folgenden angewandt wird, besteht darin, daß die ausgewählten Unterrichtsaufzeichnungen schon seit geraumer Zeit in der Lehrerbildung eingesetzt werden und somit Ausbildern bereits jetzt zugänglich sind.

6.1. Eine Französischstunde

Der Film „Le déjeuner dominical" (Institut für Film und Bild in Wissenschaft und Unterricht, München, FT 2032) zeigt einen Anfangsunterricht in einer Klasse 10 eines altsprachlichen Gymnasiums für Jungen. Das Beiheft enthält die genauen sozialen Voraussetzungen der Klasse und das Wortprotokoll des Unterrichts. Dies wurde im folgenden durch die Beschreibung der non-verbalen Seite der Unterrichtskommunikation ergänzt.
In der Stunde wird der 3. Teil der Lektion 10 des Lehrbuches „Etudes Françaises" (Erdle-Hähner u. a., o. J., S. 33) neu eingeführt.
Die Fehler der Schüler und die des Lehrers wurden im Wortprotokoll nicht verbessert.

L: Regardez ici. Regardez ici. (Zweimaliges Klopfen mit dem Finger auf den Tisch.)

L: Eh bien, nous allons nous arrêter là et aujourd'hui continuer avec le troisième paragraphe. Ecoutez attentivement! Et voulez-vous s. v. p. ouvrir le tableau maintenant? (Geräusch) – Oui, maintenant, regardez-ici. Regardez-ici. Dans quelques familles il y a encore le déjeuner dominical. Le déjeuner dominical. A droite, voyez, le déjeuner dominical. (L. zeigt auf das entsprechende Wort an der Tafel.) Ecoutezbien. Le déjeuner dominical chez grand-mère après la messe. Donc, après la messe. Quel jour est-ce?

Sch: C'est le dimanche.

L: Naturellement. Et que veut dire: le déjeuner dominical? C'est un nouveau mot, que vous ne connaissez peut-être pas. Définez-le. Allez, Volker?

Sch: Toute la famille – eh – déjeune avec la grand-mère.

L: Oui, mais un déjeuner dominical, c'est autre chose. Si vous ne le connaissez pas, je vais vous l'expliquer. C'est un adjectif pour quel autre mot?

Sch: Dimanche?

L: Très bien! Vous vouliez dire la même chose? – Bravo! Donc, – en allemand, brièvement? Dominical –

Sch: Sonntag.

L: Adjectif!

Sch: Sonntäglich.

L: D'accord! Oui. Donc, le déjeuner dominical chez grand-mère après la messe. C'est quelque chose d'extraordinaire. Papa, alors, Papa porte sa cravate neuve. (Lehrer zeigt auf seine Krawatte und lacht. Schüler lachen.) Ça va bien dans le texte. Et maman, elle porte tous ses bijoux. Les bijoux de maman. Les bijoux. Klirr – klirr, dang – dang. (Lehrer zeigt auf seine Ohren, Handgelenke und seine Nase und schüttelt die Handgelenke. Lehrer und Schüler lachen. Lehrer zeigt auf das Wort an der Tafel.) Qu'est-ce que c'est, les bijoux? Oui? On achète les bijoux chez le bijoutier. Le bijou.

Sa cravate neuve, qu'il porte, et maman porte tous ses bijoux. Elle en a beaucoup. Voici tous ses bijoux. Il y a la petite Louisette, la fille, qui porte une nouvelle robe blanche, oui; et Jeannot, Jeannot le petit garçon, il offre un bouquet de fleurs à sa grand-mère. (Lehrer macht entsprechende Geste.) Oui. On reste à table jusqu'à trois heures. (Lachen) Oui, oui, oui, oui. C'est normal. Le dimanche, chez grand-maman, on mange jusqu'à trois heures. Et puis, toute la famille fait une promenade, pour mieux digérer . . . naturellement faire une promenade. Et les enfants s'ennuient. S'ennuient, les enfants. Ils s'ennuient. Je vais vous dire ce que ça veut dire en allemand: sie langweilen sich. S'ennuyer: sich langweilen. Et ils pensent . . . ils pensent à . . . à quoi pensent-ils, donc, les enfants? A quoi peuvent-ils penser? – Hm, Winfried?

Sch: Ils pensent au sport.

L: Oui, très bien. Ou bien ils pensent . . .

Sch: Ils pensent à la piscine.

L: Très bien. Ils pensent . . .

Sch: Ils pensent au cinéma.

L: Les enfants pensent . . .

Sch: Ils pensent au télévision.

L: Féminin, féminin!

Sch: Eh, – à la télévision.

L: Oui. Ils pensent à la télévision, très bien. Arrêtez-vous. Les enfants s'ennuient et ils pensent au bon gâteau du goûter. Maintenant, le gâteau – eh – c'est pas visible pour vous – le gâteau, c'est une tarte. La gâteau en français? – en allemand, c'est . . .?

Sch: Kuchen? (Lachen)

L: Oui. Est-ce-que vous voyez ça ici, le bon gâteau du goûter, – vous voyez ça? Et le goûter, je vais vous écrire encore une fois ici –, le goûter. (Schreibt) Les enfants pensent au bon gâteau du goûter. Le goûter, c'est un repas. Vous connaissez d'autres repas. Le matin, vous prenez –

Sch: Au matin, vous prenez, . . . nous prenons . . .

L: Le matin.

Sch: Le matin, nous prenons la petite déjeuner. – Werner. (Lehrer fordert Mitschüler zur Verbesserung auf.)

Sch: Le petit déjeuner.

L: A midi – Gunter.

Sch: Nous prenons le déjeuner à midi.

L: Bon. Et le soir? Le soir?

Sch: Le soir, nous prenons le souper.

L: Le souper ou le dîner. Selon, ça dépend d'où vous êtes, en France ou en Belgique. En Belgique, c'est le dîner, et en France le souper. Mais, l'après-midi, entre quatre et cinq heures, vous prenez tres souvent le goûter. Oui? Vous avez compris? Bon. Et le dimanche, on mange, on mange du gâteau. Du gâteau. Très bien. Voilà, laissons-nous revoir encore une fois le vocabulaire. Le déjeuner dominical. Toute la classe.

Alle: Le déjeuner dominical.

L: Lisez la deuxième expression.

Sch: Sa cravate neuve. – –

Sch: N e u v e.

L: Neuve. Pas: six, sept, huit, neuf, . . . non – c'est la cravate neuve. (Lehrer zeigt auf seine Krawatte.) Oh, la la, bon; faut pas la perdre! Et la troisième expression?

Sch: Tous ses [biʒo].

Sch: Tous ses bijoux.

L: Encore une fois, Jürgen.

Sch: Tous ses bijoux.

L: Oui. – Papa porte sa cravate neuve. Toute la classe! (Lehrer zeigt den Satz an der Tafel. Klopfzeichen mit dem Finger.)

Alle: Papa porte sa cravate neuve.

L: Maman tous ses bijoux. (Klopfzeichen des Lehrers.)

Alle: Maman tous ses bijoux.

L: Et qui est-ce-qui a mis sa belle robe blanche?

Sch: C'est la petite fille, qui –

L: . . . a mis . . .

Sch: . . . qui prend sa belle robe blanche.

L: Oui, blanche.

Sch: Blanche.

L: Sa belle robe blanche. Encore une fois.

Sch: Sa belle robe blanche.

L: Encore une fois.

Sch: Sa belle robe blanche.

L: Belle robe blanche. Répétez. (Lehrer spricht jedes Wort gesondert.)

Sch: Belle robe blanche.

L: Holger.

Sch: Belle robe blanche.

L: Sa belle robe blanche. – Toute la classe. (Klopfzeichen des Lehrers.)

Alle: Sa belle robe blanche.

L: Les enfants s'ennuient. Répétez, Volker.

Sch: Les enfants s'ennuient.

L: S'en . . . a . . . s'ennuient.

Sch: S'ennuient.

L: Et Marco.

Sch: Les enfants s'ennuient.

L: A – nasal.

Sch: Les enfants s'ennuient.

L: Les enfants, – oh, où est-ce-que c'est? – les enfants s'ennuient. Toute la classe.

Alle: Les enfants s'ennuient.

L: Ils pensent au gâteau. Toute la classe.

Alle: Ils pensent au gâteau.

L: Oui. – C'est l'heure du goûter.

Alle: C'est l'heure du goûter.

L: Le goûter, – en allemand?

Sch: Kaffeetrinken.

L: Hm, oui, Kaffeetrinkenzeit, je dirais; bien, d'accord. Maintenant, prenez vos livres, s.v.p., à la page 32. – Regardez dans vos textes, je vais vous lire une phrase et vous la répéterez. Dans quelques familles, il y a encore le déjeuner dominical chez grand-mère après la messe. Manfred.

Sch: Dans quelques familles il y a enore le déjeuner dominical chez grand-mère après la messe.

L: Très bien, Manfred, très bien; pas de fautes. Eh, – qui relit encore une fois la même phrase? Werner?

Sch: Dans quelques familles il y a encore le déjeuner dominical chez grand-mère (richtig ausgesprochen) après la messe.

L: Grand-mère.

Sch: Grand-mère après la messe.

L: D'accord. Papa porte sa cravate neuve. Gunter.

Sch: Papa porte sa cravate neuve.

L: Oui. Pierre.

Sch: Papa porte sa cravate neuve.

L: Maman porte tous ses bijoux.

Sch: Maman, maman porte tous, eh, maman tous ses bijoux.

L: Holger.

Sch: Maman porte tous ses bijoux, s.v.p.

L: Oui, j'ai ajouté ce mot-là. N'est-ce pas, ici? Répétez. Maman porte tous ses bijoux; toute la classe. (Klopfzeichen des Lehrers.)

Alle: Maman porte tous ses bijoux.

L: Oui. Et Louisette sa belle robe blanche. Winfried.

Sch: Et Louisette – Louisette sa belle robe blanche.

L: Comment s'appelle-t-elle, la fille?

Sch: Louisette.

Sch: Louisette.

L: Louisette. – Toute la classe.

Alle: Louisette.

L: Merci. Jeannot, le garçon, offre le bouquet de fleurs, – Wolfgang.

Sch: Jeannot offre le bouquet de fleurs.

L: Jeannot.

Sch: Jeannot.

L: Encore une fois, Hansi.

Sch: Jeannot offre le bouquet de fleurs.

L: Le bouquet de fleurs, toute la classe: Le bouquet de fleurs.

Alle: Le bouquet de fleurs.

L: On reste à table jusqu'a trois heures. Jürgen.

Sch: On reste à table jusqu'à trois heures. (Richtig ausgesprochen.)

L: Jusqu'à trois heures.

Sch: Jusqu'à trois heures.

L: Deutsch? – Wolfgang?

Sch: Man bleibt am Tisch, eh, bis drei Uhr.

L: Jusque' à, jusqu'à trois heures. Très bien. Puis, puis, puis, – pas: bouis, – puis toute la famille fait une promenade. – Jörg.

Sch: Puis, toute la famille fait une promenade.

L: C'est bien, c'est bien! Les enfants s'ennuient! Wolfgang.

Sch: Les enfants s'ennuient.

L: Les enfants –

Sch: Les enfants.

L: Les enfants s'ennuient.

Sch: Les enfants s'ennuient.

L: Encore une fois.

Sch: Les enfants s'ennuient.

L: Attention, attention! Regardez-ici, regardez-ici. (Lehrer deutet auf seine Nasenspitze.) Les enfants s'ennuient. (Klopfzeichen des Lehrers.)

Alle: Les enfants s'ennuient.

L: Encore une fois.

Sch: Les enfants s'ennuient.

L: . . . – nuient, . . . – uient! Les enfants s'ennuient. Encore une fois.

Sch: Les enfants s'ennuient.

L: Toute la classe.

Alle: Les enfants s'ennuient.

L: Puis, ils s'ennuient. Toute la classe.

Alle: Puis, ils s'ennuient.

L: Oh, oh, Puis. Qui est-ce qui a fait ça ici? (Lehrer deutet auf mehrere Schüler auf der Suche nach dem Schuldigen.) Puis.

Alle: (durcheinander): Puis, puis, puis . . .

L: Puis, ils s'ennuient.

Alle: Puis, ils s'ennuient.

L: D'accord! Ils pensent au bon gâteau du goûter. Holger.

Sch: Ils pensent au bon gâteau de . . . – pardonnez-moi, monsieur. – Ils pensent au bon gâteau du goûter.

L: Oui. Encore une fois, Pierre.

Sch: Ils pensent au bon gâteau du goûter.

L: D'accord! Tournez les livres, maintenant. – Regardez au tableau. – Répondez-moi avec les nouvelles expressions que vous avez là – eh – qu'est-ce qu'il y a encore dans quelques familles? Volker?

Sch: Il y a encore le déjeuner dominical. (Lehrer schnalzt mit der Zunge und macht verneinende Geste mit dem Finger.)

L: Non, non, non, non, – corrigez. Oui?

Sch: Dans quelques familles . . . (Falsch ausgesprochen.)

195

Sch: Dans quelques familles, il y a encore le déjeuner dominical.
L: Appelez quelqu'un.
Sch: Harald.
Sch: Familles.
L: La famille.
Sch: La famille.
L: La fille.
Sch: La fille.
L: La ville.
Sch: La ville.
L: Le film.
Sch: Le film.
L: D'accord.
Sch: Gunter.
L: Répétez encore une fois, Gunter. (Lehrer zeigt auf das entsprechende Wort an der Tafel.)
Sch: Le déjeuner dominical.
L: Non, non. La phrase.
Sch: Il y a encore le déjeuner dominical dans toutes les familis . . . (Lachen)
L: Luis.
Sch: Dans quelques familles il y a encore le déjeuner dominical.
L: Oui. Eh, – chez qui prend-on le déjeuner dominical?
Sch: Il prend le déjeuner dominical chez le, chez la grand-mère. (S. spricht richtig aus.)
L: Chez la grammaire? (Lachen)
Sch: Grand-mère.
L: Oui, naturellement. La grand-mère. Mais pas: il prend le déjeuner . . .
Sch: On prend.
L: Ou bien le pluriel: ils . . .
Sch: Ils prennent.
L: D'accord. Très bien. Eh, après quoi prend-on le déjeuner dominical? Après quoi? –
Sch: On prend le déjeuner dominical chez la grand-mère . . . eh . . . après la messe.
L: Très bien. Encore une fois.
Sch: Eh, . . . Rainer.
Sch: On prend le déjeuner dominical chez la messe (Lachen der Mitschüler).
L: Anuga, ja, Anuga (= Feinkost-Messe in Köln.) (Lachen des Lehrers.)
Sch: . . . chez la grand-mère après la messe. (Lachen)

L: (lacht) Très bien, C'était pas mal! Qu'est-ce que . . . – Regardez. Qu'est-ce que papa porte? Theo.

Sch: Papa porte sa cravate neuve.

Sch: – sa cravate neuve.

L: Oui, d'accord! Et qu'est-ce que maman porte? (Lehrer schüttelt Handgelenke.)

Sch: Maman porte tous ses bijoux.

Sch: Madame porte tous ses bijoux.

Sch: Maman porte tous ses bijoux.

L: Très bien, très bien. Et maintenant – vous continuez. Comment est-ce-que je vais vous poser la prochaine question? Hm? Lutz?

Sch: Qu'est-ce-que Louisette prend – porte-elle – hm – porte-elle –,

L: Aidez-le, aidez-le. C'était presque correct. Mais pas tout à fait. Comment faut-il poser la question?

Sch: Porte-t-elle?

L: Recommencez. Recommencez. Posez la question.

Sch: Loui, – Louisiette, que porte-t-elle?

L: Oui! Qu'est-ce-que Louisette porte? Allez, Lutz. Vous appelez quelqu'un.

Sch: Willi.

Sch: Louisette porte sa belle robe blanche.

L: Très bien. Appelez quelqu'un pour la prochaine question.

Sch: Harald.

Sch: Les enfants s'ennuient, – s'ennuient-elles, . . . – t-ils?

L: Oui, une autre question. C'est une bonne question, mais il y a encore une meilleure, je crois.

Sch: Que font les enfants?

L: Oui.

Sch: Hm . . ., Volker.

Sch: Les enfants s'ennuient. – S'ennuient. S'ennuient. Les enfants s'ennuient.

L: S'ennuient. Les enfants s'ennuient. Toute la classe. (Klopfzeichen des Lehrers.)

Alle: Les enfants s'ennuient.

L: Et qui est-ce-qui pose la . . . – l'avant-dernière question? Encore une question.

Sch: A quoi pensent-ils?

L: Oui! C'était presque correct. Encore une fois.

Sch: A quoi pensen-tils?

L: . . . sss!

Sch: Pensent-ils.

L: Oui, répétez.

Sch: A quoi pensent-ils?

L: A quoi pensent – ils; te, te, te, te, (Lehrer verdeutlicht mit Gesten drei Stufen der Intonation) – encore une fois.

Sch: A quoi pensent-ilş?

L: Toute la classe. (Klopfzeichen des Lehrers.)

Alle: A quoi pensent-ils

L: Qui est-ce-qui répond? Appelez quelqu'un pour la réponse.

Sch: Manfred.

Sch: Ils pensent au gâteau, – ils pensent . . .

Sch: Ils pensent au beau. . . – au bon gâteau.

L: Eh . . ., ils pensent? Manfred.

Sch: Ils pensent au bon gâteau.

L: Stimmlos! Stimmloses s!

Sch: Ils pensent.

L: Nein, das ist stimmhaft.

Sch: Ils pensent.

L: Très bien. Ils pensent! Toute la classe.

Alle: Ils pensent – au bon –

L: Non, non, non; ça, c'est correct. Eh . . . à quoi pensent-ils? Pardon. Ils . . .

Sch: Ils pensent à beau . . . au bon gâteau.

L: Gâteau, – le gâteau! Et la dernière question? – Ah, – un élève. Qui encore? Encore deux, trois! Deux! Ah, les meilleurs élèves. Eh, Herbert, aussi?

Sch: Pensent-ils au gâteau?

L: Ah, . . . – mais ça, ce sont les questions les plus simples. Non. Eh, – dans la question, tu ne dois pas utiliser le mot „goûter". Fais une question sans le mot goûter.

Sch: A quoi pensent-ils?

L: Bon. Et la réponse?

Sch: Ils pensent à . . . au goûter.

L: Oui, mais je m'attendais à une autre question. Je voulais une autre question. Avec goûter . . . deux élèves, . . . encore! . . . ah, trois! Marco.

Sch: Eh . . . quand veulent-ils . . . eh . . . quand veulent-ils prendre le gâteau?

L: Le goûter! (Lachen) Oui, c'était . . . c'était bien. Alors. . .

Sch: Veulent-ils.

L: Toute la question, encore une fois, Klaus.

Sch: Quand veulent-ils manger le gâteau?

L: Oui. Eh . . ., une autre question. C'était pas tout à fait ce que j'atten-
      dais. Quand veulent-ils prendre le goûter? Gunter, répétez.

Sch: Quand veulent-ils prendre le goûter.

L: Oui. Voilà, la première partie de notre paragraphe. Nous allons conti-
      nuer. Ecoutez attentivement! Où sont les mains? Jörg! Sur la table,
      comme toujours, oui? Bien. Beaucoup de jeunes passent le dimanche
      avec leurs camarades. Camarades, camarades. Vous savez ça, oui, Pas:
      camé, – mais: camarades. Ils discutent de tout ce qui se passe. De tout
      ce qui se passe. Répète. (Lehrer betont mit Gesten seine Mundstel-
      lung.)

Sch: De tout ce qui se passe.

L: Encore une fois. (Lehrer zeigt den Satz auf der Tafel.)

Sch: De tout ce qui se passe.

L: Toute la classe; tous. (Klopfzeichen des Lehrers.)

Alle: Tout ce qui se passe.

L: Et maintenant rapidement. Tout ce qui se passe. (Klopfzeichen des
      Lehrers.)

Alle: Tout ce qui se passe.

L: Oui. Le soir, ils vont . . . – (Lachen)

Sch: Ils vont à danse?

L: Oui, ils vont danser. Ils vont à la danse, ils vont danser. Ou bien: ils se
      réunissent. Réunir, chez . . . – un ami. Ils se réunissent chez l'un ou
      chez l'autre. Ils se réunissent. Lisez, Wolfgang.

Sch: Ils se réunissent.

L: Réunissent. Le mouvement à la figure. Ils se réunissent. Toute la clas-
      se. (Klopfzeichen des Lehrers.)

Alle: Ils se réunissent.

L: Jörg.

Sch: Ils se réunissent.

L: [y].

Sch: Réunissent.

L: Hansi.

Sch: Ils se réunissent.

L: Se! Se ré-u-nissent.

Sch: Se réunissent.

L: Toute la classe! Ils . . .

Alle: Ils se réunissent.

L: Ils se réunissent chez l'un ou chez l'autre. Ils ne se réunissent pas chez
      la grand-mère. Alors, – que font-ils? Ils écoutent quelques disques de
      danse, ils mangent quelques sandwiches, ils boivent du bon vin. C'est
      tout ce qu'il leur faut, c'est tout ce qu'il leur faut pour passer une soirée

heureuse. Tout ce qu'il leur faut. C'est tout ce qu'il leur faut. Holger.

Sch: C'est tout ce qu'il leur faut.

L: C'est tout ce qu'il leur faut.

Sch: C'est tout ce qu'il leur faut.

L: Encore une fois. (Klopfzeichen des Lehrers.)

Sch: C'est . . . il . . . non. (Lachen) . . . C'est tout ce qu'il leur faut.

L: Wolfgang.

Sch: C'est tout ce qu'il les . . . leur faut. C'est tout . . .

L: C'est tout ce qu'il leur faut.

Sch: C'est tout ce qu'il leur faut.

L: Voilà, c'est tout ce qu'il leur faut pour passer une soirée, – un soir, une soirée – heureuse. Heureux, heureuse. Connaissez le mot déjà?

Sch: glücklich.

L: Oui. – Avec qui beaucoup de jeunes passent-ils leur dimanche? Avec qui beaucoup de jeunes passent-ils leur dimanche?

Sch: Beaucoup de jeunes passent leur dimanche avec leurs camarades. – Helmut.

Sch: Beaucoup de jeunes.

L: Encore une fois.

Sch: Beaucoup de jeunes passent leur dimanche avec leurs camarades.

L: Très bien. De quoi discutent-ils? –

Sch: Ils discutent de . . . tout ce qui se passe. –

Sch: De tout ce qui se passe.

Sch: Ils discutent de tout ce qui se passe.

L: Regardez! – Encore une fois, Werner.

Sch: Ils discussent . . .

L: Eh?

Sch: Ils discutent . . . ils discutent tout ci que . . .

L: Ah, c'est compliqué, eh? C'est compliqué! Holger.

Sch: Ils discutent . . . ils discutent . . . ils discutent tout ce qui . . . (Lachen) . . .

L: Ah, ce sont des complications (Schreibt den betreffenden Satz an die Tafel). Ils discutent de tout ce qui se passe. Qui est-ce-qui sait le dire? – Eh, pas toujours les mêmes! C'est très gentil. Wolfgang.

Sch: Ils discutent de tout ce qui se passe.

L: Encore une fois, Werner.

Sch: Ils discutent tout de ci que se passe. (Lachen)

L: Eh bien, Werner, après la leçon, tu viendras chez moi, on exercera encore une fois dix minutes, oui? (Lachen)

Die vorliegenden drei Unterrichtsaufzeichnungen sollen unter den vier Gesichtspunkten, die für die soziale Interaktion relevant sind, betrachtet werden:
- Inhalt
- Lehrerverhalten
- Schülerverhalten
- Unterrichtsorganisation.
Soweit es möglich ist, werden jeweils anschließend interaktive Alternativen entworfen.

Inhalt

Zweifellos legt die Mehrheit der Franzosen großen Wert auf ein gutes Essen, vor allem am Sonntag. Insofern wird hier eine landeskundlich zutreffende Information gegeben. Doch ist die vorliegende Schilderung klischeehaft und ebenso überholt wie das betreffende Lehrbuch und der Ausdruck „déjeuner *dominical*" selbst. Die Schilderung eines solchen Essens traf auch früher höchstens auf die gutbürgerliche Familie zu. Trotz dieses Inhaltes, der hoffentlich in dieser Form in keinem Lehrbuch mehr auftaucht, ist dieser Film wegen des Lehrerverhaltens ausgewählt worden; denn dieses ist nach wie vor in den Schulen zu finden.
Eine andere, zutreffendere Darstellung über die Eßkultur der Franzosen könnte durchaus eine interaktive Funktion haben:
1. Den Schülern würden Informationen gegeben, die ihrem Erfahrungs- und Interessengebiet entsprechen.
2. Neue Informationen über das Zielland können die Schüler dazu anregen, weitere Fragen über das Zielland zu stellen und Vergleiche mit den Gewohnheiten des eigenen Landes zu ziehen.

Lehrerverhalten

Der Lehrer wirkt sehr sicher. Der Betrachter empfindet, daß er „die Klasse in der Hand hat". Alle Impulse gehen von ihm aus. Es ist kaum vorstellbar, daß dieser Lehrer Disziplinprobleme haben könnte. Auch kleinste Verstöße entgehen ihm nicht. So mahnt er einen Jungen sofort „Où sont les mains, Jürgen?", der seine Hände nicht auf dem Tisch hat.
Bestimmte Impulse wie z. B. zur Wiederholung im Chor gibt der Lehrer durch energische Klopfzeichen, insgesamt 13mal. Er lobt die Schüler einige Male, meist mit „Très bien". Er korrigiert konstruktiv, z. B.
Schüler: Ils pensent au télévision.

Lehrer: Féminin! féminin!
Schüler: Eh – à la télévision.

Bei den meisten Verbesserungen fällt aber der harte und entschiedene Ton auf, mit dem die Schüler zur Verbesserung angehalten werden.
Schüler: Sa belle robe blanche.
Lehrer: Encore une fois!
Schüler: Sa belle robe blanche.
Lehrer: Belle – robe – blanche. Répétez!
Schüler: Belle robe blanche.

Hinzu kommt noch, daß der Schüler richtig wiederholt hat. Trotzdem spricht der Lehrer nochmals vor, indem er, unnatürlich verzerrt, die Wörter einzeln ausspricht. Das führt dann zu der entsprechenden unnatürlichen Schüler-imitation. Dieses Verfahren kann unmöglich ermutigend wirken. Auch bei dem Satz „Jusqu'à trois heures" ist die phonetische Verbesserung des Leh-rers nicht gerechtfertigt.

Während der Stunde wird öfter gelacht. Dieses Lachen geht aber meist vom Lehrer aus, in das die Schüler einstimmen, etwa nach dem Motto „es darf ge-lacht werden". In vielen Fällen geht das Lachen aber auch auf Kosten eines Schülers, der einen Fehler gemacht hat. So kommt es sogar vor, daß der Leh-rer zu Unrecht Verbesserungen anbringt, um die Lacher auf seiner Seite zu haben:
Schüler: Il prend le déjeuner dominical chez le – chez la grand-mère. (Richtig ausgesprochen). – Lehrer: Chez la grammaire? (Die Klasse lacht).

Als ein Schüler auf die Frage des Lehrers „Qu'est-ce qu'il y a encore dans quelques familles? – Volker?" kommunikativ richtig antwortet:
„Il y a le déjeuner dominical", mißbilligt der Lehrer diesen Satz durch ent-sprechende Zungengeräusche und Gesten und sagt: „Non, non, non, non – corrigez, oui", da er den Satz in der unidiomatischen Form mit der Wiederho-lung von „Dans quelques familles . . ." hören wollte.

In einem anderen Fall ist ein Schüler trotz schriftlicher Hilfe nach mehrmali-gem Versuch nicht fähig, den Satz: „Ils discutent de tout ce qui se passe" nachzusprechen. Der Lehrer sagt ihm: „Eh bien, Werner, après la leçon, tu viendras chez moi, on exercera encore une fois dix minutes, oui?" (Lachen des Lehrers und der Schüler).

Die vergeblichen phonetischen Artikulationen eines Schülers abzubrechen und mit ihm nach der Stunde allein zu üben ist psychologisch wie methodisch ein ausgezeichnetes Vorgehen, doch durch das Lachen des Lehrers ist allen Beteiligten klar, daß dies nur ein „gelungener" Witz sein sollte.

Kurz zuvor hat der Lehrer diesem selben Schüler gegenüber Verständnis ge-zeigt, indem er sagte:

202

Lehrer: „Ah, c'est compliqué, eh? C'est compliqué, Holger." Und indem er ihm durch das Anschreiben der Lauteinheit eine konstruktive Hilfe gab.

Dieses Lehrerverhalten ist nicht dazu angetan, die soziale Interaktion in der Lerngruppe zu fördern. Durch eine andere Unterrichtsorganisation, wie sie anschließend geschildert wird, könnte eine konkrete Voraussetzung dafür geschaffen werden, daß der Lehrer eine andere Rolle einnimmt. Er würde zwangsläufig den Gruppen als Helfer zur Verfügung stehen. Der Zwang, die Aufmerksamkeit ausschließlich auf den Lehrer zu richten, entfiele. Die Möglichkeit, die Schüler noch stärker zu ermutigen, wäre durch die selbständige Leistung der Schüler eher gegeben.

Schülerverhalten

Die Aufmerksamkeit der Schüler scheint ganz auf den Lehrer ausgerichtet zu sein. Das Schülerverhalten wirkt so „vorbildlich", daß man es für ein Relikt aus vergangenen Zeiten halten könnte. Dies trifft nicht zu. Ebenso wie der in dem Film gezeigte Lehrstil auch heute noch häufig anzutreffen ist und von Kollegen und Eltern geschätzt wird, denn zweifellos „wird bei diesem Lehrer etwas gelernt", ist auch das durch diesen Lehrerstil bedingte Schülerverhalten zu finden. Die Schüler arbeiten gut mit und sind extrem höflich. Das geht bis zu deplaziert wirkenden Höflichkeitsformeln in der Fremdsprache:
Schüler: „Ils pensent au bon gâteau de – pardonnez-moi, monsieur – Ils pensent au bon gâteau du goûter.
Die Schüler wirken sehr ernst. Der Französischunterricht scheint harte Arbeit zu bedeuten. Trotzdem wird aber des öfteren gelacht. Das kurze Lachen, nach dem sofort wieder die Arbeit beginnt, ist jedoch kein Indiz für eine entspannte Atmosphäre. Denn entweder wird gelacht, weil der Lehrer es will und gerade einen Witz gemacht hat oder weil einem Mitschüler ein Fehler unterlaufen ist. Ein Beispiel für mehrere: Ein Schüler sagt: „Il y a encore le déjeuner dominical dans toutes les [famili]" und wird hierfür von seinen Mitschülern tüchtig ausgelacht.
Den Schülern ist es nicht zu verdenken, daß sie bei ihrer andauernden Aufmerksamkeit jede Gelegenheit zu einem entspannenden Lachen nutzen. Hinzu kommt noch, daß sie in dieser Art von Unterricht nicht die geringste Gelegenheit haben, kooperatives Verhalten einzuüben.
Diese Gelegenheit würde ihnen bei einer interaktiven Gestaltung des Unterrichts gegeben. Die Schüler wären in großem Maße auf die Hilfe ihrer Mitschüler angewiesen. Sie könnten entspannt arbeiten. Die Konzentration wäre durch die Eigentätigkeit und nicht durch die Person des Lehrers hervorgeru-

fen. Lachen und Bloßstellen vor den Kameraden wäre nicht mehr möglich. Wenn in einer Kleingruppe jemand über einen Mitschüler lacht, weiß er, daß er hierfür selbst die Verantwortung trägt.

Unterrichtsorganisation

Der Unterricht wird vom Lehrer so organisiert, daß zu Beginn der Einführung alle neuen Vokabeln an der Tafel angeschrieben stehen. Der Lehrer liest den Text vor und semantisiert die neuen Vokabeln meist durch einsprachige Erklärungen mit anschließender Übersetzung durch die Schüler, in einem Fall nur durch Gestik (les bijoux). Während des Lesens stellt er Rückfragen zum Text an die Schüler. Einige Ausdrücke läßt er im Chor nachsprechen.

Nach dieser Einführungsphase lesen die Schüler die an der Tafel stehenden Ausdrücke vor, der Lehrer korrigiert sie phonetisch, läßt im Chor nachsprechen und stellt Fragen zum Text.

In der dritten Phase müssen die Schüler die Bücher herumdrehen und auf die Fragen des Lehrers zum Text antworten.

In einer vierten Phase sollen die Schüler zu den restlichen vier Ausdrücken selbst eine Frage finden. Die Aufforderung hierzu ist interessant:

Lehrer: Comment est-ce que je vais vous poser la prochaine question?

Folgerichtig werden dann auch richtige, von Schülern gefundene Fragen vom Lehrer abgelehnt.

Schüler: (Zum Wort „goûter"): A quoi pensent-ils? . . .

Lehrer: Oui, mais je m'attendais à une autre question. Je voulais une autre question.

An anderer Stelle:

Lehrer: Oui, eh . . . une autre question, C'était pas tout à fait ce que j'attendais.

Hier wird deutlich, daß diese an sich kreative Phase ebenso lehrerzentriert ist wie alle übrigen. Außerdem bringt der Lehrer eine Fülle von phonetischen Korrekturen an, so daß die Formulierung der Fragen in den Hintergrund tritt. Zweifellos wird in einem solchen lehrerzentrierten Unterricht „etwas gelernt". Außer der Fremdsprache lernen die Schüler, sich zu konzentrieren. Sicherlich lernen sie aber nicht, kooperativ, selbständig und sprachlich kreativ zu arbeiten. So verlieren viele Schüler nach einer starken Motivation im Anfangsunterricht im zweiten und dritten Lernjahr die Lust am Fremdsprachenunterricht.

Wie sieht nun die interaktive Alternative zu einer solchen Einführungsphase aus?

Die neuen Vokabeln werden den Schülern mit einem Minimalkontext schriftlich dargeboten, wie in dem besprochenen Unterricht. Zusätzlich wird ihnen aber noch eine Semantisierungshilfe gegeben, teils visuell (les bijoux, la robe blanche, le gâteau, le goûter etc.), teils als Definition (dominical – de dimanche), teils als Paraphrase (ils s'ennuient – ils ne trouvent pas intéressant), teils, wo es angebracht zu sein scheint, als Übersetzung (ils s'ennuient – sie langweilen sich).

Der Lehrer kann diese Hilfen an die Tafel schreiben. Ökonomischer ist es aber, wenn er sie über Overheadprojektor zeigt oder wenn jeder Schüler sie vervielfältigt bzw. gedruckt zur Verfügung hat.

Die Klasse wird nach Soziogramm in Gruppen aufgeteilt. Jede Gruppe erhält einen Kassettenrecorder. Die Schüler hören den Text und sprechen ihn in ihrem eigenen Lernrhythmus nach, ohne das Buch zu öffnen. Dadurch, daß die Schüler sich untereinander verbessern, treten die im lehrerzentrierten Unterricht aufgezeigten möglichen nachteiligen Folgen der Lehrerkorrektur nicht auf. Bei Unsicherheit wendet sich die Gruppe an den Lehrer, der von Gruppe zu Gruppe geht und phonetische Korrekturen anbringt.

Falls weder die Schule noch die Schüler die 5–6 hierzu benötigten Kassettengeräte besitzen – letzteres ist heute nur noch selten der Fall –, bestimmt der Lehrer für jede Gruppe einen Schüler mit guter phonetischer Aussprache als „Vorleser". Zu Beginn trägt er für alle Schüler den Text vor und läßt nur noch die „Vorleser" nachsprechen. Dann lesen die „Vorleser" in ihren Gruppen vor und die Gruppenmitglieder sprechen nach und verbessern sich untereinander.

Der Lehrer kann die Plenumsphase beginnen, indem er die Schüler auffordert, sich entspannt hinzusetzen und nun den gesamten Text als *Hörerlebnis* auf sich wirken zu lassen. Er kann den Text auch selbst vortragen, eventuell mit Musikbegleitung, wie es in der suggestopädischen Methode geschieht, oder die Kassette abspielen.

Im allgemeinen sind aber viele Schüler schon nach der Gruppenarbeit allein in der Lage, den Text in der Plenumsphase fast auswendig vorzutragen. Als Gedächtnisstütze dienen die neuen Vokabeln oder – im optimalen Fall – Bildsequenzen. Phonetische Fehler können hier noch verbessert werden. Falls dies der Lehrer übernimmt, dann sollte er sich hierbei um einen verständnisvollen Ton und eine freundliche Mimik bemühen. Manchmal ist das Vorflüstern ein psychologisch geschicktes Vorgehen, in anderen Fällen der konstruktive Hinweis, wie z. B. „stimmhaft".

Die zweite Phase des gefilmten Unterrichts, in der die Schüler Fragen formulieren müssen, kann ebenfalls interaktiv gestaltet werden. Hierbei stellen die Schüler untereinander Fragen zum Text. Diese Fragen sollten aber auch beantwortet werden. In der protokollierten Unterrichtsstunde wäre eine Beantwortung lächerlich gewesen, weil die Kernpunkte der Antworten bereits an der Tafel standen. Deshalb müßten die Schüler die Fragen ohne diese schriftliche Stütze stellen.

Ferner dürften die Schüler alle Fragen stellen, die ihnen in den Sinn kommen, und nicht nur die, die in Reihenfolge und Form der Lehrervorstellung entsprechen. Der Lehrer sollte die Schüler vor allem zu weiterführenden Fragen zum Inhalt ermutigen, wie z. B. „Est-ce qu'il y a vraiment encore un déjeuner dominical dans beaucoup de familles françaises?" – „Est-ce qu'il y a encore beaucoup de familles en France qui vivent dans la même ville que leurs grand-parents? – Qui prépare le déjeuner dominical? – Est-ce qu'une femme française qui travaille, est d'accord pour préparer un déjeuner dominical tous les dimanches?" usw.

Der Lehrer fungiert hierbei als „Ghostspeaker" und flüstert den Schülern die Vokabeln vor, die sie zur Formulierung ihrer Fragen und Antworten brauchen.

Um differenzierte Fragen zu erhalten und auch die leistungsschwächeren Schüler zum Zuge kommen zu lassen, kann man die Aufteilung in Gruppen beibehalten, die sich untereinander Fragen stellen und Antworten geben

6.2. Eine Englischstunde

Die auf Videoband aufgezeichnete Englischstunde wird von W. Butzkamm (Black u. a., 1977) in einem Gymnasium in einer 6. Klasse erteilt. Das Videoband (15.2/1, VC 60) ist beim Landesinstitut für schulpädagogische Bildung (Luisenstr. 23, 4000 Düsseldorf) zu entleihen.

Zuerst erfragt der Lehrer von den Schülern – anscheinend wegen der Aufzeichnung dieser Stunde – die in seinem Unterricht üblichen Lernschritte. Dann beginnt die Stunde folgendermaßen:

L: Well, today we haven't got a new textbook-dialogue with pictures and we'll start out with a difficult pattern. Now look at this screen here. (Lehrer bedient den Overheadprojektor.) You remember – you know these green verbs ‚enjoy' and ‚spoil'. Stop now, we can make special sentences with these verbs. After enjoy and stop we can put another verb like dance or bark with an -ing-ending. (Lehrer zeigt auf das projizierte Bild.) Now, can you read the examples, Tom?

S: She enjoys dancing with her friends.
L: Or, next sentences?
S: Our dog didn't stop barking.
L: Can you make other sentences with stop and enjoy and a verb ending in -ing?
S: I enjoy driving little cars.
S: I enjoy swimming.
L: Yes, is that true you enjoy driving little cars?
S: Yes.
L: What kind of cars, matchbox-cars? (Gelächter in der Klasse.)
S: When I being . . .
L: When I am . . .
S: When I am grown . . .
L: When I'm grown up . . .
S: When I'm grown up . . .
L: Jule, I'll enjoy (unverständlich).
S: I'll enjoy driving little cars.
L: Okay, one more sentence with stop, Christopher.
S: The children don't stop learning English.
L: I hope, you don't stop, yes, fine, Christopher. Hm, well, wait a minute, we have . . .

Hier hab' ich nämlich ein drittes Verb, das genauso in der gleichen Weise gebraucht wird: ‚keep'. Keep und dann kommt . . . kann man ein anderes Verb anschließen mit der -ing-Form. Ihr kennt eigentlich schon das Wort keep in der Bedeutung von . . . na?
S: Führen.
L: Nein, keep, das ist lead, keep bewahren, behalten. (Gemurmel)
S: Do you keep a diary?
L: Ach ja, sicher, in dieser Sonderform auch. Keep a diary heißt am besten im Deutschen . . .?
S: Du führst ein Tagebuch.
L: Ja, aber wir hatten auch den Satz „Keep your money in . . . he keeps his money in his purse, er bewahrt sein Geld auf, er behält sein Geld da". Ich wollte diese Bedeutung, aber ihr habt völlig recht, ich wollte nur von dieser Bedeutung ausgehen, dann kann man sich nämlich den Sinn dieses Satzes klarmachen, z. B. She keeps eating my sandwiches. Da heißt keep behalten, d. h. die Tätigkeit beibehalten. Sie ißt meine Butterbrote und behält diese Tätigkeit bei. Besser übersetzt in einem Satz wie im Englischen: Sie ißt ständig meine Butterbrote. Sie ißt dauernd meine Brote. She keeps eating my sandwiches.
S: She keeps eat . . .

L: . . . eating

S: . . . eating my [sændwitʃis].

L: [sænwitʃiz].

S: [sænwitʃiz].

S: She keeps eating my sandwiches.

S: She keeps eating my sandwiches.

L: Sie ißt ständig meine Butterbrote. Ja, sie lacht ständig über mich.

S: She keeps laughing at me.

Alle: She keeps laughing at me.

L: What's the meaning of: She keeps using my pencil? This girl keeps using my pencil. Can you translate it?

S: Sie braucht dauernd meinen Füller.

L: Yes, and she keeps clicking her pen. This is clicking. (Lehrer demonstriert es an seinem Kugelschreiber.) She keeps clicking her pen. What is that in German?

S: Sie knipst immer . . . . (unverständlich)

L: . . . mit dem Kugelschreiber, mit dem pen, okay, fine. Well, so you remember this pattern. Da gibt es noch eine andere, eine deutsche Redensart, eine englische Redensart, die kann man sich merken, prima. Keep smiling, keep smiling. Can you translate that? What is keep smiling? Is 'ne Aufforderung: Keep smiling.

S: Lachen. (Lehrer zeigt auf das Tafelbild.)

L: Ja, aber keep hatte ja 'ne etwas ... hm? Bitte, ja hab' ich schon was gehört.

S: Immer nur lächeln.

L: Ja, ist ja ausgezeichnet, so könnte man es am besten sagen. Keep smiling. (Lehrer gibt Einsatz zum Chorsprechen).

Kl: Keep smiling.

L: Now I'll have a text for you, I'll have a text for you here, a classroomconversation with keep in it and we can have a title for this classroomconversation which is ‚Keep smiling'. Or you can find another title if you want to. I haven't got a title here. Well, please give out the text quickly. (Der Text wird von mehreren Schülern an die Klasse verteilt, leises Gemurmel in der Klasse. Dauer ca. 45 Sek.)

L: Well, has everybody got a good text now . . . Monica and Ann? Fine, you've got a text now. Everybody has got a text?
(Ein Schüler kommt nach vorne.)

L: You haven't got one. Oh, here is one for you. Wait a minute. I'll explain the text to you. We'll practice it, all right, hm, Joan begins. Joan says, hm well, was hast du, was ist los mit dir? What's the matter with you, Alice, what's the matter with you, Alice?

(Lehrer zeigt auf einen Schüler und läßt jeden Satz des folgenden Dialogs von mehreren Schülern oder im Chor nachsprechen, nachdem er die deutsche Bedeutung genannt hat.)

„S: What's the matter with you, Alice? You look annoyed.

S: It's the girl next to me. I can't stand her.

S: Why? What's wrong with her?

S: She keeps clicking her ball-point pen. It drives me crazy.

S: That's ridiculous. Why don't you tell her?

S: I suppose I can try.

L: Yes, I suppose we can try. And now let's see, whether it – whether you can say these sentences again. Ich kann sie nicht ausstehen.

S: I can't stand her.

(Der Lehrer sagt nun jeden Satz auf deutsch, und ein oder mehrere Schüler nennen den Satz auf englisch.)

L: Hm, das ist lächerlich.

S: This is ridiculous.

S: This is ridiculous.

S: This is ridiculous.

S: This is ridiculous.

L: Hm, wir sprechen mal mit ihr drüber.

S: We'll talk to her about it.

S: We'll talk to her about it.

L: Thank you very much, I think you can now work in groups, here. Carol, Carol, Stella, Alice, June, Alice, work in teams, quickly, so that you can act this text, quickly. (Allgemeines Gemurmel beginnt.)
Now let's begin here, sssh. (Lehrer teilt die Gruppen ein.) Now you come here, don't touch the microphone, now work together here . . . Bob, have you got a partner?

S: Nee!

L: Ah, Jane, Jane (Gemurmel, zwei Schüler unterhalten sich.)

L: Du Flasche.

L: Come here closer to the microphone, say it again . . .

S: What's the matter with you, Alice?

(Schüler üben den Dialog im Wortlaut ein.)
. . .

(Lehrer geht vor die Klasse.)

L: Stop, wait a minute! Two difficult words, two difficult words, I suppose (Einsatz zum Chorsprechen).

Kl: I suppose.

L: You look annoyed (Einsatz zum Chorsprechen).

Kl:	You look annoyed.
L:	Go on. (Lehrer geht durch die Klasse.)
	Come here in the corner. Come and try it. You must begin now . . . No, I must begin, yes, I must begin. What's the matter with you, Alice? . . .

(Lehrer übt mit einem Schüler, Schüler üben den Dialog in Partnerarbeit ein.)
(Lehrer tritt vor die Klasse.)

L:	Another word, another word, ridiculous. (Choreinsatz)
Kl:	Ridiculous.
L:	Ridiculous. (Lehrer macht Taktzeichen für die Intonation.)
Kl:	Ridiculous.
L:	Fine, go on. (Geht durch die Klasse.)
	(Üben in Partnerarbeit).
L:	(Lehrer geht wieder nach vorne. Er hebt den Arm.) Stop, sssh, who can act it? Yes, you told me, Billy. You can take your sheet with you, of course. Alice and Judy, quickly. Sssh, please be quiet now, we are the audience. (Leises Gemurmel in der Klasse, die Schüler tragen Stühle nach vorne, Alice und Judy kommen.)
S:	What's the matter with you, Alice? You look annoyed.
S:	It's the girl beside me. It always . . . I can't stand her.
S:	Why, what's wrong with her?
S:	She's always clicking her ball-point pen. I drives me crazy.
S:	This is ridiculous. We'll talk to her about it.
S:	I suppose, I suppose we can try it. . . .

(Zwei andere Schüler spielen vor.)

L:	You are boys now and you've got to change it. Now we all change the text now. We all change the text now, but I'll first. (Gelächter) What's the matter?
S:	Die drehen immer die Stühle um.
L:	Hey, Bernie, you look embarrassed. (Gelächter)
S:	Die lotsen immer die Stühle runter.
L:	My chair.
S:	My chair.
L:	It's my chair . . . Sssh (schaltet den Overheadprojektor ein).
L:	I show you now in German, how you can change the text, and then you can change the text. Listen!
	Was ist mit deinem Vater los, Alice?

S: What's the matter with your Daddy, Alice?
L: Was ist mit deinem großen Bruder los?
S: What's the matter with your brother?
L: Was ist mit Tante A . . . Agathe los?
S: What's the matter with Aunt Agathe?
L: Sie sieht aus, als ob sie sich geärgert hätte.
S: She look annoyed.
L: She . . .
S: She looks annoyed.
L: Sie sieht verängstigt aus.
S: She looks frightened.
L: Sie sieht krank aus.
S: She looks ill.
L: Sie sieht besorgt aus.
S: She looks worried.
L: Sie sieht so glücklich aus.
S: She looks happy.
L: . . . so happy
S: She looks so happy.
L: Okay, now here. Es geht um das Mädchen hinter mir.
S: It's the girl beside me.
SS: Behind me.
L: Es ist, es geht um den Jungen vor mir.
S: It's the boy behind me.
L: Vor mir.
S: It's the boy in front of me.
L: Very good, in front of me. Es ist, es geht um meinen großen Bruder.
S: It's about my brother, my big brother.
L: My big brother. Ich kann ihn nicht ausstehn.
S: I can't stand him.
L: Ich kann die Kinder nicht ausstehn.
S: I can't stand the children.
L: Ich kann sie nicht ausstehn.
S: I can't stand her.
L: Yes, why, what's wrong with her? Well, she keeps clicking her ball-point pen. Sie gebraucht immer meinen Kugelschreiber. Sie gebraucht ständig meinen Kugelschreiber.
S: She keeps my ball-point pen.
L: The pattern, Bob.
S: She keeps using my ball . . .
S: She keeps using my ball-point pen.

L: Sie stellt mir dauernd Fragen.
S: She keep ask . . .
L: She keeps . . .
S: She keeps asks . . .
L: asking me . . .
S: . . . asking me questions.
L: Jenny.
S: She keeps asking me questions.
L: Sie stellt mir dauernd alberne Fragen.
S: She keeps asking me silly questions.
L: Sie stellt mir dauernd komische Fragen.
S: She keeps all . . .
L: . . . asking
S: . . . asking me funny questions.
L: Sie schreibt mir dauernd Briefe. (Gelächter)
S: She keeps write, write, writing a letter to me.
L: . . . letters
S: . . . letters
L: Sie schreibt mir dauernd alberne Briefe.
S: She keeps writing silly letters to me.
L: Sie schreibt mir dauernd lange Briefe.
S: She keeps writing, she keeps writing long letters.
L: Sie schreibt mir dauernd Liebesbriefe. (Gelächter) Okay (macht auffordernde Geste).
S: She keeps writing [la:f letez].
L: [lav letez]. Fine, yes, it drives me crazy. This is ridiculous. We'll talk to her about it. Oh, wir werden mit ihr darüber sprechen, sprechen. Wir sprechen mit ihr drüber. Wir fragen sie, wir fragen sie.
S: We ask to, we ask . . .
L: No.
S: We'll ask you to her about.
L: We'll ask her.
S: We'll ask her.
L: We'll ask her. Wir rufen sie an.
S: We telephone her about it.
L: About it we'll telephone her. We'll telephone her about it.
S: We'll telephone her.
L: Or simply?
S: We'll phone her, we'll phone her.
L: Yes, hm, wir helfen dir . . . This is ridiculous. Wir helfen dir.
S: We'll help you.

L: Yes, I suppose we can try. Wir können's ja mal versuchen. Wir können sie ja mal anrufen, wir können sie ja mal anrufen.

S: I suppose we phone her.

L: We can phone her.

S: We can phone her.

S: I suppose we can phone her.

L: Wir können sie ja mal fragen.

S: I suppose we can ask . . . we can ask her.

L: Thank you very much. Now it's up to you. Make your own story, quickly, because we haven't got much time, make your own story in teams of two and then act it, and then act it. Quickly, hey you, you can write there, you can write there. (Lehrer zeigt auf eine Gruppe von Schülern.) Change the story quickly. Oh, yes – quickly, quickly, we haven't got much time . . .
Hör mal, nicht viel ändern.

S: Oh, ganz schnell.
(Lehrer geht zu den einzelnen Gruppen.)

L: Yes, you can write there, quickly. You can write in teams of three, if you want to. Huh, but don't waste much time, don't waste much time. (Lehrer beschäftigt sich mit den einzelnen Gruppen.)

L: (Lehrer bei einer Gruppe.) Yes, you look what? Yes, all right, your name, another name, Jack? Oh, yes, You'll begin, Bill, then Jack and here you look, oh, how do you look? What do you want to say? Annoyed? No, let's change it. Huh, awful?

S: Nicht awful, awful?

L: Awful, well, awful is good. You look awful. Come on, take it. You look awful . . .
(Lehrer geht weiter durch die Klasse. Die einzelnen Gruppen beschäftigen sich eifrig und stellen eigene Stories zusammen. Ca. 30 Sek.)

S: (Zwei Mädchen fragen den Lehrer.) Sie ihn aber dauernd auf die Lippen oder auf den Mund?

L: On her lips. She kisses her. She, huh, wie hat er das gemacht? He keeps kissing her. Das genügt doch.

S: He keeps kissing . . . (Schülerin lacht.)

L: Or, she keeps kissing her lips. Meinetwegen, oder hers genügt doch. She keeps kissing her, all right?
(Lehrer wendet sich einer anderen Gruppe zu.)

S: Sie kramt in ihrem Mäppchen rum?

L: She keeps . . . oh, da mußt du was anderes setzen. She keeps . . . wait a minute. I'll come to you . . . She keeps doing what? Find something else, rumkramen ist nichts. Pulling, huh, what's that? Pulling my hair, something else. She keeps doing what, huh? . . . eating my, huh . . . I don't know.

S: Er zieht mich an den Haaren . . . also er greift . . .

L: He keeps pulling my hair.

S: Er zieht nicht dran, er greift nur so . . .

L: Put . . . He keeps doing this, doing this, und dann müßt ihr das zeigen. He keeps doing this.

S: Da mußt du dir nichts draus machen?

L: Ooooch, das kennst du doch. Don't worry!

S: Ach, ja!

(Lehrer schaut auf seine Uhr, geht von Gruppe zu Gruppe, ca. 4 Min.)

L: Okay, you must stop now, sssh. Oh, no, come on, you must stop now. You'll, you'll play it now, huh?
Okay, one minute, one more minute!

(Lehrer geht wieder zu den einzelnen Gruppen und hilft, ca. 2 Min.)

L: Okay, sssh, we've got no more time. I'm sorry, I'm sorry we must stop, sit down all of you, you must sit down. I'm really sorry, I'm sorry. Come on. Judy, Alice, Sandra, Carol, Jill, Doris, sssh, Let's quickly have some, some new stories, huh? All right, Jane and hm, Jane and Ann, quickly.

(Ann and Jane kommen vor die Klasse.)

L: Sssh, now listen, now you are all audience, now. No more playwriting. Oh, wait a minute, begin! (Zu den beiden.)

S: What's the matter with you, Alice? You look angry.

S: It's my sister, I can't stand her.

S: Why, what's not right with her?

S: She keeps getting love-letters from my friend. (Gelächter)

S: This is fine – fine – angry.

L: Bad.

S: Bad, we'll talk to the boy about it.

S: I don't think we can try.

L: Yes, questions, comment? Quickly!

S: Why does your friend write your sister letters?

S: I don't know. Ask my sister! (Gelächter)

S: Who is your girlfriend? . . .

S: Boyfriend.

S: I don't know (achselzuckend). (Schüler unterhalten sich unverständlich, ca. 20 Sek. Gemurmel.)

S: Why can't you try with the boy?

S: Why can't you try with the boy?

L: Try to talk to the boy. Why can't you try to talk to the boy?

214

S: Why can't you try to talk to the boy?
L: Try to speak, to talk with the boy. You said, ‚I don't think, we can try'. Now, why can't you try? (Die zwei Schülerinnen verständigen sich.)
S: He loves my sister more than me. (Gelächter, Lehrer lacht.)
L: Yeah, that's true. I'm sorry and what about the others? Hm, Jill and Doris, all right?

(Schülerinnen kommen nach vorne.)

S: What's the matter with . . .
S: Hm.
L: Stop, please, Bernie, you're all the audience now. Begin again, slowly, we must unterstand you.
S: I'm Joan.
S: Hm, I'm Doris.
S: What's the matter with the girl behind you? She's look, she looks worried.
S: I think, her mother is very ill . . . hm.
S: Why, what's wrong with her?
S: The girl keeps using my ball . . . ball-point pen, bcause her mother hasn't got money for it.
S: Poor Alice, hm, we'll ask him, her and her and help him . . . and help her.
S: I suppose we can try.
L: Thank you, thank you very much. Questions, answers, comments, suggestions? Or do you want to hear it again first?
S: Yes, yes, again, again!
L: I think you, you should do it again.

(Doris und Jill bejahen es.)

S: What's the matter with the girl behind you? She's look, she looks worried.
S: I think, her mother is very ill.
S: Hm . . . Why, what's wrong with her?
S: The girl keeps using hm, my ball-point pen. Her mother hasn't, hm, hasn't got money for it.
S: Poor Alice, hm, we'll ask her and help her.
S: I think we can . . . hm . . . we can try.
S: That's the end.
L: Any questions, comments?
S: Why is the girl behind you so poor?
S: Because her mother is very ill, Jill, and the family hasn't got money.
S: Has the girl got a father?

L: He's away, you want to say, he's dead? He's dead?
Yes. Father is dead, dead – he died, er ist tot, ist gestorben, okay?

S: What's the hm, name from the girl?

L: What's the girl's name?

S: What's the girl's name, hm?

L: . . . Be. . . behind.

S: . . . behind you.

L: Comments, questions, suggestions? Bill, you had a question?

S: Hm, Julia has a . . .

L: . . . asked the question.

S: . . . asked the question.

L: No more questions? Thank you very much. This was a serious play, a serious play . . . ein ernstes Stück, serious. (Lehrer schreibt serious an die Tafel.)

L: Serious, a serious play. Yes, who said it? Seriös ist ein ähnlich bedeutendes Wort, bedeutet ungefähr das gleiche, aber . . . die sind natürlich verwandt, die Wörter. Okay, we'll, I don't know, hm, Jennifer, you choose, you choose the team. (Lehrer nimmt Jennifer bei der Hand.) I don't want to choose a team, because we haven't got much time. Now, which team? Quickly, make your decision!

S: Hm Sandra, hm and Carol.
(Carol, Roger und Sandra gehen nach vorne.)

L: Hm Carol, we can't see you, because Roger is in front of you. (Gelächter)

S: What's the matter with you, Alice? You look angry.

S: It's the boy in front of me. He always . . .

L: He keeps doing this.

S: He keeps doing this. (Faßt sich in die Haare, Gelächter.)

S: It drives me crazy . . . (ca. 10 Sek.)
We'll talk to him about it. (Beide Mädchen stehen auf, und sie sprechen Roger an.)

S: Good morning.

S: What do you want?

S: Don't keep do that! (Sie zeigt wieder wie.)

L: Don't keep doing that!

S: Don't keep doing that!

S: It drives me crazy.

S: Talk to me about it tomorrow. I go home.
(Beide Schülerinnen zeigen sich erzürnt.)

S: That's the end. (Gelächter, Applaus.)

L: Fine, Roger, I'll go home. I'll go home.

L: Questions, answers!
S: Why do Roger always so? (macht Geste)
L: Why does Roger always do that?
S: Why does Roger always do that?
S: He's crazy.
S: Where do you . . . where do you that . . . sit down – in a bus or . . .?
S: No, in the classroom.
L: Hm, Jane, where are you sitting?
S: Where are you sitting?
S: In the classroom.
S: Haven't you got more lessons?
S: No, today we have only one lesson.
S: Yes. (Gelächter)
S: Roger, why do you have er . . . er Flöhe.
L: Fleas.
S: I haven't got fleas.
S: Why do you do that always so?
   (Lehrer hat das Wort ‚flea' an die Tafel geschrieben und zeigt selbst, was es bedeutet. Er dreht einen Finger auf seinem Kopf.)
L: Why are you . . .?
S: Because he is crazy.
S: No, he is nervous.
S: Then he must go (unverständlich).
L: Okay.
S: Why don't, why don't you two go home?
S: We must go.
S: We must go . . . stay at school until ten o'clock.
S: We must go to our teacher and ask him a question.
S: Why is Roger crazy?
S: Because he do that.
L: He, . . . because he's doing that, or because he keeps doing that.
S: Because he keeps doing that . . . and he is (sie macht eine Handbewegung, die jemanden für verrückt erklärt). (Gelächter)
L: Thank you. Can we have another team? Very good, thank you. Hm, you choose the next teams, you choose, you – sssh. Also jetzt ist Schluß. Yes, one more play, then it's the end. (Zwei Schüler sind vorne.)
S: I'm Mummy.
S: I'm Daddy. (Gelächter)
S: What's the matter with you, Daddy?
S: It's the awful children, I stand . . . I can't stand them.

S: ... (ca. 10 Sek.) Why, what's wrong with them?

S: They say, they want to help me, but now they are with their friends.

S: That' ... (Unverständlich.)

S: Yes, yes and tomorrow they must wash my car.

S: That's the end.

L: Yes, fine, thank you, yes. One more question?

S: Can you say your answer – your sentence again?

L: Which sentence?

S: All the sentence.

L: All the sentences?

S: Yes.

L: Oh, we haven't got time for this. I'm sorry, we haven't got time. I thank you very much for working with me here. Let's now wait and look up there behind and see the film, okay, thank you ...
Oh, wait a minute, homework for tomorrow.

Kl: Nooooh.

L: Say that in English!
(Unverständliches Geschrei, Lehrer hält sich die Ohren zu.)

S: Can you let us off this time, please?

L: Yes, because you worked well, all right.

Auch diese Stunde wird nach den bereits angeführten vier Kriterien besprochen:

Inhalt

Dieser Unterrichtsstunde wird ein Dialog zwischen zwei Schülern über ein Interaktionsproblem zugrunde gelegt, das in der Schule häufig vorkommen kann. Der Inhalt betrifft also jeden Schüler direkt. Durch das Üben mit diesem Dialog werden gleichzeitig Verhaltensmuster mitgeübt und von den Schülern eigene Verhaltensalternativen gesucht. Es handelt sich also um ein Interaktionsspiel, wie es weiter oben bereits besprochen wurde. (Vgl. S. 127 f.)

Lehrerverhalten

Das Verhalten des Lehrers wirkt etwas hektisch. Dies ist sicherlich u. a. auf den Umstand der Videoaufzeichnung zurückzuführen.
L.: Work in teams quickly, so that you can act this text. Quickly. An späterer

Stelle sagt er: Quickly, quickly, we haven't got much time . . . You can write there, quickly.

Der Lehrer nimmt viele Schüler hintereinander dran. Nur in Ausnahmefällen nennt er die Schüler beim Namen. Eine kleine Geste genügt, und die Klasse spricht im Chor nach. Sicherlich kommen durch dieses Drängen des Lehrers mehr Schüler zum Nachsprechen, und die Gruppenarbeit wird in kürzerer Zeit abgeschlossen. Auf die Anspannung des Lehrers ist wahrscheinlich auch sein ernster Gesichtsausdruck zurückzuführen. Zumindest ist ihm die in vielen Fällen mögliche Freude über die gute Leistung der Schüler niemals anzusehen. Auch Gelegenheiten zum Lob, wo Schüler tatsächlich Eigenständiges vorbringen, läßt der Lehrer ungenutzt. Als er zum Beispiel die deutschen Übersetzungen für „keep" den Schülern klarmacht, nennt ein Schüler hierfür die Übersetzung „führen".

S.: „Do you keep a diary?" – „ein Tagebuch führen".

L.: „Ach ja, sicher, in dieser Sonderform auch."

In anderen Fällen bestätigt er Schüler: „Fine, all right" – Gut, Catherine, gut" – „Right" – „Ist ja ausgezeichnet" –, in zwei Fällen bedankt er sich. Trotz der ernsten Miene und der Hektik ist der Ton des Lehrers gleichbleibend freundlich und in keinem Fall verärgert. Vor allem auch bei dem störenden Zwischenfall nicht, als der Stuhl eines Schülers von Mitschülern mehrmals verstellt wird:

L.: „What's the matter, Bernie, you look embarrassed?"

Auch Reaktionen wie die interessierte Frage des Lehrers, welcher Schüler die Verbindung von „serious" zu „seriös" gefunden habe, können für den Schüler eine Bestätigung bedeuten. Zu Recht ermahnt er die Schüler, als sie über den phonetischen Fehler eines Mitschülers lachen.

L.: „Why do you laugh? – This is a difficult word."

Bemerkenswert ist es auch, daß der Lehrer mit einem Schüler in Partnerarbeit zusammenarbeitet. Um hierdurch keinem Schüler eine Sonderstellung zu geben, nimmt er nacheinander mehrere Schüler als Partner.

Schülerverhalten

Die Mehrzahl der Schüler ist nicht nur eifrig und interessiert bei der Sache, sondern benimmt sich entspannt und lässig. Die Art, wie sie sitzen, sich anlehnen, mit den Beinen schlenkern, zeigt, daß es nicht auf „Geradesitzen", „Hände auf den Tisch" usw. ankommt, um effektiv zu lernen.

Von Vorteil ist, wenn der Lehrer die Schüler an einen bestimmten Ablauf von differenzierten Lernphasen gewöhnt. Er gibt dann nur noch kurze Impulse, und die Schüler arbeiten von sich aus.

Dies ist natürlich um so mehr der Fall, je interaktiver diese Phasen gestaltet sind. Die Schüler zeigen dann plötzlich eine Mitarbeit und eine sprachliche Kreativität, wie man sie im allgemeinen nicht für möglich hält. Die hinreichend bekannte schulische Apathie ist oft die Folge der Gewöhnung an einen ausschließlich lehrerzentrierten Unterricht.

Das kooperative Verhalten der Schüler ist auf den interaktionsfördernden Stil des Lehrers zurückzuführen. Wie bereits gesagt wurde, könnte dieser noch mehr in diese Richtung verstärkt werden. Dies kann auch durch die Unterrichtsorganisation geschehen, wie im folgenden gezeigt werden soll.

Unterrichtsorganisation

Der Unterricht ist folgendermaßen organisiert:
In der ersten Phase erklärt der Lehrer die Funktion von „keep plus Verb" zuerst auf englisch, dann auf deutsch.
Anschließend führt er den Dialog nach der bilingualen Methode ein. Er liest zuerst den englischen Satz vor, dann nennt er ihn auf deutsch, hebt neue Wörter mit ihrer deutschen Bedeutung hervor und läßt den Satz oder die Wörter auf englisch einzeln oder im Chor nachsprechen.
Die Schüler erhalten den Dialog schriftlich. In Partnerarbeit prägen sie sich ihn ein. Der Lehrer arbeitet mit einem Schüler zusammen, der keinen Partner gefunden hat.
Nach dieser achtminütigen Phase spielen einige Schüler den Dialog kurz vor. Es folgt eine bilinguale Phase, in der der Lehrer von der Übersetzung des Dialogs ausgeht. Die deutschen Sätze verändert er mehrmals lexikalisch, und die Schüler finden den jeweiligen äquivalenten Satz in der Zielsprache. Durch diese Substituierung wird der Transfer in Minimalsituationen geübt, durch den der folgende Transfer in eine Maximalsituation vorbereitet wird. Dieser besteht in der Ausarbeitung eines Dialogs, in dem ein ähnliches Problem wie das des Ausgangsdialogs geschildert wird. Die Schüler arbeiten überwiegend in Partnerarbeit, teils in Gruppenarbeit zu dritt. Sie suchen ihre Partner nach Gutdünken. Die neuen von den Schülern gefundenen Dialoge werden aufgeschrieben. Die Schüler holen sich mehrmals lexikalische Hilfen beim Lehrer.
Die längste Phase ist die letzte, in denen die Schüler mit Hilfe ihrer schriftlichen Unterlagen die selbstgefundenen Dialoge spielen. In Anschluß an jedes Spiel stellen die Mitschüler an die Spieler weitergehende Fragen zum Inhalt des Dialogs.

Eine Alternative ist insofern nicht so leicht zu skizzieren, da der Unterricht in seinen wesentlichen Zügen bereits interaktiv ist.
Die einführende *Grammatikphase* liegt in dieser Stunde in der Hand des Lehrers. Sie ist im Vergleich zu einem Lehrervortrag insofern auf die Schüler hin ausgerichtet, als das grammatische Phänomen im Gespräch zwischen Lehrer und Schüler erörtert wird. Der Lehrer nutzt den Dialog dazu, den Lerngegenstand dem Verständnis der fragenden Schüler anzupassen..

Dieses Verfahren ist optimal zu nennen, wenn der Lehrer mit entsprechender Geduld und beträchtlichem Geschick auf die Fragen der Schüler eingeht und diese wiederum alle ihre Fragen ohne Scheu zu stellen wagen. Da dies nicht bei jedem Lehrer und in jeder Klasse vorausgesetzt werden kann, soll hier eine interaktive Alternative aufgezeigt werden.

Empirische Untersuchungen (Zimmermann, 1977, S. 101 ff.) haben gezeigt, daß sich die Verwendung der Muttersprache bei der Grammatikvermittlung günstig auswirkt. Dadurch sind mehrere interaktive Gestaltungsmöglichkeiten gegeben.

Den Schülern können – soweit vorhanden – Programme zu bestimmten grammatischen Erscheinungen gegeben werden (z. B. Pädagogisches Zentrum, 1976–1978). Obwohl diese meist für den Einzelunterricht konzipiert sind, können sie wirkungsvoll zur Partnerarbeit verwendet werden. (Vgl. S. 182 f.). Die Programme verbinden schriftliche Übungen mit Erklärungen in der Muttersprache (Arnold, 1973, S. 96 ff.).

Nachteil vieler Programme ist, daß sie trotz der Verwendung der Muttersprache für viele Schüler Verständnisschwierigkeiten bieten; in diesen Fällen ist der Lehrer-Schüler-Dialog vorzuziehen.

Bei Einzelphänomenen wie in dieser Unterrichtsstunde kann der Lehrer oder eine Lehrergruppe Kurzprogramme zur Partnerarbeit entwickeln und diese eventuell über Overheadfolie den Schülern vermitteln.

Der Vorteil dieses Vorgehens ist, daß *allen* Schülern ein systematischer kognitiver Zugang zu einem grammatischen Komplex eröffnet wird und daß sie sich *alle* persönlich damit auseinandersetzen müssen. Der Lehrer-Schüler-Dialog beschränkt sich nämlich in den meisten Fällen auf die aufmerksamen und leistungsstärkeren Schüler.

Die programmierte Instruktion bietet die Voraussetzung, daß alle Schüler auf ihre Verständnisschwierigkeiten aufmerksam werden und diese mit ihren Partnern oder mit dem Lehrer erörtern.

Wenn die Erarbeitung von Kurzprogrammen nicht in arbeitsteiliger Kooperation mit Kollegen möglich ist, bedeutet dieser Vorschlag wahrscheinlich eine zu große Belastung für den einzelnen Lehrer. In diesem Fall kann dieser eine ähnliche Voraussetzung zur Erörterung der Verständnisprobleme erreichen, wenn er die Schüler den betreffenden Abschnitt im grammatischen Begleitheft in Partnerarbeit lesen und erörtern läßt und anschließend auf die Fragen der Schüler eingeht.

In der *Semantisierungsphase* ist es fachdidaktisch umstritten, ob die Bedeutungserklärung grundsätzlich bilingual wie in dieser Stunde erfolgen sollte. Die einsprachige Bedeutungsvermittlung ist weitgehend von entsprechend gut gestalteten Medien, vom schauspielerischen Geschick und den fremdsprachigen Kenntnissen des Lehrers abhängig. So können zum Beispiel die neuen Wörter dieser Stunde visuell oder durch Paraphrase erläutert werden, anschaulicher und am leichtesten verständlich sind sie aber durch die Gestik und Mimik des Lehrers.

Ein bilinguales Verfahren hingegen erleichtert ein interaktives Vorgehen. So könnte zum Beispiel, ähnlich wie in der suggestopädischen Methode, den Schülern von Anfang an der Text in der Zielsprache und auf deutsch gegeben werden, so daß die Semantisierungsphase mit der des interaktiven Übens zusammenfiele.

Am Anfang stünde das phonetische Üben. Wie dies – mit ein- oder zweisprachigem Material – interaktiv in Gruppen geschehen kann, wurde bereits bei der Besprechung der Französischstunde aufgezeigt.

Das Einprägen in Partnerarbeit, wie es in dieser Englischstunde praktiziert wird, ist wegen der zwei Dialogpartner das beste interaktive Vorgehen. Nur scheint die Wahl der Partner nicht vorher nach sozialtherapeutischen Gesichtspunkten organisiert zu sein. Die Partner wählen sich einerseits spontan, andererseits bestimmt sie der Lehrer durch Namensnennung. Wenn die Partner nach dem System der „verantwortlichen Partnerschaft" vorher festgelegt worden wären, dann könnten die leistungsschwächeren Schüler von ihren Partnern phonetische Hilfen erwarten. Während einer solchen interaktiven Partnerarbeit hätte der Lehrer dann darauf verzichten können, die Schüler mehrmals abrupt zu unterbrechen, um im Chor die Aussprache bestimmter Wörter von der ganzen Klasse üben zu lassen. Die phonetischen Schwierigkeiten, die der Lehrer hört, traten wahrscheinlich nur bei einzelnen Schülern auf.

Aus dieser Partnerarbeit ergibt sich dann folgerichtig die szenische Darstellung durch die beiden Partner.

Die folgende lehrerzentrierte bilinguale Substitutionsübung ist insofern ein bemerkenswertes Vorgehen, als es unwahrscheinlich ist, daß in einem einsprachigen Unterricht in derselben Zeit eine solche Vielzahl von Transferierungen in Minimalsituationen möglich wäre. Je größer aber die Zahl der Minimalsituationen ist, desto eher können die Schüler in der anschließenden Transferphase frei und kreativ arbeiten. Ferner wird auch hier durch das bilinguale Vorgehen eine interaktive Gestaltung dieser Phase möglich. Anstelle des Lehrers können die Schüler selbst deutsche Sätze mit den entsprechenden Substitutionen finden und ihre Mitschüler zur Rückübersetzung auffordern. Dasselbe Vorgehen ist auch möglich, indem sich die Gruppen untereinander diese Aufgabe stellen. Durch eine solche interaktive Frage-Antwort-Kette ist eher eine aktive Beteiligung aller Schüler gegeben.

Bei der anschließenden Transferübung in Partner- oder Gruppenarbeit ist die Zusammenstellung der Gruppen wiederum spontan bzw. zufällig. Da es hier um eine kreative Aufgabe geht, ist Gruppenarbeit eher angebracht als Partnerarbeit. Ferner wäre durch die Zusammenarbeit von mehreren Schülern in sorgfältig nach Soziogramm gebildeten Gruppen eher eine Verbesserung der sozialen Interaktion zu erwarten, als wenn immer dieselben Partner zusammenarbeiten.

Partner- bzw. Gruppenarbeit, wie sie hier zu sehen ist, bringt auch organisatorische Probleme mit sich. Obwohl die abschließende szenische Darstellung der Partnerarbeit die längste Phase dieses Unterrichts ist, kommen bei weitem nicht alle Partner zum Vorspielen. Um diese Partnerarbeit entsprechend zu honorieren und sprachlich zu kontrollieren, müßte der Lehrer zumindest die Arbeiten der Schüler, die nicht zum Vorspielen gekommen sind, außerhalb des Unterrichts überprüfen. Dies ist wahrscheinlich für Lehrer eine unzumutbare Belastung.

Wenn nun Gruppen von drei bis fünf Schülern gebildet worden wären, hätten fast alle Gruppenarbeiten im Plenum szenisch vorgestellt werden können. Die Korrektur der übrigen wäre dem Lehrer zumutbar gewesen. Bei einer geringen Zahl von Gruppen ist es dem Lehrer außerdem möglich, schon während der Gruppenarbeit für die sprachliche und orthographische Richtigkeit der Arbeiten zu sorgen.

Vor allem der letzte Lernschritt, nämlich das Fragen der Schüler an die Spielenden, ist als bemerkenswert hervorzuheben. Die Schüler meistern diese Aufgabe ausgezeichnet. Doch wäre auch diese Phase erst dann interaktiv zu nennen, wenn die Schüler den Spielenden positive und eventuell negative Kritik zukommen ließen, ihnen also „Feedback" gäben. Sprachlich wären sie hierzu sicherlich in der Lage gewesen. Leider scheinen die Schüler dies noch nicht praktiziert zu haben, obwohl die Aufforderung des Lehrers zum „comment" durchaus ein solches Feedback zuließe.

6.3. Eine Stunde Deutsch als Fremdsprache

Diese auf Tonfilm aufgezeichnete Stunde beruht auf den szenischen Dialogen „Der eine und der andere" von H. Müller (1975), der selbst Lehrer dieses Deutschkurses von zehn Teilnehmern im Alter von ca. 20 Jahren in einem Goethe-Institut ist. Der Film befindet sich an der FU Berlin, ZI 7 (Französisch) und in zahlreichen Goethe-Instituten. Er kann von der Firma Geyer München, Bahnhofstr. 33, 8043 Unterföhring (PR-187 „Szenische Dialoge") für ca. DM 300.– erworben werden.

Das folgende Wortprotokoll ist nur dort gekürzt, wo die Schüler Identisches vortragen. Die Fehler der Schüler werden unverbessert wiedergegeben.

L: Ganz reizend.

S: Und so nette Leute.

L: Ja, alles sehr nette Leute.

S: Ja, ich finde auch. (Schülerin kommt hinzu.)

S: Gestatten Sie – Meyer mit „e"-„ypsilon".

S: Mayer mit „a"-„ypsilon".

S: Maier mit „a"-„i".

L: Angenehm, Meier mit „e"-„i". (Kommentar)

L: Schöner Abend noch.

S: Es hat mich sehr gefreut. Schöner Abend.

S: Ja, es hat mir auch gefreut.

S: Schöner Abend. (Alle Beteiligten setzen sich auf ihre Plätze zurück.)

L: Ja, was ich sagen wollte . . .

S: Aber du hast es nicht gesagt.

L: Ja, was denn?

L: Woher weiß ich das?

S: Wenn du nicht weißt, was du sagen willst, ist es nicht wichtig.

L: Ich weiß genau, was ich sagen will.

S: Nun sag' es.

L: Ja, wißt Ihr nicht, was ich sagen will?

S: Das spielt keine Rolle.

L: Wieso keine Rolle? Ich weiß genau, was ich sagen will. Ich wollte nämlich gar nichts sagen.

      (Der Lehrer richtet sich in barschem Ton an eine Schülerin.)

L: Name?

S: Wie bitte?

L: Ihr Name!

S: Mein Name?

L: Ja, Ihr Name! Wie Sie heißen!

S: Wie ich heiße?

L: Ja! Also – wie ist Ihr Name?

S: Interessiert Sie das?

L: Nein, aber ich muß es wissen!

S: Warum?

L: Darum! Also – wie heißen Sie?

S: Das weiß ich nicht.

L: Sie wissen nicht, wie Sie heißen?

S: Nein, tut mir leid.

L: Na schön! – Geboren?

S: Wie bitte?

L: Wann sind Sie geboren?

S: Wann ich geboren bin?

L: Ja. Wann Sie geboren sind!

S: Interessiert Sie das?

L: Nein, aber ich muß es wissen.

S: Warum?

L: Darum! – Also, wann sind Sie geboren?

S: Das weiß ich nicht.

L: Sie wissen nicht, wann Sie geboren sind?

S: Nein, ich habe es vergessen.

L: Na schön! – Geburtsort?

S: Wie meinen Sie?

L: Wo Sie geboren sind!

S: Wer, ich?

L: Ja, Sie!

S: Das weiß ich nicht.

L: Das wissen Sie also auch nicht!

S: Nein, tut mir leid.

L: Das haben Sie also auch vergessen!

S: Ja, tut mir leid.

L: Sie haben also keinen Namen, und Sie wissen nicht, wann und wo Sie geboren sind?

S: Das stimmt. Ich habe keinen Namen, und ich weiß nicht, wann und wo ich geboren bin.

L: Dann muß ich Sie jetzt fragen: wer sind Sie eigentlich?

S: Warum fragen Sie? Sie hören mich doch, Sie sehen mich doch, Sie sprechen sogar mit mir. Also warum fragen Sie?

L: (Wendet sich an eine andere Schülerin.)
Jetzt fragen Sie mal!

(Die betreffende Schülerin steht auf und beide Schülerinnen wiederholen denselben Dialog)

L: (Lehrer steht auf und deutet auf zwei Schülerinnen.) So, jetzt mal Sie beide! Versuchen Sie mal ohne Buch!

S: Was gibt's denn zu essen?

S: Kartoffelsalat.

L: Was – schon wieder?

S: Schon wieder – wieso?

L: Es gab doch erst gestern Kartoffelsalat.

S: Ja, aber heute gibt's anderen.

L: Anderen? Was heißt anderen?

S: Ich meine: nicht von den gleichen Kartoffeln.

L: Wieso? Hast du neue gekauft?

S: Nein. Ich habe doch gestern erst fünf Kilo gekauft.

L: Wieso sind's dann nicht die gleichen Kartoffeln?

S: Weil's andere sind.

L: Hör mal – hast du Kartoffelsalat gemacht, ja oder nein?

S: Ja.

L: Und hast du den Kartoffelsalat von Kartoffeln gemacht, ja oder nein?

S: Natürlich! Sonst wär's ja kein Kartoffelsalat.

L: Eben! Und hast du die Kartoffeln für den Kartoffelsalat von den Kartoffeln genommen, die du gestern gekauft hast – ja oder nein?

S: Ja.

L: Folglich ist's der gleiche Kartoffelsalat wie gestern.

S: Unmöglich.

L: Wieso unmöglich?

S: Den Kartoffelsalat von gestern haben wir aufgegessen.

L: Na und?

S: Folglich kann dies nicht der gleiche Kartoffelsalat sein.

L: Mein Gott!

(Alle Schüler lachen.)

(Schüler gehen auf ihre Plätze zurück.)

L: Ja, sehr schön, und jetzt wollen wir mal eine neue Szene beginnen. Ich trage Ihnen die Szene einmal vor. Sie heißt „Bei Rot". Machen Sie bitte zu! – Und es sind wieder zwei Personen. Wie nenn' ich die Personen immer?

S: Der eine und der andere.

L: Der eine und der andere. Der eine steht vor einer Ampel. Was ist das, eine Ampel? Eine Verkehrsampel, nicht, damit regelt man den Verkehr – und der andere kommt und will über die Straße gehen (Geste), und da sagt der eine: Halt! Es ist Rot!

S: Wie bitte?

S: Es ist Rot. Sie müssen warten.

S: Ich muß warten? Warum?

L: Weil Rot ist. Bei Rot müssen Sie warten.

S: Bei Rot muß ich warten? Warum?

L: Das ist so.

S: Ich möchte aber gehen!

L: Gehen können Sie bei Grün.

S: Bei Rot muß ich warten, und bei Grün kann ich gehen? Das verstehe ich nicht.

L: Es ist aber so.

S: Einen Moment! Sie sagten: bei Rot muß ich warten.

L: Ja.

S: Und bei Grün kann ich gehen?

L: Ja.

S: Heißt das: bei Grün muß ich gehen?

L: Nicht unbedingt.

S: Bei Grün könnte ich also auch warten?

L: Warten können Sie immer.

S: Und gehen?

L: Gehen können Sie nicht immer.

S: Das verstehe ich nicht.

L: Es ist in Ihrem Interesse.

S: In meinem Interesse? Kennen Sie denn mein Interesse?

L: Es ist auch in meinem Interesse.

S: Ich kenne Ihre Interessen aber nicht.

L: Es ist in meinem und unser aller Interesse, bei Rot zu warten.

S: In meinem Interesse ist es, bei Rot zu gehen. Ich bin nämlich in Eile.

L: Sie irren. Das kann nicht in Ihrem Interesse sein.

S: Doch, denn ich bin in Eile. Kann sein, daß Sie nicht in Eile sind.

L: Ich bin auch in Eile. Aber ich warte trotzdem.

S: Sie sind auch in Eile und warten trotzdem? Das verstehe ich nicht.

L: Ich weiß, daß man bei Rot warten muß.

S: Auch wenn man in Eile ist?

L: Auch wenn man in Eile ist!

S: Und . . . woher wissen Sie das?

L: Nun, offen gesagt . . .

S: Sie wissen nicht, woher Sie das wissen?

L: Es ist grün. Wir können gehen.

S: Nein, ich warte.

L: Ihr habt doch verstanden, nicht? (SS stimmen zu.) Jetzt schauen wir uns einmal das Textbuch an. Es ist auf Seite 10. Bitte unterbrechen Sie mich, wenn Sie etwas nicht verstehen. Aber ich glaube, Sie verstehen alles. (Lehrer liest denselben Text noch einmal mit den folgenden Unterbrechungen):

L: Unbedingt? Was heißt das?

S: (Unverständlich)

L: Ja, ich bin nicht gezwungen. Nicht unbedingt, niemand zwingt mich. – Und unser aller Interesse – unser aller? Es ist eine Genetiv-Form, nicht? Es ist im Interesse – wie kann man noch sagen?

S: Von allen.

L: Ja, richtig, im Interesse von uns allen – offen gesagt – er weiß es noch nicht . . . Das ist so eine Form: offen gesagt. (Lehrer macht entsprechende Geste.)
(Lehrer spricht denselben Text Satz für Satz mit betonter Aussprache vor, und die Schüler wiederholen im Chor.)

L: So – und jetzt nehmen Sie mal den Text! Jetzt machen wir mal folgendes: Jetzt machen wir zwei Gruppen, und zwar (Lehrer zeigt auf die einzelnen Teilnehmer), 1, 2, 3, 4, 5 – das ist die Trennung 1, 2, 3, 4, 5. Und das ist der eine (Lehrer zeigt auf die eine Gruppe und dann auf die andere) – und das ist die andere. Und Sie sprechen den Text möglichst mit Bewegung – gegeneinander. Sie fangen an, die Gruppe antwortet und richtig böse, nicht so ein bißchen, nicht (angreifende Geste des Lehrers, damit die richtig nervös werden. Also alle . . . (Schüler lesen den Dialog in zwei Chorgruppen.)

L: (Lehrer steht auf und teilt die Partner ein.) Und jetzt sprechen Sie miteinander, genau wie sonst, Sie kennen das und möglichst gleich mit der entsprechenden Mimik, bis Sie das einigermaßen können. Nicht genau auswendig, aber lernen Sie ruhig ein bißchen Ihre Rolle, nicht. Also, viel Spaß – so lange, bis Sie das können.
(Schüler lesen und sprechen den Dialog in Partnerarbeit.)
(Lehrer steht auf.)

L: So, das ist genug. Jetzt wollen wir die kleine Szene spielen. Jetzt wird's spannend. Wer will? (Lehrer deutet auf eine Schülerin.) Machen Sie mal, der eine – der andere, ja? Wer ist der andere? Mit Schirm? (Schüler schüttelt den Kopf.) Nein, ohne Schirm, gut. Und Sie machen den anderen, ja?
(Lehrer deutet auf einen Schüler.)
(Die beiden Schüler spielen die Szene mit Hilfe ihrer Textunterlage.)
(Am Ende des Spiels springt der Lehrer plötzlich auf und richtet aggressiv die Frage an eine der Schülerinnen.)

L: Name?
   (Lachen der Mitschüler.)
S: Wie bitte?
L: Ihr Name! (Es folgt eine Wiederholung des Dialogs mit diesem An-
   fang.)
L: So, jetzt machen Sie beide der eine und der andere!
   (Der Lehrer spricht eine der Schülerinnen, eine Japanerin, an.)
   Wollen Sie den Regenschirm, nein? Ja? In Japan regnet es viel?
S: Ja.
L: Ja, dann sind Sie daran gewöhnt. (Die beiden Schüler spielen die Sze-
   ne, während die anderen Schüler diese mit sichtlichem Vergnügen
   miterleben. Am Ende des Dialogs gibt der Lehrer einer anderen Schü-
   lerin ein Zeichen, und diese steht plötzlich auf und spricht den einen
   der beiden Spielenden an.)
S: Name?
S: Wie bitte? (Es folgt wiederum derselbe Dialog. Die beiden Spieler und
   die Zuschauer lachen häufig während des Spielens. Nach diesem Spiel
   stehen zwei Schüler auf.)
S: Halt! Es ist rot!
   (Es folgt die Wiederholung des entsprechenden Sketches.)
   (Der Lehrer steht auf und richtet sich an eine Schülerin, die ebenfalls
   aufsteht.)
L: Sagen Sie – kennen wir uns nicht?
S: Das ist gut möglich.
L: Ganz sicher. Wir haben uns schon irgendwo gesehen.
S: Ja, ich habe auch das Gefühl . . .
L: Warten Sie – war das nicht letztes Jahr in London?
S: London? Nein, da war ich schon lange nicht mehr.
L: Aber irgendwoher kennen wir uns!
S: Vielleicht aus Stockholm? Ich war letztes Jahr längere Zeit in Stock-
   holm.
L: Nein, in Stockholm bin ich nie gewesen.
S: Ja, dann . . .
L: Dumm, daß es mir nicht mehr einfällt!
S: Nun, man trifft ja heute so viele Menschen . . .
L: Das ist wahr. Kein Wunder, daß man so manches vergißt.
S: Und Zeit hat man ja meistens auch keine.
L: Da haben Sie recht. Man kommt gar nicht dazu, die Leute näher ken-
   nenzulernen.
S: So ist es.
L: Das ist heutzutage ein echtes Problem.

S: Das finde ich auch. Ein Problem der Massengesellschaft.

L: Tja, ich glaube, ich muß dann langsam . . .

S: Für mich wird's auch allmählich Zeit.

L: Es war jedenfalls nett, Sie wiederzutreffen.

S: Ja, es hat mich auch sehr gefreut.

L: Dann . . . vielleicht bis bald mal . . .

S: Ja, wer weiß . . .!

L: Jedenfalls alles Gute!

S: Danke, auch Ihnen!

(Der Lehrer geht auf einen Schüler zu und spricht ihn an.)

L: Entschuldigen Sie bitte, ich suche das Windsor Hotel.

S: Ich denke, es ist gleich in der Nähe . . .

L: Ja, in der Nähe vom Bahnhof . . .

S: Ja, ich denke, in der Freistraße . . .

L: In der Freistraße . . .

S: Gleich um die Ecke . . .

L: Aha . . . (zu Schüler, der hinzukommt) Wissen Sie, wo die Freistraße ist?

S: Sie müssen geradeaus gehen, dann rechts, dann (unverständlich).

L: Sind Sie sicher, daß es dort ist? Vielleicht . . . (Schaut auf anderen Schüler, der ankommt.)

S: (Zu jenem S.) Entschuldigen Sie, vielleicht können Sie uns helfen, ja, der Herr möchte wissen, wo . . .

L: Wo das Windsor Hotel ist . . .

S: Das Windsor Hotel? Moment . . .

L: Sie wissen auch nicht genau . . .

S: Nein, ich weiß auch nicht genau . . .

L: Vielleicht, (zu weiterem Schüler) verzeihen Sie, ich suche das Windsor Hotel . . .

S: Das Windsor Hotel? Ja, das muß in der Bradford-Straße sein . . .

L: In der Bradford-Straße? Ja, stimmt das, in der Nähe vom Bahnhof?

S: (Einwände, unverständlich)

S: Doch, doch, da habe ich zehn Jahre gewohnt, ich bin sicher . . .

L: Daß es in der Bradford-Straße ist? (Zu anderem Schüler) Wo ist die Bradford-Straße?

S: Oh, das ist weit vom Bahnhof . . .

L: Mir sagte man: ganz beim Bahnhof, in der Nähe des Bahnhofs . . . (zu anderem Schüler, der hinzukommt) Ja, entschuldigen Sie, ich suche das Windsor Hotel, wissen Sie, wo das ist?

S: Das Windsor Hotel, ja, ich glaube, es ist abgebrannt . . .

S: Das kann nicht möglich sein . . .

S: Ja, ich habe in der Zeitung gelesen, es ist wirklich so . . .

S: Das ist was anderes . . .

S: Vor ein paar Jahren war in der Zeitung . . .

S: (Unverständlich)

S: Nein, nein, ich gebe schwarz auf weiß . . .

L: Ja, entschuldigen Sie, meinen Sie, daß es wirklich abgebrannt ist, ich kann mir das gar nicht vorstellen, man sagte mir, es sei ganz in der Nähe des Bahnhofs . . .

S: Was ist denn . . .

L: Verzeihen Sie, das Windsor Hotel suche ich . . .

S: Also, da sind Sie hier falsch . . .

L: Ach ja . . .

S: Ja, da müssen Sie noch weit fahren, vielleicht brauchen Sie die U-Bahn . . .

L: Die U-Bahn, hier?

S: Jaja . . .

S: Dieser Herr sagt, es ist am Bahnhof, in der Nähe . . . Die U-Bahn ist doch weit vom Bahnhof . . .

S: Aber das ist doch gleich um die Ecke, in der Freistraße . . .

S: Nein, die neue Sparkasse ist das.

S: (Unverständlich)

S: Glauben Sie, wir können nicht unterscheiden ein Hotel von andere Gebäude?

L: Entschuldigen Sie, ich will Sie ja nicht aufhalten, ich frag mal da drüben . . .

S: Glauben Sie, wir sind dümmer als die Polizei? . . .

Inhalt

Alltagsdialoge sind in den meisten Lehrbüchern zu finden. So sehr Alltagsdialoge ihre linguistische Berechtigung haben mögen, so langweilig ist aber ihr Inhalt für die Schüler. Er ist ihnen nämlich nur allzu bekannt. Wo soll hier der Anreiz zum interaktiven Üben und zur szenischen Ausgestaltung in der Lerngruppe herkommen?
Die hier gezeigten Alltagssituationen haben aber etwas völlig Unalltägliches. Sie zeigen Reaktionen eines Gesprächspartners, die völlig aus dem Alltagsrahmen herausfallen und gegen übliches Rollenverhalten verstoßen. Das ist „der eine“, der bei Rot geht und bei Grün wartet oder „der andere“, der seinen Namen auf keinen Fall nennen will. In anderen Dialogen werden gerade

die Alltagsfloskeln so übertrieben, daß durch die Floskelhaftigkeit die Dialoge humorvoll werden und die Schüler zum spaßigen Kommunizieren untereinander anregen. Ähnliche Wirkung können z. B. die Sprachlaborübungen von Tolle (1969 und 1972) für Französisch und die für Deutsch von Göbel u. a. (1971) haben.

Lehrerverhalten

Der Lehrer spielt häufig als einer der beiden Partner der szenischen Dialoge mit. Er bestimmt ohne Umschweife die Schüler, die mit ihm spielen oder Fragen stellen sollen, ohne daß sie sich gemeldet haben. Hierdurch folgen alle Unterrichtsphasen Zug um Zug ohne jede Verzögerung.

Die Gruppe scheint sprachlich weit fortgeschritten zu sein. So stellt die Semantisierung anscheinend kein Problem dar. Der Lehrer beschränkt sich auf das Vorlesen. In einem Fall sagt er: Sie müssen mich unterbrechen, wenn Sie etwas nicht verstanden haben. Doch die non-verbale Haltung des vortragenden Lehrers ermutigt die Schüler nicht, ihn zu unterbrechen. Nur der Ausdruck „nicht unbedingt" wird aufgrund der Lehrerinitiative kurz paraphrasiert.

Zur Partnerarbeit werden die Schüler von ihm durch Abzählen oder durch Deuten ohne große Überlegung bestimmt. In einem Fall sagt er:

L.: Jetzt wollen wir einmal eine kleine Szene spielen. Wer will? (Bestimmt kurz darauf eine Schülerin.) Machen Sie mal!

Später:

L.: Jetzt machen sie beide!

In einem Fall initiiert er einen „sprachlichen Überfall" in Gestalt eines Polizisten, der einen Verkehrssünder anspricht. Die Reaktion der Schülerin zeigt, daß sie solche Überraschungen gewöhnt ist. In geschickter Weise bestimmt der Lehrer dann einen anderen Schüler, der nun seinerseits den „sprachlichen Überfall" ausführen wird. Dieses lebhafte Mitmachen des Lehrers wirkt sicherlich auf die Schüler und fördert ihr interaktives Verhalten. Wenn er die Schüler aber fragen würde, ob sie mitmachen wollten, entspräche dies mehr einem partnerschaftlichen Stil. Ferner ist fraglich, ob sich der Lehrer in einer so weit fortgeschrittenen Gruppe so sehr in den Vordergrund „spielen" muß. Vielmehr sollte er sein Mitspielen auf die Einführung eines Sketches und auf die Sketche, an denen sich alle beteiligen, beschränken. Vor allem sollte er die Schüler selbst ihre Partner suchen lassen. Ferner kann das einführende Vorlesen und das Lesen der Schüler im Chor durch interaktive Phasen ersetzt werden, die Raum zu sprachlichen Korrekturen und Verständnisfragen von seiten der Schüler geben, wie weiter unten aufgezeigt werden soll.

Schülerverhalten

Lerner, die in fröhlicherer Form eine Fremdsprache lernen als diese Gruppe, sind wohl kaum vorstellbar. Nicht nur, daß die Agierenden mit großem Spaß bei der Sache sind, sondern auch die zuschauenden Mitschüler scheinen mit viel Freude an dem Geschehen Anteil zu nehmen. Erstaunlich ist, wie sehr sich die Spieler mit ihrer Rolle identifizieren und wie natürlich sie sie spielen. Nichts wird nur hergesagt, auch dann nicht, wenn sie den Text teilweise vom Blatt ablesen. Die Fähigkeit, vom Ursprungstext abzuweichen und die Rolle nach eigenem Gutdünken abzuwandeln, frappiert. Ein solches Miteinanderspielen wäre sicherlich nicht möglich, wenn sich die Gruppe nicht gut verstünde. Zumindest ist es schwer vorstellbar, daß in dieser Gruppe schwere Interaktionsstörungen bestehen, wenn man sie in dieser Form miteinander sprechen sieht.

Unterrichtsorganisation

Zu Anfang spielen mehrere Schüler und der Lehrer als Wiederholung einen Sketch. Es folgt das Vorspielen einer ebenfalls bekannten Szene mit verschiedenen Partnern.

Die nächste Phase besteht aus einer Neueinführung. Der Lehrer liest den Dialog vor. Anschließend dürfen die Schüler die Textbücher öffnen, während der Lehrer die Szene nochmals vorliest. Er erklärte kurz zwei unbekannte Ausdrücke. Beim dritten Vorlesen sprechen die Schüler im Chor nach.

Nun teilt der Lehrer die Klasse in zwei Gruppen, die sich gegenübersitzen. Jede Gruppe übernimmt einen der beiden Dialogparts und spricht diesen im Chor.

In Partnerarbeit üben die Schüler nun den Dialog ein. Am Ende dieser Phase spielt der Lehrer mit einer Schülerin diesen Dialog vor.

Anschließend spielen die Schüler denselben Sketch unter Zuhilfenahme des schriftlichen Textes. Der Lehrer beginnt plötzlich mit einem den Schülern bereits bekannten Dialog „Ermittlung", der sich von der Situation her an den vorigen Dialog anschließt.

Bei der Wiederholung dieses Spiels mit anderen Schülern veranlaßt der Lehrer eine Schülerin, in ähnlicher Weise den Dialog mit dem bereits bekannten fortzusetzen.

Ein anderes Paar spielt einen schon bekannten Sketch. Die übrigen Schüler mischen sich nach und nach in den Dialog ein, bis alle Personen mitreden. Ihre Beiträge sind teils so originell, daß man vermuten könnte, es handelte sich um eine „gestellte" Unterrichtsstunde, was sicher nicht zutrifft.

Zuletzt spielt der Lehrer mit einer Schülerin den neuen Sketch. Wiederum mischen sich nach und nach drei andere Schüler ein und bringen Argumente, die nicht in der Textvorlage stehen. Alle Schüler scheinen endlos weiter improvisieren und dialogisieren zu können.

Alternativen

Da dieser Unterricht überwiegend interaktiv gestaltet ist, kann eine Alternative nur an einigen wenigen Stellen aufgezeigt werden.

Angesichts der hohen Sprachkompetenz wäre es den Schülern sicherlich leichtgefallen, sich über die hervorragenden Leistungen, insbesondere auch über die phantasievollen Ergänzungen ihrer Mitschüler, in Form eines positiven Feedbacks zu äußern.

Aufgrund der Leistungsstärke dieser Gruppe könnte die lehrerzentrierte Einführungsphase entfallen und von Anfang an Gruppen- bzw. Partnerarbeit, soweit es sich um Zwei-Personen-Sketche handelt, an ihre Stelle treten. Im Wechsel könnte einmal Partnerarbeit nach Wahl und ein andermal in Form der „verantwortlichen Partnerschaft" durchgeführt werden.

Da die Kassetten mit allen Dialogen vom Verlag angeboten werden, könnte in der Partnerarbeit mit Hilfe der Kassetten eine interaktive Einführung an die Stelle des Vorlesens und des Chorsprechens treten. So könnten die Schüler sich gegenseitig korrigieren. Bei phonetischen und semantischen Schwierigkeiten wenden sich die Partner an den Lehrer. Er kann die aufgetretenen Schwierigkeiten notieren und diese nach der Partnerarbeit vor der ganzen Klasse erläutern.

Wenn die Schüler in dieser Form von der Einführungsphase an mit ihren Partnern den Dialog erarbeiten, stellt dies auch eine optimale Vorbereitung und Einübung auf die Phase der szenischen Darstellung dar. In einer weiterführenden Partnerarbeit könnten die Schüler sich Varianten zu diesen Dialogen überlegen und neue Dialoge dieser Art für interaktive Rollenspiele selbst finden.

Literaturverzeichnis

Abbs, B./Ayton, A./Freebairn, I., Strategies, Student's Book, London 1975.

Affeldt, U./Ratzki, A./Wenzky, G., Das Team – Kleingruppenmodell an der Gesamt-schule Köln-Holweide, Informationsdruck der Gesamtschule Köln-Holweide, o. J.

Allport, F. H., The Influence of the Group Upon Association and Thought, in: Journal of Experimental Psychology, 1920, S. 159–182.

Altmann, I./Pendleton, G./Terauds, A., Annotations of Small Group Research Stu-dies, in: Virginia Human Sciences Research, October 1960, Arlington.

Altmann, I./Terauds, A., Major Variables of the Small Group Field, in: Virginia Hu-man Sciences Research, November 1960, Arlington.

Anderson, H. H., Studies in Dominative and Socially Integrative Behavior, in: Ameri-can Journal of Orthopsychiatry, 1945, S. 133–139.

Anderson, H. H./Brewer, H. M., Studies of Teachers' Classroom Personalities, I., Dominative and Socially Integrative Behavior of Kindergarten Teachers, in: App-lied Psychology Monographs, No. 6, 1945.

Anderson, H. H./Brewer, J. E., Studies of Teachers' Classroom Personalities, II, Ef-fects of Teachers' Dominative and Integrative Contacts on Childrens' Classroom Behavior, in: Applied Psychology Monographs, No. 8, 1946.

Anderson, H. H./Brewer, J. E./Reed, M. F., Studies of Teachers' Classroom Personali-ties, III, Follow-Up Studies of the Effect of Dominative and Integrative Contacts on Children's Behavior, in: Applied Psychology Monographs, No. 11, 1946.

Argaud, M./Marin, B., Une pédagogie avec DE VIVE VOIX, in: Besse, H. (Hrsg.), Pratique de la classe audio-visuelle au niveau 1, Paris 1975, S. 177–195.

Arnold, I., Französischer Anfangsunterricht ohne Buch in Klasse 7, in: Ulshöfer, R. (Hrsg.), Theorie und Praxis des Kooperativen Unterrichts, Band II: Resultate und Modelle, Heft 3: Arnold, W./Pasch, P. (Hrsg.), Neue Sprachen, Stuttgart 1971, S. 30–42.

Arnold, W., Klassisches französisches Theater auf der Oberstufe, in: Ulshöfer, R. (Hrsg.), Theorie und Praxis des kooperativen Unterrichts, Band II: Resultate und Modelle, Heft 3: Arnold, W./Pasch, P. (Hrsg.), Neue Sprachen, Stuttgart 1971, S. 88–96.

Arnold, W./Pasch, P. (Hrsg.), Heft 3: Neue Sprachen, in: Ulshöfer, R. (Hrsg.), Theorie und Praxis des kooperativen Unterrichts, Band II: Resultate und Modelle, Stuttgart 1971.

Arnold, W., Fachdidaktik Französisch, Stuttgart 1973.

Asch, S. E., Studies of Independence and Conformity of a Minority of One Against an Anonymous Majority, in: Psychological Review, Supplement, Psychological Mono-graph 70,9, 1965.

Aspy, D. N./Roebuck, F. N., From humane ideas to humane technology and back again many times, in: Education, 1974, S. 163–171.

Austin, J. L., How to Do Things With Words. The William James Lectures delivered in Harvard University in 1955, Cambridge (Mass.) 1962.

Ausubel, D. P., Das Jugendalter, München 1968.

Balevski, P., отражение учеъных занятий по суггестопедиуеской мето-дике на сердеуно-сосудистую систму курсистов, in: Ministry of Edu-cation, Research Institute of Suggestology (Hrsg.), Problems of Suggestology, Sofia 1973, S. 363—370.

Balevski, P./Ganovski. L., The Effect of Some of the Means of Suggestion on the Short-Term and Long-Term Memory of Students from 11 to 17 Years of Age, in: Suggestology and Suggestopaedia, 3/1975, S. 47–52.

Barbé, G., Dynamique de groupe – Dynamique de la classe audio-visuelle de langue – approche psycholinguistique, in: Voix et Images du CREDIF, 12/1971, S. 1–5.

Bassin, F. V./Shekhter, I. Y., On the Psychological and Methodological Aspects of G. Lozanov's Language Teaching System. in: Ministry of Education, Research Institute of Suggestology (Hrsg.), Problems of Suggestology, Sofia 1973, S. 112–117.

Bauer, J. I., Gruppenpsychologische Gesichtspunkte der Schulpädagogik, in: Harms pädagogische Reihe, Heft 13, Franfurt am Main 1956.

Beek, B. van/Bödiker, M.-L./Kulms, A./Tausch, R., Förderung konvergenten und kreativen Denkens durch kurzfristige Kleingruppenarbeit im Vergleich zu Einzelarbeit, in: Zeitschrift für Gruppenpädagogik, 1977 (3), S. 67–70.

Bel-Born, B. van/Bödiker, M.-L./May, P./Teichmann, U./Tausch, R., Erleichterung des Lernens von Schülern durch Kleingruppenarbeit in Erdkunde, Biologie und Physik im Vergleich zu Einzelarbeit, in: Psychologie in Erziehung und Unterricht, 1976, S. 131–136.

B.E.L.C., Jeux et enseignement du français, numéro semi-special, Le Français dans le Monde, 123, 1976.

Bennis, W. G., Entwicklungsmuster der T-Gruppe, in: Bradford, L. P./Gibb, J. R./Benne, K. D. (Hrsg.), Gruppentraining, T-Gruppe und Laboratoriumstraining, Stuttgart 1972.

Bertrand, Y., Autorité du maître, liberté des élèves et enseignement des langues dans la France d'aujourd'hui, in: Les langues modernes, 1978 (b), S. 156–176.

Bertrand, Y., Simulation et enseignement des langues, in: Praxis des neusprachlichen Unterrichts, 1974, S. 181–189.

Bertrand, Y., Quelques problèmes psychologiques du jeu de rôle, in: Recherches et Echanges, 1978 (1) (a), S. 1–9.

Bethke, W. D./Bömmel, H. van/Düwell, H./Fuchs, H.-J./Haase, E./Kopf, U./Mengler, K., Kommunikativer Französischunterricht – Analyse und Aufbereitung von Lehrwerktexten. Ausarbeitung aus dem Lehrgang 2928, Druck Nr. 487 (0277), Hess. Institut für Lehrerfortbildung, Fuldatal 1977.

Billows, F. L., Kooperatives Sprachenlernen – Techniken des Fremdsprachenunterrichts (The Techniques of Language Teaching) Heidelberg 1973.

Black, C./Butzkamm, W., Sprachbezogene und mitteilungsbezogene Kommunikation im Englischunterricht, in: Praxis des neusprachlichen Unterrichts, 1977 (a), S. 115–124.

Black, C./Butzkamm, W., Klassengespräche, Heidelberg 1977 (b).

Bloom, J./Blaich, E., Lernspiele und Arbeitsmittel im Englischunterricht, Berlin 1973.

Bouton, Ch. P., Les mécanismes d'acquisition du français langue étrangère chez l'adulte, Paris 1969.

Brüggemann, S./Dommel, H., Deutsch ohne Lehrbuch – Ein Sprachkurs für Anfänger, in: Goethe-Institut-Spracharbeit, 3/1977, S. 69–75.

Brunner, R., Lehrertraining. Grundlagen – Verfahren – Ergebnisse, München-Basel, 1976.

Bunker, D. R., Individual Applications of Laboratory Training, in: Journal of Applied Behavioral Science, 1965, S. 131–148.

Butzkamm, W., Aufgeklärte Einsprachigkeit, Heidelberg 1973.

Buswell, U. M., The relationship between the social structure of the classroom and the academic success of the pupils, in: Journal of Experimental Education, 1953, S. 37–52.

236

Buxbaum, E., The Role of a Second Language in the Formation of Ego and Superego, Psychoanalytic Quarterly, 1949, S. 279–289.

Calvin, A. D./Hoffmann, F. K./Harden, E. L., The Effect of Intelligence and Social Atmosphere on Group Solving Behavior, in: Journal of Social Psychology, 1957, S. 61–74

Capelle, J./Capelle, G., La France en direct 1, Paris 1969.

Cappel, W., Das Kind in der Schulklasse, Weinheim 1974.

Caré, J. M./Debyser, F., Jeu, langage et créativité, les jeux dans la classe de français, Paris 1978.

Chamberlin, A./Stenberg, K., Play and Practice, Graded games for English Language Teaching, Stockholm-London-Stuttgart 1976.

Ciotti, C. M., A Conceptual Framework for Small-Group Instruction in High-School, in: American Council on the Teaching of Foreign Languages, 62 Fifth Avenue, New York 10011, S. 75–89.

Cohn, R. C., Das Thema als Mittelpunkt interaktioneller Gruppen, in: Gruppenpsychotherapie und Gruppendynamik, 1969–1970, S. 251–259.

Commission de la Fonction publique du Canada – Direction Public Service Commission, Une expérience d'enseignement avec la méthode suggestopédique. A Teaching Experience with the Suggestopaedic Method, Ottawa 1975 (Zitate etc. beziehen sich jeweils auf den französischen Teil dieses Buches).

Correll, W., Pädagogische Verhaltenspsychologie, München-Basel 1965.

Correll, W., Lernpsychologie, Donauwörth [8] 1970.

CREDIF, Voix et Images de France (premier degré), Paris 1962. Neuausgabe 1971.

CREDIF (Moget M.-Th.), De Vive Voix, Paris 1972.

CREDIF (Cordian, R. B./Gavelle, G.), Spontaneité et enseignement des langues, Ecole Normale Supérieure Saint-Cloud 1976.

Cronbach, L. J., Einführung in die Pädagogische Psychologie, Weinheim–Berlin–Basel 1971.

Curran, Ch. A., Counseling Skills Adapted to the Learning of Foreign Languages, in: Bulletin of the Menninger Clinic, 1961, S. 79–83.

Curran, Ch. A., Counseling-Learning in Second Languages, Apple River (Ill.) 1976.

Däumling. A. M./Jengler, J./Nellessen, L./Svensson, A., Angewandte Gruppendynamik, Selbsterfahrung – Forschungsergebnisse – Trainingsmodelle, Stuttgart 1974.

Deutsch, M., Social Relations in the Classroom and Grading Procedures, in: Journal of Educational Research, 1951, S. 144–152.

Dewey, J./Kilpatrik, W. H., Der Projektplan, Böhlau 1935.

Dickinson, A./Leveque, J./Sagot, H., All's well that starts well, Teachers book, Paris 1975.

Dietrich, G., Bildungswirkungen des Gruppenunterrichts – Persönlichkeitsformende Bedeutung des gruppenunterrichtlichen Verfahrens, München 1969.

Dietrich, I., Pädagogische Implikationen der Einsprachigkeit im Fremdsprachenunterricht, in: Praxis des neusprachlichen Unterrichts 1973, S. 349–358.

Dietrich, I., Kommunikation und Mitbestimmung im Fremdsprachenunterricht, Kronberg 1974.

Düwell, H./Gerhold, K./Lindemann, K., Der informelle Test im Französischunterricht, Frankfurt–Berlin–München 1975.

Dussel, H., Erfahrungen mit dem arbeitsteiligen Gruppenunterricht bei der Behandlung englischer Lektüren auf der gymnasialen Oberstufe, in: Die Neueren Sprachen, 1968, S. 187–195.

Edwards, M./Schlemper, H., Arbeiten mit gruppeneigenen Texten, Pädagogische Arbeitsstelle des Deutschen Volkshochschulverbandes, Frankfurt–Bonn 1977.

Ehrich, V./Saile, G., Über nicht direkte Sprechakte, in: Wunderlich, D. (Hrsg.), Linguistische Pragmatik, Frankfurt 1972, S. 155–287.

Engelmayer, O., Das Soziogramm, München [2]1958.

Erdle-Hähner, R./Klein, H. W./De Clerck, K./Müller, Ch., Etudes Françaises. Einbändiger Lehrgang für Französisch als dritte Fremdsprache, Stuttgart o. J.

Erdle-Hähner, R./Rolinger, H./Wüst, A., Etudes Françaises – Cours de base I, Stuttgart 1972.

Erdmenger, M., Der Abbau von Leistungsunterschieden im Englischunterricht in der Sekundarstufe II durch Gruppenarbeit, in: Die berufsbildende Schule, 1975, S. 99–104.

Erl, W., Gruppenpädagogik in der Praxis, Tübingen [7]1967.

Festinger, L./Pepitone, A./Newcomb, T. M., Some Consequences of the De-Individuation in a Group, in: Journal of Abnormal Social Psychology, 1952, S. 382–389.

Fittkau, B., Kommunikations- und Verhaltenstraining für Erzieher, in: Gruppendynamik, 1972, S. 252–274.

Flanders, N. A., Personal-Social Anxiety as a Factor in Learning, Diss., University of Chicago 1949.

Flanders, N. A., Personal-Social Anxiety as a Factor in Experimental Learning Situations, in: Journal of Educational Research, 1951, S. 100–110.

Flanders, N. A., Interaction Analysis in the Classroom: A Manual for Observers, Minnesota 1960.

Fokken, E., Die Leistungsmotivation nach Erfolg und Mißerfolg in der Schule, Hannover 1966.

Fritz, J., Emanzipatorische Gruppendynamik, München 1974.

Gage, N. L. (Ed.), Handbook of research on teaching, Chicago [2]1965.

Ganovski, L., The Effect of Some of the Means of Suggestion on the Volume of Short-Term Memory, in: Suggestology and Suggestopaedia, 2/1975, S. 48–51.

Gardner, R. C., Motivational Variables in Second-Language Learning, in: International Journal of American Linguistics, Band 32, Nr. 1, 2. Teil, 1966, S. 24–44.

Gardner, R. C./Lambert, W. C., Motivational Variables in Second Language Acquisition, in: Canadian Journal of Psychology, 1959, S. 266–272.

Gardner, R. C./Lambert, W. E., Attitudes and Motivation in Second-Language Learning, Rowley (Mass.) 1972.

Gattegno, C., Teaching Foreign Languages in Schools – The Silent Way, New York 1963.

Gibb, J. R., The effects of human relations training, in: Bergin, A. E./Garfield, S. L. (Hrsg.), Handbook of Psychotherapy and Behavior Change, An Empirical Analysis, New York–Sidney–Toronto 1971, S. 839–862.

Göbel, R./Schlemper, H., Strukturübungen im Kontext, Lehrerhandbuch, Heidelberg 1971.

Göbel, R./Hessel, I./Klaas, A., Lernspiele als Übungsalternative im Fremdsprachenunterricht, Pädagogische Arbeitsstelle des Deutschen Volkshochschulverbandes, Frankfurt–Bonn 1977.

Gordon, C. W., Die Schulklasse als ein soziales System, in: Meyer, E. (Hrsg.), Die Gruppe im Lehr- und Lernprozeß, Frankfurt am Main, 1970, S. 1–27.

Gordon, Th., Lehrer-Schüler-Konferenz. Wie man Konflikte in der Schule löst. Hamburg 1977.

Gornall, G./Zimmermann, G., Passport to English – Junior Course II – Lehrerhandbuch, Wiesbaden 1973.

Greenson, R. R., The Mother Tongue and the Mother, International Journal of Psychoanalysis, 1950, S. 18–23.

Guberina, P., Phonetic Rhythms in the Verbo-Tonal-System, in: Revue de phonétique appliquée, 1970, S. 3–13.

Guiora, A. Z./Lane, H. L./Bosworth, L. A., An Exploration of some Personality Variables in Authentic Pronuncication of a Second Language, in: Sale (Ed.), Proceedings of the Conference on Language, New York 1968, S. 261–266.

Gurwitch, P. B., Paarweiser Dialog und Gruppengespräch im Fremdsprachenunterricht in: Fremdsprachenunterricht 1975, S. 8—14/1. (Aus: иностранные языки в школе, 5, 1973, S. 53—62).

Gutschow, H., Zum Problem der theoretischen Begründung der Didaktik des Fremdsprachenunterrichts, in: Christ, H./Piepho, H.-E. (Hrsg.), Kongreßdokumentation der 7. Arbeitstagung der Fremdsprachendidaktiker, Gießen 1976, Limburg 1977, S. 26–29.

Habermas, J., Vorbereitende Bemerkungen zu einer Theorie der kommunikativen Kompetenz, in: Habermas, J./Luhmann, N., Theorie der Gesellschaft oder Sozialtechnologie, Frankfurt ²1972, S. 106–111.

Hackenbroch, I./Schüren, R., Kassettenrecorder – Möglichkeiten ihrer Verwendung im Fremdsprachenunterricht, in: Lehrmittel aktuell, 3/1976, S. 28–32.

Hanke, B./Mandl, H./Prell, S., Soziale Interaktion im Unterricht, München 1973.

Hebel, F. (Hrsg.), Lesen – Darstellen – Begreifen, Frankfurt ²1972.

Henningsen, J., Zur Kritik der „Gruppenpädagogik" (1959), in: Müller, C. W. (Hrsg.), Gruppenpädagogik. Auswahl aus Schriften und Dokumenten, Weinheim 1970, S. 141–152.

Heuer, H., Lerntheorie des Englischunterrichts, Heidelberg 1976.

Hoeger, D., Einführung in die Pädagogische Psychologie, Stuttgart–Berlin–Köln–Mainz 1972.

Höhn, E./Schide, Ch., Das Soziogramm (Die Erfassung von Gruppenstrukturen), Göttingen ²1954.

Höper, C.-J./Kutzleb, U./Stobbe, A./Weber, B., Die spielende Gruppe, Wuppertal 1974.

Hofer, M./Weinert, F. E. (Hrsg.), Pädagogische Psychologie, Grundlagentexte 2, Lernen und Instruktion, Frankfurt a. Main 1972.

Hofstätter, P. R., Gruppendynamik, Hamburg 1971.

Howgego, H. M. I., An Experiment in Group-Teaching in Modern Languages – A Report of the Scottish Education Department, in: Rowlands, D. (Hrsg.), Groupwork in Modern Languages, Materials Development Unit of the Language Teaching Centre University of York 1972, S. 90–93.

Hüllen, W., Linguistik und Englischunterricht 2, Heidelberg 1976.

Informationszentrum für Fremdsprachenforschung (IFS) der Philipps-Universität in Marburg (Hrsg.), Das Sprachlabor im Medienverbund, Dortmund 1973.

Jennings, H. H., Schule und Schülergemeinschaft, Berlin 1956.

Junger, G., Kooperative Lektüreauswahl in Klasse 10, in: Ulshöfer, R. (Hrsg.), Theorie und Praxis des Kooperativen Unterrichts, Band II: Resultate und Modelle, Heft 3: Arnold, W./Pasch, P. (Hrsg.), Neue Sprachen, Stuttart 1971, S. 52–57.

Kamratowsky, J./Penné, K.-J./Schneider, J., Informelle Fremdsprachentests, Berlin ²1970.

Kaufmann, F., Lernen in Freiheit – im Fremdsprachenunterricht, Bericht über einen Schulversuch, in: Praxis des neusprachlichen Unterrichts, 1977, S. 227–236.

Kelley, H. H./Thibaut, J. W., Experimental studies of group problem solving and process, in: Lindsey, G. (Hrsg.), Handbook of social psychology, Cambridge, Mass., 1954, S. 787–832.

Kerschensteiner, G., Der Begriff der Arbeitsschule, Berlin–Leipzig 1912.

Keseling, G./Posner, R./Wunderlich, D., Studienbegleitbrief 9, in: Baumgärtner, K./Steger, H. (Hrsg.), Funk-Kolleg Sprache, eine Einführung in die moderne Linguistik, Weinheim und Basel 1972.

Klafki, W., Das pädagogische Verhältnis, in: Funk-Kolleg Erziehungswissenschaft 1, Frankfurt am Main 1970, S. 84–91.

Klein-Alstedde, N., Schulangst, in: Psychologie heute, 1974 (Juni), S. 54–58.

Kober, H. u. R., Gruppenarbeit in der Praxis, Frankfurt am Main–Berlin–München ⁴1971.

Kolarova, D., The Effect of Suggestopaedic Foreign Language Instruction on the Course of Neuroses, in: Ministry of Education, Research Institute of Suggestology, Problems of Suggestology, Sofia 1973, S. 377–384.

Kolarova, D./Balevski, P., Neuroses and Suggestopaedic Instruction in a Foreign Language, in: Suggestology and Suggestopaedia, 3/1975, S. 39–46.

Kolarova, D./Balevski, P., Отражение суггестопедического оъучения иностранным языкам на функциональное состояние ъольных неврозами, in: Ministry of Education, Research Institue of Suggestology (Hrsg.), Problems of Suggestology, Sofia 1973, S. 387–394.

Kolarova, D./Sharankov, E./Kardashev, G./Buchvarova, E., Scologeny in Students and the Suggestopaedic Process of Instruction, in: Suggestology and Suggestopaedia, 2/1975, S. 14–21.

Kolarova, D./Balevski, P., Neuroses and Suggestopaedic Instruction in a foreign Language, in: Suggestology and Suggestopaedia, 3/1975, S. 39–46.

Komleitner, R., Die Methode des Gruppenunterrichts und ihre Auswirkung auf die Schülerleistung, (Diss.), Wien 1972.

Koskenniemi, M., Soziale Gebilde und Prozesse in der Schulklasse, Helsinki 1936.

Krumm, H.-J., Analyse und Training von fremdsprachlichen Lehrerverhalten, Ansätze für die berufsbezogene Ausbildung von Fremdsprachenlehrern, Weinheim–Basel 1973.

Krumm, H.-J., Lehrertraining in der Ausbildung und Fortbildung von Fremdsprachenlehrern, in: Neusprachliche Mitteilungen, 1979, S. 66–70.

Lambert, W. E./Gardner, R. C./Olton, R./Tunstall, K., Eine Untersuchung der Rolle von Einstellungen und Motivationen beim Fremdsprachenlernen, in: Solmecke, G. (Hrsg.), Motivation im Fremdsprachenunterricht, Paderborn 1976, S. 85–103.

Langer, I./Schulz von Thun, F./Tausch, R., Förderung leistungsschwacher Schüler durch kurzzeitige Kleingruppendiskussion im Anschluß an das Lesen eines Lehrtextes, in: Psychologie in Erziehung und Unterricht, 1973, S. 156–162.

Leavitt, H. J., Some Effects of Certain Communication Patterns on Group Performance, Ph. D. dissertation, Massachusetts Institute of Technology, 1949. (Kurzfassung in: Journal of Abnormal Psychology, 1951, S. 38–50).

Leont'ev, A. A., Sprache, Sprechen, Sprechtätigkeit, Stuttgart 1971.

Lewin, K., Forces Behind Food Habits and Methods of Change, in: Bulletin of the Natural Research Council, 1943, S. 35–65.

Lewin, K./Lippit, R./White, R. K., Patterns of Agressive Behavior in Experimentally Created „Social Climates", in: Journal of Social Psychology, 1939, S. 271–299.

Lorge, J./Fox, D./Davitz, J./Brenner, M., A Survey of Studies Contrasting the Quality of Group Performance and Individual Performance 1922–1957, in: Psychological Bulletin, 1958, S. 337–372.

Lozanov, G., Сҷггестологич, Sofia 1971.

Lozanov, G., Суггестопедическое воспитание и оъучение по всем прдметам в десятом классе средних оъщеоъразовательных щкол, in: Ministry of Education, Research Institute of Suggestology (Hrsg.), Problems of Suggestology, Sofia 1973, S. 270–277.

Lozanov, G., Concluding Speech, in: Ministry of Education, Research Institute of Suggestology (Hrsg.), Problems of Suggestology, 1973, S. 659–665.

Lozanov, G., Table Ronde, in: Commission de la Fonction publique du Canada (Hrsg.), Une Expérience d'enseignement avec la méthode suggestopédique, Ottawa 1975, S. 281–303.

Lozanov, G., A General Theory of Suggestion in the Communications Process and the Activation of the Total Reserves of the Learner's Personality, in: Suggestopaedia Canada, 1977-1, S. 1–4.

Maier, N. R. F./Maier, R. A., An experimental test of the effects of „developmental" vs. „free" discussion on the quality of group decisions, in: Journal of Applied Psychology, 1957, S. 320–323.

Maslyḳo, E., Суггестологический аспект паралингвистических явлений, in: Ministry of Education, Research Institute of Suggestology (Hrsg.), Problems of Suggestology, Sofia 1973, S. 280–289.

Mateev, D., Physiological Foundations of Suggestology and Suggestopaedia, in: Ministry of Education, Research Institute of Suggestology (Hrsg.), Problems of Suggestology, Sofia 1973, S. 159–165.

Matthes, H., Gruppenarbeit im Englischunterricht der Unterstufe, in: Neuere Sprachen, 1969, S. 29–39.

Mayo, E., Human Problems of Industrial Civilization, New York 1933.

McClelland, D. C., Motivation und Kultur, Bern–Stuttgart 1967.

McGrath, J. E., Social psychology, New York 1964.

McGrath, J. E./Altmann, I., Small group research, New York 1966.

McKeachie, W. J., Research on Teaching at the College and University Level, in: Gage, N. L. (Ed.), Handbook of Research on Teaching, Chicago 1963.

McLeish, J./Matheson, W./Park, J., The psychology of the learning group, London 1973.

McLelland, F. M./Ratliff, J. A., The use of sociometry as an aid in promoting social adjustment in the ninth grade home room, in: Sociometry, 1947, S. 147–153.

Mengler, K., Gruppenarbeit im fremdsprachlichen Anfangsunterricht, in: Praxis des neusprachlichen Unterrichts, 1972 (4), S. 398–409.

Mengler, K., Kommunikativer Französischunterricht – Analyse und Aufbereitung von Lehrwerken, Lehrgang 2928 in der Reinhardswaldschule, Fuldatal 1977.

Meyer, E., Gruppenunterricht, Grundlegung und Beispiel, Oberursel ⁵1969.

Mindt, D., Kommunikative Kompetenz und Englischunterricht: Probleme der Anwendung pragmalinguistischer Kategorien bei der Planung von Englischunterricht, in: Christ, H./Piepho, H.-E. (Hrsg.), Kongreßdokumentation der 7. Arbeitstagung der Fremdsprachendidaktiker, Gießen 1976, Limburg 1977, S. 113–116.

Mindt, D., Probleme des pragmalinguistischen Ansatzes in der Fremdsprachendidaktik, in: Die Neueren Sprachen, 1978, S. 340–356.

Ministry of Education – Research Institute of Suggestology (Hrsg.), Problems of Suggestology, Sofia 1973.

Moehl, K., „Klingende Briefe" – eine besondere Art von Korrespondenz zwischen Partnerschulen, in: Praxis des neusprachlichen Unterrichts, 1975, S. 381–388.

241

Möhle, D., Einführung in die Probleme des Lernens und Lehrens von Sprache, Hochschuldidaktische Materialien Nr. 42, Hamburg 1974.

Montredon, J./Calbris, G./Cesco, C./Dragoje, P./Gschwind-Holtzer, G./Lavenne, Ch., C'est le printemps, Paris 1976.

Moskowitz, G., Caring and Sharing in the Foreign Language Class, Rowley (Massachusetts) 1978.

Moreau, P. F., L'expression spontanée, une nouvelle méthode d'enseignement des langues, in: Psychologie, 1975, S. 15–18.

Moreno, J. L., Who Shall Survive? New York 1934 (deutsch: Die Grundlagen der Soziometrie, Köln 1954).

Morrison, A. V., Personality and Underachievement in Foreign Language Learning, U.S. Department of Health, Education and Welfare, Contract No. OE-2-14-004, June 10, 1960 – June 30, 1961.

Müller, H., Der eine und der andere. Szenische Dialoge für den deutschen Sprachunterricht, Stuttgart 1975. – Tonband – Compact-Cassette.

Müller, L., Lernbedingungen in sozialpsychologischer Sicht, in: Der Gymnasialunterricht, 1966, S. 18–49.

Müller, R. M., Situation und Lehrbuchtexte: Die Kontextualisierungsprobe, in: Praxis des neusprachlichen Unterrichts, 1970, S. 229–242.

Müller, R. M., Was ist „Situational Teaching"? Ein Vorschlag zur Systematisierung, in: Praxis des neusprachlichen Unterrichts, 1971, S. 229–239.

Müller, S./Rolinger, H./Wüst, A., Etudes Françaises – cours de base – premier degré, Cahier d'exercices, Stuttgart 1972.

Mukerji, N. F., An Investigation of Ability in Work in Groups and in Isolation, in: British Journal of Psychology, 1940, S. 352–356.

Mundschau, H., Lernspiele für den neusprachlichen Unterricht, München 1974.

Natorp, E./Geissler, Ch., Aspekte der verbalen Interaktion zwischen französischen Erzieherinnen und deutschen Vorschulkindern unter besonderer Berücksichtigung der muttersprachlichen (deutschsprachigen) Interaktion, in: Neusprachliche Mitteilungen, 1975, S. 167–175/1.

Nida, E. A., Some Psychological Problems in Second Language Learning, in: Language Learning 1957/1958, S. 7–15.

Nida, E. A., Sociopsychological Problems in Language Mastery and Retention, in: P. Pimsleur, T. Quinn (Eds.), The Psychology of Second Language Learning, Cambridge 1971, S. 59–65.

Nissen, R., Kritische Methodik des Englischunterrichts 1 – Grundlegung, Heidelberg 1974.

Novakov, A./Pashmakova, K., Organisation of the Process of Instruction in the Suggestopaedic Training in Foreign Languages, in: Ministry of Education, Research Institute of Suggestology, Problems of Suggestology, 1973, S. 298–301.

Nuhn, H.-E., Partner- und Gruppenarbeit im Fremdsprachenunterricht, in: Die Neueren Sprachen, 1975, S. 103–112.

Oestreich, G./Krueder, I. von, Zusammenhänge zwischen Beliebtheit, Schulleistung und Intelligenz, in: Horn, H. (Hrsg.), Psychologie und Pädagogik, Weinheim 1967, S. 69–86.

Ojemann, R. H./Wilkinson, F. R., The Effect on Pupil Growth of an Increase in Teacher's Understanding of Pupil Behavior, in: Journal of Experimental Education, 1939, S. 143–147.

Olbert, J./Schneider, B. (Hrsg.), Gesammelte Aufsätze zum Transfer im Französischunterricht, Frankfurt 1974.

Pädagogisches Zentrum (Hrsg.), Melde, W. (Red.), Passé composé, Lernprogramm für den individualisierten Unterricht, Berlin 1978.

Pause, G., Merkmale der Lehrerpersönlichkeit, in: Ingenkamp (Hrsg.), Handbuch der Unterrichtsforschung, Kapitel 11 (Teilausgabe), Weinheim–Berlin–Basel 1973.

Peck, A., Materials for Group-Work in the Secondary-School, in: Rowlands, D. (Hrsg.), Group-Work in Modern Languages, Materials Development Unit of the Language Teaching Centre, University of York 1972, S. 76–82.

Pelz, M. (Hrsg.), Freiburger Beiträge zur Fremdsprachendidaktik, Berlin 1974.

Pelz, M., Pragmatik und Lernzielbestimmung im Fremdsprachenunterricht, Heidelberg 1977.

Perlmutter, H. V./de Montmollin, G., Group Learning of Nonsense Syllabes, in: Journal of Abnormal Social Psychology, 1952, S. 762–769.

Peters, O., Soziale Interaktion in der Schulklasse, in: Ingenkamp, K. (Hrsg.), Handbuch der Unterrichtsforschung, Kapitel 13 (Teilausgabe), Weinheim–Berlin–Basel 1973.

Piepho, H.-E., Kommunikative Kompetenz als übergeordnetes Lernziel im Englischunterricht, Dornburg–Frickhofen 1974.

Plattner, E., Beispiele pädagogischer Feinsteuerung im Schulalltag, in: Strunz, K. (Hrsg.), Pädagogisch-Psychologische Praxis an Höheren Schulen, München–Basel 1963, S. 251–286.

Polansky, L., Group social climate and the teacher's supportiveness of group status systems, in: Journal of Educational Sociology, 1954, S. 115–123.

Preißendörfer, H., Ein Jahrespensum Französisch in 20 Tagen, in: Praxis des neusprachlichen Unterrichts, 1979, S. 283–293.

Priesemann, G., Zur Theorie der Unterrichtssprache, Düsseldorf 1971.

Pritchard, D. F. L., An Investigation Between Personality Traits and Ability in Modern Languages, British Journal of Educational Psychology, 1952, S. 147–148.

Punchev, S., Социометрические исследования курсистов, изучающих иностранные языки по суггестопедической методике, in: Ministry of Education, Research Institute of Suggestology (Hrsg.), Problems of Suggestology, Sofia 1973, S. 535–539.

Racle, G., Le cours suggestopédique de langues, in: Commission de la Fonction publique du Canada (Hrsg.), Une expérience d'enseignement avec la méthode suggestopédique – A Teaching Experience with the Suggestopaedic Method, Ottawa 1975, S. 239–243.

Racle, G., Professeurs et enseignement suggestopédique des langues, in: Commission de la Fonction publique du Canada (Hrsg.), Une expérience d'enseignement avec la méthode suggestopédique, Ottawa 1975, S. 255–260.

Racle, G., Documents, Research Institute of Suggestology, Sofia, Bulgaria, 1971, in: Suggestopaedia Canada, 1977-2, S. 1–4.

Radke, M. J./Klisurich, D., Experiments in Changing Food Habits, in: Journal of American Dietetics Association, 1947, S. 403–409.

Rivers, W., Der Französischunterricht, Ziele und Wege, Frankfurt 1978.

Roeder, M. P., Pädagogische Tatsachenforschung, in: Groothoff, H. (Hrsg.), Pädagogik, Frankfurt a. Main 1964, S. 238–246.

Rogers, C. R., Entwicklung der Persönlichkeit, Stuttgart 1973 (On Becoming a Person. A Therapist's View of Psychotherapy, 1961).

Rogers, C. R., Encountergruppen, München 1974 (On Encounter-Groups, New York 1970).

Rogers, C. R., Lernen in Freiheit – Zur Bildungsreform in Schule und Universität, München 1974.

Rolinger, H./Wüst, A., Lehren und Lernen im Sprachlabor, Etudes Françaises, Cours de base (premier degré), Exercices structuraux, Stuttgart 1973.

Rosenthal, R./Jacobson, L., Pygmalion in the Classroom, New York 1968.

Roß, K./Walmsley, B., Überlegungen zur Erstellung und Durchführung einer Simulation, in: Die Neueren Sprachen, 1976, S. 39–51.

Rowlands, D. (Hrsg.), Group-work in Modern Languages, Materials Development Unit of the Language Teaching Centre, University of York 1972.

Saféris, F., Une révolution dans l'art d'apprendre, perspectives suggestopédiques – comment apprendre vite, mémoriser durablement et utiliser son savoir, Paris 1978.

Schell, Ch., Partnerarbeit im Unterricht (Diss.), München 1956.

Scherer, G. A. C./Wertheimer, M., A Psycholinguistic Experiment in Foreign Language Teaching, New York 1964.

Schiffler, L., Ein Bild – eine Sprachstruktur, in: Die Neueren Sprachen, 1966, S. 539–544.

Schiffler, L., Eine Stunde Gruppenunterricht mit einem audio-visuellen Kurs in der Klasse 7 – La France en direct, dossier 14, phase d'appropriation, in: Schüle, K./Krankenhagen, G., Audiovisuelle Medien im Fremdsprachenunterricht, Stuttgart 1974 (a), S. 60–72.

Schiffler, L., Sprachlaborprogramme in Gruppenunterricht, in: System, 1974 (b), S. 31–36.

Schiffler, L., Diskussionsthema Einsprachigkeit, in: Praxis des neusprachlichen Unterrichts, 1974 (c), S. 227–238.

Schiffler, L., Untersuchungen zum Erziehungsstil und zur Sozialform im fremdsprachlichen Unterricht, in: Pelz, M. (Hrsg.), Freiburger Beiträge zur Fremdsprachendidaktik, Berlin 1974 (d), S. 118–133.

Schiffler, L., Rezension von: I. Dietrich, Kommunikation und Mitbestimmung im Fremdsprachenunterricht, in: Praxis des neusprachlichen Unterrichts, 1975, S. 148–150.

Schiffler, L., Einführung in den audio-visuellen Fremdsprachenunterricht, Heidelberg [2]1976 (a).

Schiffler, L., Soziale Interaktion und das Üben im Fremdsprachenunterricht, in: Deutscher Akademischer Austauschdienst (Hrsg.), Didaktik der Fachsprache, Bielefeld 1976 (b), S. 77–82.

Schiffler, L., Lernpsychologische Überlegungen zur Korrekturphonetik im Fremdsprachen-Anfangsunterricht, in: Der fremdsprachliche Unterricht, 1977 (a), S. 20–27.

Schiffler, L., Gruppendynamik in der Lehrerausbildung, in: Christ, H./Piepho, H.-E. (Hrsg.), Kongreßdokumentation der 7. Arbeitstagung der Fremdsprachendidaktiker Gießen 1976, Limburg 1977 (b), S. 242–246.

Schiffler, L./Schmidt, B., Standardisierte Französisch-Tests – Möglichkeiten und Grenzen, in: Praxis des neusprachlichen Unterrichts 1977 (c), S. 269–277.

Schiffler, L./Héloury, M., Phraséologie scolaire II – Sozialintegrative Unterrichtssprache, in: Praxis des neusprachlichen Unterrichts, 1977 (d), S. 397–402.

Schiffler, L., Der Beitrag der Medien zur linguistischen und sozialen Situation im Fremdsprachenunterricht, in: Raasch, A. (Hrsg.), Situativer Französischunterricht, München 1978, S. 69–80.

Schmidt, B., Nasal-Terzett. Ein phonetisches Lernspiel für den Französisch-Unterricht, in: Der fremdsprachliche Unterricht, 1977, S. 56–59.

Schnell, H., Das Soziogramm im Dienste der Gruppenarbeit, in: Hillebrandt, F., Gruppenunterricht – Gruppenarbeit, Wien 1956, S. 131–135.

Schramm, T./Vopel, K./Cohns, R., Methode der Gruppenarbeit, in: Betz, O./Kaspar, F. (Hrsg.), Die Gruppe als Weg, München 1973.

Schüle, K., Grundsituationen der fremdsprachlichen Kommunikation, in: AV-Praxis, 1972/9, S. 5–11.

Schüle, K., Zur Inhaltsproblematik in fremdsprachlichen Lehrwerken, in: Praxis des neusprachlichen Unterrichts, 1973, S. 409–417.

Schüle, K., Die fremdsprachendidaktische Reichweite der Sprechtätigkeitstheorie – Oder: Die Dialektik zwischen Anpassung und Aufklärung, in: Linguistik und Didaktik, 1976, S. 190–209.

Schwäbisch, L./Siems, M., Anleitung zum sozialen Lernen für Paare, Gruppen und Erzieher, Kommunikations- und Verhaltenstraining, Reinbek bei Hamburg 1974.

Schwerdtfeger, I. Ch., Gruppenarbeit im Fremdsprachenunterricht, Heidelberg 1977.

Searle, J. R., Speech Acts – An Essay in the Philosphy of Language, London 1969.

Sherif, M., The Psychology of Social Norms, New York 1936.

Sherif, M./Sherif, C. W., Groups in Harmony and Tension, New York 1953.

Sherif, M./Sherif, C. W., Social Psychology, New York 1969.

Smirnova, N. L., Progress in Experimental Instruction in the Course of Suggestology at the „V. I. Lenin" Moscow State Pedagogical Institute, in: Suggestology and Suggestopaedia, 3/1975, S. 14–23.

Solmecke, G. (Hrsg.), Motivation im Fremdsprachenunterricht, Paderborn 1976.

Stevick, E. W., Teaching English as an Alien Language, in: Franselow, J. F. Crymes, R. H. (Eds.), On TESOL '76, Washington D. C. 1976.

Stodtbeck, F. L./Hare, P., Bibliography of Small Group Research (from 1900 through 1953), in: Sociometry, 1954, S. 107–178.

Storall, T. F., Lecture vs. Discussion, in: Phi Delta Kappa, Bloomington (Ind.), 1958.

Strunz, K., Pädagogisch-Psychologische Praxis an Höheren Schulen. München–Basel 1963.

Tausch, A., Empirische Untersuchungen über das Verhalten von Lehrern in erziehungsschwierigen Situationen, in: Zeitschrift für experimentelle und angewandte Psychologie, 1958, S. 127–163 (a).

Tausch, A., Besondere Erziehungssituationen des praktischen Schulunterrichts, in: Zeitschrift für experimentelle und angewandte Psychologie, 1958, S. 657–686 (b).

Tausch, A., Experimentelle Untersuchungen über die Wirkung verschiedener Erziehungshaltungen im Erlebnis von Kindern, in: Zeitschrift für experimentelle angewandte Psychologie, 1960, S. 472–492.

Tausch, R./Tausch, A., Erziehungspsychologie, Göttingen 1963.

Tausch, R./Tausch, A., Reversibilität – Irreversibilität des Sprachverhaltens in der sozialen Interaktion, in: Psychologische Rundschau, 1965, S. 28–42.

Tausch, R./Köhler, H./Fittkau, B., Variablen und Zusammenhänge der sozialen Interaktion in der Unterrichtung, in: Zeitschrift für experimentelle angewandte Psychologie, 1966, S. 345–365.

Tausch, R., Gesprächstherapie, Göttingen [5]1973.

Tausch, R./Tausch, A., Erziehungspsychologie – Psychologische Prozesse in Erziehung und Unterricht, Göttingen [7]1973. (Gänzliche Neubearbeitung der Auflage von 1963.)

Tausch, R., Förderliche Dimensionen in zwischenmenschlichen Beziehungen: Prüfung der theoretischen Annahmen von Carl Rogers im Schulunterricht, Familienerziehung, Gesprächstherapie und Encountergruppen, in: Bericht über den 30. Kongreß der Deutschen Gesellschaft für Psychologie, Göttingen 1977, S. 107–118.

Taylor, D. W./Faust, W. L., Twenty Questions: Efficiency in Problem Solving as a Function of Size of Group, in: Journal of Experimental Psychology, 1952, S. 360–368.

Terauds, A./Altmann, I./McCrath, J. E., A bibliography of small group research studies, in: Virginia Human Sciences Research, April 1960, Arlington.

Titone, R., Studies in the Psychology of Second Language Learning, Zürich 1964.

Todesco, A., Criteria for the Selection of Candidates for Suggestopedia: Final Report, Public Service Commission, Ottawa 1978.

Tolle, G. G., Je t'aime – Tu m'aimes, Bielefeld 1969.

Tolle, G. G., J'ai rendez-vous avec vous, Berlin 1972.

Travers, R. M. W., Essentials of Learning – An Overview for Students of Education, New York [2]1964.

Urbain, W. (CESDEL-Centre d'Expression Spontanée Dramatique et Linguistique), Rapport pédagogique-expérience: CREDIF-CESDEL, Paris 1975 (CESDEL, 24, rue Henri-Barbusse, 75005 Paris).

Wagner, A. C. (Hrsg.), Schülerzentrierter Unterricht, München–Berlin–Wien 1976.

Wagner, A. C. (Hrsg.), Kursprogramm zum schülerzentrierten Unterricht, München–Wien–Baltimore 1977.

Wagner, J., Spielübungen und Übungsspiele im Fremdsprachenunterricht, Materialien Deutsch als Fremdsprache, Heft 10, Universität Regensburg 1977.

Waller, N. E./Travers, R. M. W., Analysis and investigation of teaching methods, in: Gage, N. L. (Ed.), Handbook of Research on Teaching, Chicago 1963.

Walter, H. u. J., Débats (1) – Le Pour et le Contre. Modelle für den neusprachlichen Unterricht Französisch, Frankfurt 1977.

Walter, H., Die Klassendebatte als „Projekt" im Französischunterricht – Arbeitsmöglichkeiten auf der Oberstufe, in: Praxis des neusprachlichen Unterrichts, 1978, S. 171–178.

Walz, U., Soziale Reifung in der Schule, Hannover [3]1968.

Watzlawick, P./Beavin, J. H./Jackson, D. D., Menschliche Kommunikationsformen, Störungen, Paradoxien, Bern–Stuttgart 1969.

Weber, H., Äußerungen als illokutive Handlungen, in: Praxis des neusprachlichen Unterrichts, 1973 (a), S. 22–32.

Weber, H., Pragmatische Gesichtspunkte bei der Abfassung von Lehrbuchtexten, in: Hüllen, W. (Hrsg.), Neusser Vorträge zur Fremdsprachendidaktik, Berlin 1973 (b), S. 152–160.

Weblus, G., Das Klassen-Soziogramm in der Landschule, in: Schulverwaltungsblatt für Niedersachsen, Hannover, 1953, Heft 5, S. 109–111.

Wendeler, J., Standardarbeiten – Verfahren zur Objektivierung der Notengebung, Weinheim 1969.

Wicke, R., Classroom Discourse, Möglichkeiten der Intensivierung des Fremdsprachenunterrichts, in: Praxis, 1978, S. 90–92.

Wienold, G., Die Erlernbarkeit der Sprachen, München 1973.

Wispé, L. G., Evaluating Section Teaching Methods in the Introductory Course, in: Journal of Educational Research, 1951, S. 161–186.

Wunderlich, D., Pragmatik, Sprechsituation, Deixis, in: Zeitschrift für Literaturwissenschaft und Linguistik, 1971, S. 153–190.

Wygotski, L. S., Denken und Sprechen, Stuttgart 1971.

Zeigarnik, B., Über das Behalten von erledigten und unerledigten Handlungen, in: Psychologische Forschungen 1927, S. 1–35.

Ziegesar, D. von, Pragmalinguistische Überlegungen zum Dialog im Fremdsprachen-unterricht, in: Praxis des neusprachlichen Unterrichts, 1976, S. 241–253.

Zillig, M., Beliebte und unbeliebte Volksschülerinnen, Archiv für die gesamte Psychologie, Leipzig 1934.

Zimmermann, G., Personale Faktoren und Fremdsprachencurriculum, in: Praxis des neusprachlichen Unterrichts, 1973, S. 3–14.

Zimmermann, G., Planung und Analyse von Fremdsprachenunterricht in der Volkshochschule, Pädagogische Arbeitsstelle des Deutschen Volkshochschul-Verbandes, Frankfurt/Bonn 1976.

Zimmermann, G., Grammatik im Fremdsprachenunterricht, Frankfurt am Main–Berlin–München 1977.

Sachregister

Dieter Mindt

Unterrichtsplanung Englisch für die Sekundarstufe I

Unter Mitarbeit von Rainer Zimmermann
192 S., kart., Klettbuch 925581

Das Buch ist eine Einführung in die Grundlagen und Voraussetzungen der Planung von Englischunterricht an der Sekundarstufe I. Es ist als Lehr- und Arbeitsbuch konzipiert und kann in Hochschulseminaren und Studienseminaren verwendet werden. Es eignet sich gleichfalls als Handreichung für den Lehrer in der Praxis.

Auf der Basis gesicherter Erkenntnisse der modernen Sprachwissenschaft und der Fachdidaktik liefert es konkrete Anleitungen zu einer begründeten Unterrichtsplanung. Planung, Durchführung und Analyse von Englischunterricht werden auf eine weitgehend objektive Grundlage gestellt, so daß unterrichtliche Entscheidungen durchsichtig und nachvollziehbar werden.

Hans J. Lechler

Lust und Unlust im Englischunterricht

14 methodische Beispiele aus der Schulpraxis

Zweite, erweiterte Auflage
206 S., kart., Klettbuch 92538

Diese Sammlung von Aufsätzen ist ein Beitrag zur Neubesinnung auf die Arbeit im Fremdsprachenunterricht, und zwar anhand konkreter Beispiele und Modelle, die jedem interessierten Kollegen Anreiz zu neuen eigenen Versuchen geben sollen. Die Themen reichen von der Elementar- bis zur Kollegstufe: von der methodischen Ausfaltung grammatischer und lexikalischer Phänomene bis zur Interpretation und Stiluntersuchung, von der Behandlung sprachlich vereinfachter Texte bis zur Analyse zeitgenössischer Lyrik und Dramatik, von den klassischen bis zu den modernen Medien.

Der Weg vom Einfall bis hin zu seiner Realisierung im Unterricht wird dabei jeweils in systematischen methodischen Schritten nachgezeichnet.

Gerd Mietzel
Wege in die Psychologie

295 S., mit zahlreichen Abbildungen, kart., Klettbuch 925591

Diese Einführung in die wichtigsten Themenbereiche der Psychologie vermittelt das für Studium und Beruf nötige Grundwissen:
- In der Darstellung wird so oft wie möglich an Alltagserfahrungen des Lesers angeknüpft oder an die Schilderung konkreter Ereignisse und Experimente.
- „Info-Kästchen" bieten zusätzliche Informationen zu Fragen an, die erfahrungsgemäß auf erhöhtes Interesse stoßen.
- Im Text werden nur wenig Autorennamen genannt, da diese im Rahmen einer ersten Orientierung ohnehin meist überlesen werden.
- Psychologie wird nicht als reine Wissenschaft vorgestellt, sondern an vielen Beispielen wird aufgezeigt, wo psychologische Erkenntnisse ihre Anwendung finden.
- Zahlreiche Abbildungen lockern den Text auf.

Karlheinz Biller
Unterrichtsstörungen

257 S., kart., Klettbuch 920601

Die Schule ist nach wie vor ein idealer Bereich, in dem Unterrichts-, Erziehungs- und Umgangsprozesse häufig absichtlich oder unabsichtlich unterbrochen werden.

Überprüft man die Vorschläge in der Literatur zur Behebung von Störungen, so kann die Dominanz psychologisch begründeter Verfahren nicht übersehen werden. Nur wenige Veröffentlichungen beschäftigen sich mit vorwiegend pädagogischen Maßnahmen, dabei gibt es eine Fülle effektiver pädagogischer Maßnahmen, die der Lehrer ohne langwieriges autodidaktisches Studium anwenden kann.

An diesem Punkt setzt der Autor des vorliegenden Bandes an. Sein Ziel ist, Anregungen und Vorschläge anzubieten, die – theoretisch abgesichert – den Lehrer zu begründetem pädagogischem Handeln befähigen. Der Schwerpunkt des Buches liegt auf der sehr ausführlichen Analyse verschiedener Fallbeispiele.